什么是真正的教育

什么是真正的

50位大师论教育

◎杨斌 编

福建教育出版社

目　录

序:教育需要返璞归真——朱永新　/(1)
导言　/(1)

一、教育是什么

1. 教育不是培养驮着书本的蠢材——蒙田　/(3)

　　学生从他人那里借来断章残篇,经过加工和综合,做成自己的作品,那就是自己的看法。他受的教育,他的工作和学习,都是为了形成自己的看法。

2. 通过教育去形成一个人——夸美纽斯　/(9)

　　美貌无知的人岂不只是一只具有羽毛之美的鹦鹉,或一把藏着钝刀的金鞘?

3. 教育,使人幸福和强大——爱尔维修　/(13)

　　教育对于天才、对于个人的性格和民族的性格有意想不到的影响。

4. 教育是为了发展人的自然禀赋——康德　/(15)

　　人有许多种子不能发展。我们的责任便是设法使这些种子生长,平均地发展他的各种自然禀赋。

5. 在哪里能找到一种自由教育——赫胥黎 /(19)

惟有这样的人才算已经受到了一种自由教育;因为作为一个人,他已经与自然界完全和谐一致。

6. 教育传授什么——怀特海 /(23)

教育所要传授的是对思想的力量、思想的美、思想的条理的一种深刻的认识……

7. 什么是教育——雅斯贝尔斯 /(27)

教育是人的灵魂的教育,而非理智知识和认识的堆集。

8. 教育即生长——杜威 /(32)

生长的首要条件是未成熟状态。未成熟状态就是指一种积极的势力或能力——向前生长的力量。

9. 终身教育的意义——朗格朗 /(37)

在终身教育的条件下,这也就是要用一种方法来武装人们,使他们能在自己的整个求知道路上和文化生涯中得心应手地运用这种方法。

10. 教育如时雨——孟子 /(40)

人皆可以为尧舜。

11. 论教育之宗旨——王国维 /(46)

知情意三者并行而得渐达真善美之理想,又加以身体之训练,斯得为完全之人物,而教育之能事毕矣。

12. 对于教育方针之意见——蔡元培 /(48)

惟世界观及美育,则为彼所不道,而鄙人尤所注重。

二、知识的魅力

1. 科学知识最有价值——斯宾塞 /(57)

一个从未做过科学探讨的人对于他四周的诗意大部分是茫然无知的。

2. 科学、艺术与教育的关系——赫胥黎 /(62)

教育的职责首先是为青年提供观察事物的方法,并养成他们观察事物的习惯。

3. 数学创造——彭加勒 /(66)

一个次序井然的整体可以促使我们预见数学定律,有用的组合恰恰是最美的组合。

4. 我相信直觉和灵感——爱因斯坦 /(70)

音乐和物理学领域中的研究工作在起源上是不同的。可是被共同的目标联系着,这就是对表达未知的东西的企求。

5. 数学和文化——克莱因 /(72)

数学是一棵富有生命力的树,它随着文明的兴衰而枯荣。

6. 精密科学中的美的含义——海森堡 /(76)

美是部分同部分,部分同整体的固有的协调。

7. 美与科学对美的追求——钱德拉塞卡 /(83)

一个具有极强美学敏感性的科学家,他所提出的理论即使开始不那么真,但最终可能是真的。

8. 音乐在儿童生活中的重要性——陈鹤琴 /(87)

音乐是儿童生活中的灵魂。

9. 音乐是精神的食粮——丰子恺 /(90)

高尚的音乐能把人心潜移默化,养成健全的人格;反之,不良的音乐也会把人潜移默化,使他不知不觉地堕落。

10. 物理之美——杨振宁 /(93)

什么是美的最终标准?在自然科学中我认为最终的判断是,它是否可用于自然界。

三、激发和唤醒生命

1. 教学的境界——赫尔巴特 /(103)

教学的特权就是掠过草地和沼泽,不能总是让人在舒适的山谷中游荡,相反却让人练习登山,并使人在获得广阔视野中得到补偿。

2. 教育在于激励、唤醒和鼓舞——第斯多惠 /(108)

我们认为教学的艺术不在于传授本领,而在于激励、唤醒和鼓舞。

3. 教育学是一种学艺——乌申斯基 /(113)

教育学——不是科学而是一种艺术——是一切艺术中最广泛、最复杂、最崇高和最必要的一种。

4. 欣赏在思维中的地位——杜威 /(117)

对任何学科教学的检验,最后要以学生对该学科生动的欣赏程度为依据。

5. 培养独立思考的教育——爱因斯坦 /(119)

如果一个人忘掉了他在学校里所学到的每一样东西,那么留下来的就是教育。

6. 教师的语气和声调——马卡连柯 /(124)

如果在需要生气的时候,生气甚至比和颜悦色更有效力。

7. 学习是一种过程——布鲁纳 /(128)

不论我们教授什么学科,都务必要使学生理解该学科的基本结构。

8. 夫子循循然善诱人——孔子 /(132)

不愤不启,不悱不发,举一隅不以三隅反,则不复也。

9.《学记》十则——乐正克 /(136)

道而弗牵则和,强而弗抑则易,开而弗达则思。

10. 如果我当教师——叶圣陶 /(141)

若有人问我干什么,我的回答将是"帮助学生得到做人做事的经验",我决不说"教书"。

四、把鸟放在林子里

1. **大自然之美**——爱默生 /(153)

   大自然还满足了一种更高贵的要求——那就是满足了人类的爱美之心。

2. **伙伴的重要性**——罗素 /(159)

   尽管大孩子和小孩子在教育中作用很大,但同龄人的作用更为重大。

3. **集体生活**——马卡连柯 /(163)

   儿童集体里的美决不能够重复成年人集体里的美。

4. **在美的世界里**——赞科夫 /(168)

   看来,教师本身先要具备这种品质——能够领会和体验生活中和艺术中的美,才能在学生身上培养出这种品质。

5. **郊游、体育和劳动的教育价值**——雷德芬 /(173)

   人们在审美领域中的选择能力,在艺术、手工艺和技术范围之外可能还有审美体验的另一个天地,而从教育角度讲,这个天地也不能忽视。

6. **近代西洋教育**——陈独秀 /(178)

   吾人的教育,既然必须取法西洋,吾人就应该晓得近代西洋教育的真相真精神是什么,然后所办的教育才真是教育,不是科举,才真是西洋教育,不是中国教育。

7. **美育实施的方法**——蔡元培 /(182)

   凡是学校所有的课程,都没有与美育无关的。

8. **创造宣言**——陶行知 /(188)

   教师的成功是创造出值得自己崇拜的人。先生之最大的快乐,是创造出值得自己崇拜的学生。

9. 什么是生活教育——陶行知 /(192)

过什么生活便是受什么教育:过好的生活,便是受好的教育;过坏的生活,便是受坏的教育。

10. 教育类似农业——叶圣陶 /(194)

受教育的人决非没有生命的泥团,谁要是像那个师傅一样只管把他们往模子里按,他的失败是肯定无疑的。

五、教师职业幸福的秘密

1. 做一个高明的教师——昆体良 /(199)

现时流行的一种最坏的习惯是所谓"恭维",即不管是好是坏,学生们都不分青红皂白地互相喝彩,这是一种不合适的、戏剧性的、与纪律严格的学校不相容的习惯。

2. 人生和教师的使命与目的——第斯多惠 /(202)

教育者和教师必须在他自身和在自己的使命中找到真正的教育的最强烈的刺激;对他来说,把自我教育作为他终身的任务乃是一种双重的和三重的神圣责任。

3. 给刚参加学校工作的教师的几点建议——苏霍姆林斯基/ (205)

请你记住,教育——这首先是关心备至地、深思熟虑地、小心翼翼地去触及年轻的心灵。要掌握这一门艺术,就必须多读书、多思考。

4. 教师工作的才能和乐趣从哪儿来——苏霍姆林斯基 /(209)

教师的职业就是要研究人,长期不断地深入人的复杂的精神世界。

5. 谈谈教师的教育素养——苏霍姆林斯基 /(217)

教师对教材有深刻的知识——这是教育素养的基本方面之一。

6. 教师的心灵——帕尔默 /(222)

教师的内心是使我们的生命鲜活的核心,而使生命鲜活又是无愧于教育这个词的真正教育所强调和召唤的。

7. 谦卑　爱心　宽容——弗雷勒　/(227)

没有爱心,教师的工作将失去意义。在这里,我所说的爱心不仅是针对学生而言,还包括对教学过程的热爱。

8. 创造力与教育体系——阿瑞提　/(234)

有多少具有洞察力的儿童在表示不同见解和表现出创造力的时候遇到了难题。

9. 教育家的自家田地——梁启超　/(238)

要从自己劳作中看出快乐——看得像雪一般亮,信得像铁一般坚。那么,自然会兴会淋漓的劳作去,停一会都受不得,哪里还会厌倦?

10. 教育的信仰——朱自清　/(243)

教育者须对于教育有信仰心,如宗教徒对于他的上帝一样;教育者须有健全的人格,尤须有深广的爱;教育者须能牺牲自己,任劳任怨。

六、童年,人生已经开始

1. 习惯　好奇心——洛克　/(251)

儿童一旦懂得尊重与羞辱的意义之后,尊重与羞辱对于他的心理便是最有力量的一种刺激。

2. 青春　友谊　爱情——卢梭　/(254)

人有两次诞生:出世的诞生和进入生活的诞生;前者是作为一个人体而诞生,后者是作为一个成年人而诞生。

3. 爱　感激　信任——裴斯泰洛齐　/(258)

因为爱、感激、信任和服从的情感的产生,是母亲和孩子之间本能的情感的吻合的结果,所以这些萌发了的情感的进一步发展便是人类崇高的艺术!

4. 人的教育——福禄培尔 /(261)

只有当体力活动与精神活动处于有秩序的相互联系中时,才有了真正的生命。

5. 童年的秘密——蒙台梭利 /(268)

蚂蚁为谁储存食物?蜜蜂为谁吸取蜂蜜?鸟儿为谁觅食带到它们窝里?在自然界是没有成年人自己吞吃了一切东西,让后代过着贫困生活这样的例子的。

6. 关注学生的个性培养——马卡连柯 /(272)

我所理解的教育目的就是人的个性的培养计划、人的性格的培养计划,而且,我把个性方面的一切内容都包括在性格的概念中。

7. 智力的形成和认知的发展——皮亚杰 /(275)

智力的基本功能在于理解和发明,换言之,通过构成现实的结构来构成内心的结构。

8. 教育者的10条"箴言"——阿莫纳什维利 /(281)

在一个人道主义的社会里,教育只能是人道主义的。使儿童对教育过程产生好感,使他们成为我们教育他们中的自愿助手——这是人道主义教育的主要原则。

9. 训蒙大意示教读刘伯颂等——王阳明 /(283)

其栽培涵养之方,则宜诱之歌诗,以发其志意;导之习礼,以肃其威仪;讽之读书,以开其知觉。

10. 童心说——李贽/(289)

若失却童心,便失却真心;失却真心,便失却真人。人而非真,全不复有初矣。

序：

教育需要返璞归真

出身于教师家庭，做了30年的教育学者，当了10年的分管教育的市长，搞了8年的新教育实验，对教育这一行业，对教师这一职业，我都有了许多特别的感悟、特别的情感和特别的期待。

面对教育现实中屡见不鲜的"伪教育"甚至"反教育"现象，面对教育生活中日益严重的教师职业倦怠乃至职业困惑，我深切地感受到，我们的教育，一方面取得了前所未有的巨大成就，譬如发展规模的扩大、义务教育的普及和教育技术的运用等等，同时也的确存在着不容忽视令人担忧的种种问题和弊端。实事求是地说，这些问题的存在，有着复杂而深刻的社会和时代因素，但同时也毋庸讳言，对教育，我们还十分有必要重新打量，追本溯源，返璞归真。前不久，我曾经呼吁要"回到教育的原点"，也是基于这样的考虑。是的，我们是应该思考这样一些根本性的问题：什么是教育，什么是好的教育，什么是契合教育精神符合教育规律的真正的教育？怎样做教师，怎样做好的教师，怎样成为建立职业认同享受职业幸福的快乐的教师？

"认识你自己！"这是古希腊帕尔纳斯山石碑上的名言，这也是人类的一个永恒的课题。这个"你"，对于每一个教育人来说，是指自己，也可以说是指教育。如海德格尔所言，以什么为职业，在根本意义上，就是以什么为生命意义之寄托。画家以绘画为生命意义之寄托，农人以在大地上耕作为生命意义之寄托，而作为一名教师，也就意味着把真正地理解教育，做真正的教育作为自己一生意义之寄托。是否拥有这种寄托,在教育实践中的表现是不会一样的。在踏入教师这个行业之初,大家都曾怀着美好浪漫的憧憬,虽然心怀忐忑,但都相信自己能够最大限度地使学生得到发展,实现自己的人生价值。但是,这种信念很快就会被复杂与残酷的现实所打击。渐渐地,便呈现出不同的境界。一是把教师作为职业,把工作视为付出劳动交换薪酬的谋生之所。二是把教师作为事业,把工作作为实现个人价值的舞台,他们渴望来自他人尤其是学生的肯定,工作关系着他们的喜怒哀乐以及成就感。三是把教师作为志业,把工作视为意义之旨归,职业与生命融为一体。

　　对于教师职业的深刻理解和执着信念,会促使他们通过学生的发展,使自己的事业和生命得以丰富扩充。这三种不同的境界,往往与他们对于教育和教师职业的理解相关。在漫长的职业生涯中,身为教师或者将为教师或者置身教育的人,都应该不断地追问自己:我是谁?我在做什么?我应往哪里去?这种追问,其实就是对教育的涵义、教师职业的意义的追问,并最终根据自己的理解去书写自己的教育人生。

　　生命之花的绽放是绚丽的,生命之果的采摘是幸福的。但是,从种子之破土,它所穿越的一个个日夜,一个个四季,都是寂寞的,需要我们用忠诚、用信念、用爱去承受和担当。如果没有对教育的深刻理解和感悟,没有对教育艺术和教育智慧的深厚累积,我们如何可能把一个个幼小的生命,带到成功乃至卓越?我们又如何可能面对外在的喧嚣浮躁,保持自我内心的冷静和职业的自尊乃至敬畏?我们还如何可能让自己一生从事的教育生活弹奏出和谐乃至幸福的乐章?

　　这么说来,我们还是需要回到教育本原,走近历史,走近岁月长河淘洗出来的大师前贤,聆听他们的声音,汲取他们的智慧!不是为了发思古之幽情,也不是为了搬弄概念和探究学理,而是为了让紊乱的教育现实走向清晰、秩序、优美,为了让广大教师和学生过一种幸福完整的教育生活!

　　为此,我很高兴地向教育同仁们推荐这一本《什么是真正的教育?——50位大师论教育》!该书编者杨斌老师来自教育一线,是江苏省苏州一中的特级教师、教授级高级教师,一线教师的身份以及对教育的近距离感受,使得他的这个选本和以前别的选本有许多不同，不论体系，不按流派，不谈概念，只是老老实实地抓住教育实践中几个最为重要而敏感的问题，分章设节，从大师那里寻找答案，汲取智慧，豁然醒目，切中肯綮。这是一线教师选编给一线教师读的教育名著读本，相信一线教师读来会别有会心，受到启发，产生共鸣！

我曾经编写过一本《改变，从阅读开始——重塑心的文化》，选编了近代中国的思想家关于文化的论著。说句实话，我也一直想编一本教育大家关于教育的论著。但因为公务缠身，一直未能如愿。现在，杨斌同志的这个选本，多少弥补了我的缺憾。他开始选编这本书的时候，我还在苏州市政府担任分管教育工作的副市长，当时我还曾介绍他到苏州大学教育学院图书馆去检索资料。弹指一挥，我已别离姑苏赴京履新两年有余了。时间过得真快啊！收到杨斌老师发来的书稿邮件，油然引起我对江南烟水和苏州朋友同仁的美好回忆。编者索序。不禁情动于衷，欣然命笔！

是为序。

2009年8月6日

导 言

这是一本以一线广大教师、教育管理者和师范院校学生为阅读对象的教育理论读物。

多年来,我们有过很多的教育名著读本。但基本上都是以教育流派为选文线索,选文着眼点往往在于其思想的代表性。无疑,这样的选本可以看出教育流派的发展沿革、思想脉络。但是,它更多地只是适合经院派的学术研究需要,而一线教师、教育管理者和师范院校学生,很难有兴趣、耐心和时间去啃这样的砖头,因为这样的理论离教育教学实践太过遥远。实践中困惑不解的问题找不到答案,读到的东西又往往有隔靴搔痒之感。久而久之,我们的教育远离了大师,远离了真正的教育智慧;而缺少大师思想和智慧润泽的教育教学,难免生涩、浮躁乃至于悖离常识。于是,近年来,不断有学者提出:走近教育大师,回到教育原点!

有鉴于此,我们不揣浅陋,广泛涉猎,从古今中外浩瀚的教育思想宝库里遴选出50位大师的60多篇文章,力图有针对性地回答教育工作者迫切希望解决的最为重要的四个问题:(1)教育是什么?教育应该追求怎样的境界?(2)教育怎样才能成为艺术?怎样才能富有智慧和魅力?(3)面对繁重琐碎的教育教学劳动,教师怎样克服职业倦怠?怎样在工作中创造和体验成功的快乐？（4）应该怎样让学生在教育生活中健康成长，享受幸福？围绕这四个方面的问题，本书设置了六个专辑：

（1）教育是什么；

（2）知识的魅力；

（3）激发和唤醒生命；

（4）把鸟放在林子里；

（5）教师职业幸福的秘密；

（6）童年，人生已经开始。

六个专辑相对独立，同时又有严密的内在逻辑，分别关涉教育本质、教育内容、教育艺术（课堂）、教育活动（课外）、教育主体（教师）、教育对象也是教育主体（学生），其丰富内涵覆盖了教育生活的各个主要方面。六个专辑的基本主题是：

教育本质——确立人在教育中的崇高地位，让教育成为人的生命和心灵发育成长的过程。

教育内容——教育内容自身蕴含着丰富魅力。教师需有一双"慧眼"，穿透知识表象，洞悉和传递学科本质之美并"以美启真"。

教育艺术——教学活动是一门艺术。教师要努力通过自己和学生的共同创造，在教学中激发和唤醒学生的生命活力。

教育活动——教育不仅是学科知识传递，教育是生活。在丰富多彩的教育生活中，人，全面和谐地发展和成长。

教育主体（教师）——只有教师在教育劳动中充满愉悦和成功体验，才会有学生在学习中的成功和愉悦。只有解放教师，才能解放学生。教师的职业幸福与其劳动的创造程度密切相关。

教育对象和主体（学生）——学习，不止是为未来的人生奠基；童年，人生就已经开始。学生成为学习活动的真正主体，学习也就成了一种生活，它的名字叫幸福。

概括地说，走近大师的教育智慧，也就是走近教育生活的智慧、幸福与美。大师以各自风格各异的表达方式告诉我们：教育应该是一项充满智慧同时也是培育学生智慧的工作，教育应该是一项为学生幸福人生奠基同时教师也能从中体会到职业幸福的工作，教育应该让学生经常感受到学习之美同时教师也能体验到劳动之美的工作。

教育的本原就应该是充盈着智慧、幸福与美的事业！走近大师的教育智慧，就是要回到教育的原点再出发。教育之长河流到今天，泛起一些悖离教育本质的残渣败叶，那是因为在新的历史条件下，我们忘记了教育精神，偏离了教育轨道，迷失了教育情怀。认真汲取教育先贤的思想营养，创造性地实践教育先贤的教育智慧，教育才会成为造福于人类的伟大事业，教师和学生才会真正享受教育的幸福。

有大师同行，我们的教育生活会丰盈而温暖！

一、教育是什么

教育是什么?

教育是一种特殊的实践活动。其特殊性在于,它的对象是人,是学生。教育的目标是人的成长和人的幸福,教育的内容是以智慧培育智慧,以心灵滋养心灵。这就要求教育必须按照人的成长规律,一切服务于人的成长,一切服从于人的发展,一切着眼于人的未来。因此,理解教育本质的关键在于,确立人在教育工作中的崇高地位。

认同这种境界,就会在教育活动的各个环节,探寻规律,摸索规律,遵循规律,致力于人的和谐发展和健康成长,使教育成为一种洋溢着郁勃的生命意识和创造意识的活动。否认这种境界,就容易见物不见人,机械、片面、割裂地理解教育,把教学仅仅当作知识的传递,把教育仅仅理解为升学的数字,把教师职业仅仅视为谋生的饭碗,就会让技术代替艺术,制造代替创造,焦虑代替快乐,在这样的环境中,学生、教师、学校管理者就都会被一只无形的手操纵着,生活在悖离教育精神和缺乏教育幸福的困窘之中。

1. 教育不是培养驮着书本的蠢材

[法] 蒙田

[阅读提示]

蒙田（1535～1592），法国思想家。主要作品有《蒙田随笔集》。蒙田以丰富的学识和对人生的特殊敏锐力，记录了自己在智力和精神上的发展历程，为后代留下了极其宝贵的精神财富。本段文字节选自《蒙田随笔全集》第二十六章《论对孩子的教育——致迪安娜·居松伯爵夫人》。蒙田认为，教师应当教会学生独立欣赏、识别和选择事物，有时领着他前进，有时则让他自己披荆斩棘。教师要让学生举一反三，学会思考，形成自己的思想和看法，真正理解所学习的东西。教师的智慧就在这里显现出来。

学生从他人那里借来断章残篇，经过加工和综合，做成自己的作品，那就是自己的看法。他受的教育，他的工作和学习，都是为了形成自己的看法。

人们不停地往我们耳朵里灌东西，就像灌入漏斗里，我们的任务只是鹦鹉学舌，重复别人说的话。我希望您孩子的老师改变一下做法，走马上任时，就要根据孩子的智力，对他进行考验，教会他独立欣赏、识别和选择事物，有时领着他前进，有时则让他自己披荆斩棘。老师不应该一个人想，一个人讲，也应该听他的学生讲一讲。苏格拉底及后来的阿凯西劳斯就先让学生讲，然后他们再说。"教师的权威大部分时间不利于学生学习。"

老师应让学生在他面前小跑，以便判断其速度，决定怎样放慢速度以适应学生的程度。如果师生的速度不相适应，事情就会弄糟。善于选择适当的程度，取得一致的步调，这是我所知道的最艰难的事。一个高尚而有眼力的人，就要善于屈尊俯就于孩子的步伐，并加以引导。对我来说，上坡比下坡步子更稳健，更踏实。

通常，不管学生的能力和习惯多么相异，课程和方法却千篇一律，因此，毫不奇怪，在一大堆学生中，能学有所成者寥寥无几。

教师不仅要求学生说得出学过哪些词，还要讲得出它们的意思和实质，在评估学生的成绩时，不是看他记住多少，而是会不会生活。学生刚学到新的知识后，老师应遵照柏拉图的教学法，让他举一反三，反复实践，看他是否真正掌握，真正变为自己的东西。吞进什么，就吐出什么，这是生吞活剥、消化不良的表现。肠胃如果不改变吞进之物的外表和形状，那就是没有进行工作。

我们的思想徒劳无益地听凭别人的想法摆布，受它们的奴役和束缚。我们脖子上被套了根绳索，也就步履沉重，失去了活力和自由。"他们不可能做到自己支配自己。"我在意大利的比萨市私访过一位有学问的人，但他把亚里士多德奉为神明，他的信条中最概括的一条是，衡量一个学说的可靠性和真实性，要看它是否符合亚里士多德的学说，否则就是空想和玄想。他认为亚里士多德见多识广，他的学说包罗万象。他这个信条被解释歪了，因此，他曾陷入困境，长期受到罗马宗教裁判所的查究。

教师如果让学生把学到的东西严格筛选，而不是专横而徒劳地让他记住一切，那么，亚里士多德的那些原则，也和斯多葛派和伊壁鸠鲁派的原则一样，对他而言就不是单纯的原则了。如果提出各种看法让他判断，那么，他能区别就会做区别，不能区别也会提出怀疑。

我喜欢怀疑不亚于肯定。
——但丁

因为，如果学生能通过思考来掌握色诺芬和柏拉图的观点，那就不再是他们的观点，而是他自己的了。跟在别人后头的人其实什么也没跟。他会一无所获，甚至可以说他什么也不想获得。"我们不受任何国王的统治，人人有权支配自己。"学生起码应该知道自己知道了什么。应该运用那些哲学家的观点，而不是死背他们的教条。如果愿意，他尽管忘记那些教导出自何处，但应把它们变成自己的东西。真理和理性是大家共有的，不分谁先说谁后说，也不管是柏拉图说的，还是我说的，就不再是莨蒾或牛至了；同样，学生从他人那里借来断章残篇，经过加工和综合，做成自己的作品，那就是自己的看法。他受的教育，他的工作和学习，都是为了形成自己的看法。

他从哪里得到的帮助，可以隐瞒起来，而只将成果展示出来。大凡抄袭和借用的人，只炫耀他们建造的房屋，他们购得的物品，而非从别人那里汲取的东西。法官收受的礼品，你是看不见的，你只见他为他的孩子们赢得了姻亲和荣誉。谁都不会将自己的收入归于公家，只会将获得的财物据为己有。

通过学习，我们变得更完美，更聪明了。这就是学习的收获。

埃庇卡摩斯说，唯有理解力看得着，听得见，它利用一切，支配一切，影响和君临一切；其他一切都耳聋眼瞎，没有灵魂。自然，由于我们不给理解力以行动自由，它变得唯唯诺诺，畏首畏尾。谁曾让自己的学生就西塞罗这个或那个格言的修辞和语法谈过自己的看法？人们把这些装有羽毛的警句格言当作神谕往我们的脑袋里灌，一个字母一个音节都构成事物的要旨。背熟了不等于知道，那不过是把别人讲的东西储存在记忆中。真正知道的东西，就要会使用，不必注意老师，不必看着书本。死背书本得来的才能，是令人遗憾的才能。但愿这种才能只作为装饰，而不作为基础。这是柏拉图的看法，他说，坚定、信念、真诚是真正的哲学，与之无关的一切知识都是装饰品。

……

人通过接触世界来提高判断力，使自己对事物洞若观火。我们每个人都囿于自己，目光短浅，只看见鼻子底下的事。有人问苏格拉底是哪里人，他不说："雅典人"，而回答："世界人"。他比我们有更丰富深湛的想象力，视宇宙为自己的故乡，把自己的知识投向整个人类，热爱全人类，与全人类交往，不像我们只注意眼皮底下的事。我家乡的葡萄园冻冰时，我的神甫下结论说是上帝将怒于人类，并且断言，野蛮民族因此而口燥唇焦。看到我们内战汹汹，谁不叫嚷天下已大乱，最后审判的日子已来临？他们也不想想，比这更坏的事常有发生，可在世界的多少地方，人们依然生活得快快乐乐。而我，尽管战争肆无忌惮，为所欲为，我却惊讶地看见它们温和而无力。有的人头上挨了冰雹，就以为风暴席卷了半个地球。萨瓦人亨利·埃蒂安纳想象不出还有比他的主人公爵先生更伟大的人。我们谁都可能不知不觉地犯类似的错误，它会造成严重的后果和损失。但是，只有像在一幅画中那样，看到大自然那威严无比的形象，从我们这位母亲的脸上观察到瞬间万变的千姿百态，并且从中发现，不仅是我们自己，而且整个王国有如一个精美无比的圆点，我们才能对事物的大小作出正确无误的判断。

这个大千世界，是一面镜子，我们应该对镜自照，以便正确地认识自己；有人还把它分门别类，使之更加五彩缤纷。总之，我希望世界是我学生的教科书。它包容形形色色的特性、宗派、见解、看法、法律和习俗，可以教会我们正确地判断自己，发现自己的判断力有哪些不足和先天缺陷：这可不是轻易能学会的。看到国家历尽沧桑，命运多舛，这教我们懂得我们自己的命运不会有奇迹。看到多少英名、胜利和征服淹没在遗忘中，而如果我们自己以为抓十个轻骑兵，攻占一个鸡棚似的防御工事就能名垂史册，那就会发现这个想法多么可笑。看到多少外国对本国的奢华引以为自豪，多少宫廷对自身的威严感到骄傲，我们的视力就会受到锻炼，就能一眼不眨地逼视我们自己的光彩夺目的豪华。在我们之前，多少人已埋葬于地下，这使我们勇气陡增，不怕到另一个世界去寻找良师益友。如此等等。

毕达哥拉斯说，人生犹如庞大而繁杂的奥林匹克运动会。有的人在那里运动身体，为在比赛中争得荣誉，另一些人为了挣钱，把商品拿到那里去兜售。还有的人——不是最坏的——只是袖手旁观每件事如何进行，为什么这样进行，观察别人如何生活，以便对此作出判断，调整自己的生活。

……

当我们教会了孩子如何使自己变得更聪明更优秀之后，就可以教他逻辑学、物理学、几何学和修辞学了。他的判断力已经培养起来，他所选择的学科，他很快便能融会贯通。授课方式有时可以通过闲谈，有时则讲解书本；老师可以让他阅读跟他的课程有关的作者选段，也可以详细讲解精神实质。如果孩子自己不十分善于读书，发现不了书中的精彩论述，老师可以有目的地给他选些作家，根据不同需要提供不同材料，发给他的学生。谁能怀疑，这种授课方法不比加扎的方法更容易更自然呢？加扎授课时，尽讲些晦涩难懂、索然寡味的原理和空洞枯燥的词语，毫无能够启发智力的有意义的东西。

而采用我说的方法,有的是可以理解和吸收的东西。这样结出的果子一定硕大无比,也更加成熟。

……

为此,我不愿人们把你的孩子当成囚犯,不愿把他交给一个性情忧郁、喜怒无常的老师看管。我不愿腐蚀他的心灵,让他和其他孩子一样,每天学习十四五个小时,像脚夫那样受苦受累。假如他性格孤僻或阴郁,过分埋头于书本,而人们明知他这样做太不审慎却还姑息迁就,我认为这很不合适,这会使孩子对社交生活和更好的消遣不感兴趣。我见过多少和我同时代的人盲目贪求知识,最终变得傻头傻脑,愚不可及。卡涅阿德斯埋头于书本,神魂颠倒,竟然连刮胡子和剪指甲都无暇顾及。我也不愿别人粗野的言行举止影响他高贵的习惯。法国人的谨慎在从前是尽人皆知的,开花很早,但虎头蛇尾,难以持久。事实上,即使是现在,我们仍看到,法国的孩子是最优秀的,但是,他们常常辜负人们的希望,一旦长大成人,就不再出类拔萃了。我听到某些有识之士说,人们把孩子送进学校,学校多如牛毛,培养出来的孩子笨头笨脑。

……

我们的人生是我们言语的一面真实的镜子。

有人问泽克斯达姆斯,斯巴达人为何不把授勋敕令记录在案让年轻人阅读,他回答说:"因为他们要让年轻人习惯于行动,而不是说话。"等我们这个孩子到了十五六岁,您就把他和学堂里爱炫耀拉丁文的学生比一比:那些学生花了同样多的时间只学习讲话!世界上尽是喋喋不休的废话,我从没有见过有人说话比应该说的少,而我们的半辈子都是在说话中虚掷年华。我们被迫用四五年时间听别人念单词,把它们拼凑成句;再用同样多的时间学写大篇文章,把文章均匀地分成四五个部分;至少还要用 5 年时间,学会把词迅速排列组合进行诡辩。这种事,还是让以此为职业的人来做吧。

……

用毫不实用的奇装异服来引人注目,那是胆怯的行为;同样,追求新奇的句子和鲜为人知的词汇,也是出于一种幼稚而迂腐的奢望。但愿我只使用巴黎菜市场上的语言。语法学家阿里斯托芬就不擅长此道，他模仿伊壁鸠鲁的用词简单，赞同雄辩术的目的只是为了使语言明快。模仿说话并不困难，所以大众会立即跟上；模仿判断和创新，就不那么容易了。大部分读者因为找到了同样的衣袍，就错误地认为拥有同样的身材。

　　力量和精力是借不来的，服饰和衣服才是借来借去的。

　　……

　　言归正传。只有这样，方能刺激孩子们读书的欲望和热情，否则，培养出来的不过是驮着书本的蠢材，要用皮鞭教他们看管好装满学问的口袋。知识应该同我们合二为一，而不仅仅是我们的房客，这才是正确的做法。

（选自《蒙田随笔全集》，蒙田著，潘丽珍等译，译林出版社1996年版）

2. 通过教育去形成一个人

[捷] 夸美纽斯

[阅读提示]

扬·阿姆斯·夸美纽斯（1592～1670），捷克民主主义教育家，西方近代教育理论的奠基者，主张普及初等教育，采用班级授课制度，扩大学科的门类和内容，提出了直观性、彻底性、自觉积极性、系统性、循序渐进和量力性等一系列教学原则。主要著作有《母育学校》、《大教学论》。夸美纽斯认为，正如田地愈肥沃，蒺藜便愈茂盛一样，对一个绝顶聪明的人如果不撒下智慧与德行的种子，它便会充满幻异的观念。教育就是要在人的心里撒下智慧和德行的种子，使生物人成长为社会人。

美貌无知的人岂不只是一只具有羽毛之美的鹦鹉，或一把藏着钝刀的金鞘？

一　我们已经知道，知识、德行与虔信的种子是天生在我们身上的；但是实际的知识、德行与虔信却没有这样给我们。这是应该从祈祷，从教育，从行动去取得的。有人说，人是一个"可教的动物"，这是一个不坏的定义。实际上，只有受过恰当教育之后，人才能成为一个人。

二　因为，假如我们考虑一下知识，我们就可以知道，只有上帝才有一种特性，能借一份简单的直觉去知万物，没有原始，没有进程，没有终结。这在人与天使是不可能的，因为他们没有无穷与永生，就是说，没有神性。他们只需赋有充分的知力，能够领悟上帝的作品，并从中收聚丰富的知识就够了。至于天使，他们当然也通过知觉去学习，他们的知识也与我们的知识一样，是从经验得来的。

三　所以，谁也不可相信一个没有学会按照一个人的样子去行动，即没有在组成一个人的因素上受到训练的人，真正能成为一个人。这从一切造物的例证可以看明白,因为它们虽则注定了要为人所用,但是不经人手的安排是不合于人的使用的。比如,石头是给我们当作建造房屋、塔宇、墙壁和栋梁等材料用的;但是它们在没有被凿好,没被我们放在它们所应放的位置以前,它们是没有用处的。注定给人做装饰品的珍珠与宝石,必须加以雕凿与琢磨。五金是在日常生活中最有用处的,它们得有人去采掘、提炼、溶化,并以各种方式去铸造,去锤打。在此以前,它们的用处还不如普通的泥土。

我们从植物身上取得食品、饮料与药物;但是我们先得把菜蔬与谷类种好,锄好,收好,筛好,磨好;我们先得把树木栽好,修剪好,加好肥料,并把果实采下和晒干;假如其中有要用作药品或供建筑之用的,准备工作便要得更多。动物的基本特性是生命与动作,它们看去好像是自给自足的了,但是假如你要按照合于它们的用途去用它们,那就还要加以训练。比如,马是天生合于作战用的,牛是合于拖物用的,驴是合于负重用的,犬是合于守护与狩猎用的,鹰是合于捕鸟用的;但是在我们训练它们,使它们习惯于它们的工作以前,它们都没有多少用处。

四 人的身体生来是要劳动的;但是我们知道,人生来只有学习劳动的能量。他要受到教导,才会坐,才会站,才会走,才会用他的手。然则我们哪能希望我们的心理一来便已完全发展,事先一点准备都不需要呢?因为一切造物在它们的质料方面,在它们的发展进程方面,全是从无到有的和逐渐自行发展的。我们在上一章已经说过,并且大家都已知道,天使的完善程度和上帝相差不远,但是他们也并不是无所不知的,他们对于上帝的稀有智慧的知识也是逐渐获得的。

五 大家也明白,甚至在亚当作恶以前,天国便已为人开了一个学校,使他逐渐得到进步。因为最初造出的人虽在造出以后便不缺乏直立走路的能力,不缺乏言语,不缺乏理性,但是从夏娃与蛇的谈话可以明白,从经验中得来的关于事物的知识却是完全缺乏的。因为夏娃如果经验多一点,她就会知道蛇是不能说话的,她便会知道其中必有诡计。

所以,在这种堕落的状况之下,我们更需要多从经验去学习,因为我们的悟性只是一个虚空的形式,如同一张白纸一样,并且我们也不善于做事、说话，或去知道任何事物；因为这种种能力都只潜伏地存在，需要加以发展。事实上，这在现在，较之在完美状况之下更加困难，因为现在不独事物晦涩，而且语言也很混乱（假如有人为了学问之故，要与各种活人和死人接触，他便不只要学一种语言，而且得学习好些种语言了）；而且国语也变得更复杂了，我们生来是一点没有国语知识的。

六 有些例证告诉我们，凡是从小被野兽攫去，在野兽群中长大的人，他们的智力都没有超过野兽的水准，他们如果不是重新回到了人类的社会，他们用舌、用手、用脚的能力也不会超过野兽所能的。我可以举出几个例子。大约在1540年的时候，有一个名叫哈西阿（Hassia）的村落，坐落在一座森林当中，村里有个3岁的孩子，由于父母的疏忽丢失了。过了几年，乡里人看见一只奇怪的动物和豺狼在一道奔跑，它和豺狼的形状不同，有四只脚，可是有一幅人类的面孔。这传说到处一散布，地方官叫农人们设法活捉它，带到他的跟前去。农人们照办了，最后，那动物送到卡塞尔（Cassel）方伯那里。

到了堡邸以后，它躲在凳下，凶狠地望着追赶的人，骇人地咆哮着。方伯给他受教育，让他不断和人相处，受了这种影响，他的野蛮习惯才逐渐变文明；他开始用后脚，像一只两足动物一样走路，最后，他便能够说话，他的行为便像一个人了。于是他尽力说明，他是怎样被狼抓去，被狼养大，怎样习于和狼一道猎取食物的。这个故事见于德累斯（M. Dresser）的《古代与现代教育》（*Ancient and Modern Education*）一书，卡美拉利乌斯（Camerarius）在他的《时间》（*Hours*）一书中也说到这件事情和另一件同类的事。

古拉迪阿斯（Gulartius）也在《当代奇迹》（*Marvels of our Age*）中说，1563年法国发生过这么一件事：有些贵族外出打猎，他们打死了12只豺狼，最后，他们用网捉住了一只东西，像个裸体的孩子，大约7岁左右，皮肤是黄的，毛发是卷曲的。他的指甲弯曲得像鹰爪一样，他不会说话，只会发出犷野的呼声。当他被带到堡邸的时候，他非常凶狠地挣扎，几乎脚镣都不能安上去；但是饿过几天之后，他变得柔顺一些了，过了几个月，他开始说话了。他的主人把他带到好些城市去展览，挣了不少的钱。最后，一个贫苦的妇人承认他是她的儿子。所以柏拉图说的真对，他说："人若受过真正的教育，他就是个最温良、最神圣的生物；但是他若没有受过教育，或者受了错误的教育，他就是一个世间最难驾驭的家伙。"

七　教育确乎人人需要，我们想想各种不同程度的能力，就可以明白这一点。愚蠢的人需要受教导，好使他们摆脱本性中的愚蠢，这是无人怀疑的。其实聪明人更需要受教育，因为一个活泼的心理如果不去从事有用的事情，它便会去从事无用的、稀奇的、有害的事情；正如田地愈肥沃，蒺藜便愈茂盛一样，对一个绝顶聪明的人如果不去撒下智慧与德行的种子，它便会充满幻异的观念；又如推磨的时候如果不撒下面粉的原料——麦子，磨石便会磨出声音，磨损，以致常常磨碎一样，一个活泼的心理如果没有正经的事情可做，它便会被无益的、稀奇的和有害的思想所困扰，会自己毁掉自己。

八　富人没有智慧岂不等于吃饱了糠麸的猪仔？贫人不懂事岂不等于负重的驴子？美貌无知的人岂不只是一只具有羽毛之美的鹦鹉，或一把藏着钝刀的金鞘？

九　具有权力的人们，国王、亲王、官吏、牧师与教师，他们必须有智慧，正如向导要有眼睛、舌人要能说话、喇叭要出声音，或者刀要有刃是一样的。同样，地位较低的人要受教育，他们才能聪明地、谨慎地服从他们的长上，不是出于强迫，像驴子的服从一般，而要出于自愿，出于爱好秩序之心。因为一个理性的动物不应当受呼唤、禁锢与鞭笞的领导，而应受理性的领导。其他方法都是对于根据自己的形象去造人的上帝的一种侮辱，是使人事中充满强暴与不安的。

一○　我们由此可以知道，凡是生而为人的人都有受教育的必要，因为他们既然是人，他们就不应当成为无理性的兽类，不应当变成死板的木头。并且由此可见，一个人愈是多受教导，他便愈能按照准确的比例胜过别人。我们可以用"智者"（Wise Man）的话来结束这一章，他说："凡是以为智慧与纪律没有用处的人就会得祸；他没有（达到他的愿望的）希望，他的劳力不会有结果，他的工作会白费。"

（节选自《大教学论》，夸美纽斯著，傅任敢译，人民教育出版社 1984 年版）

3. 教育，使人幸福和强大

[法] 爱尔维修

[阅读提示]

爱尔维修（1715~1771），法国哲学家。主要论著有《论精神》、《论人的理智能力和教育》。他主张教育世俗化，认为人类天赋智慧平等，认为"教育万能"，教育可使人幸福和强大，人身上的精神、美德和天才是教育的产物。

教育对于天才、对于个人的性格和民族的性格有意想不到的影响。

1

关于人的科学，就其整个范围来说，是非常广大的。研究这门科学是长期的，艰苦的。人是摆在不同的艺术家们眼前的一个模特儿：每一个艺术家各自考察人的某些方面，谁也没有考察过他的全貌。

哲学家研究人，对象是人的幸福。这种幸福既取决于支配人们生活的法律，也取决于人们所接受的教育。要使这些法律和教育完善，必须首先认识人心，认识人们的精神及其各种活动，认识妨害科学、道德、政治、教育进步的种种障碍。

没有这种认识，有什么办法使人们更善良更幸福！所以哲学家必须一直追溯到人类各种理智能力和各种感情的既单纯又丰富的根源。唯有这个根源能够向他昭示人类各种法律和教育所能达到的完善程度，向他揭明教育的力量对于人是多么大的力量。

我曾经把人身上的精神、美德和天才看成教育的产物，这种看法曾在《论精神》一书中提出，我认为永远真实，不过也许证明得还不充分。人们同意过我的看法，认为教育对于天才、对于个人的性格和民族的性格有意想不到的影响。这就是人们向我表示过赞同的一切。

2

如果真是一个民族的才能和美德既能保证它强大又保证它幸福,那就没有一个问题比这种问题更重要,这就是——每个人身上的才能和美德,究竟是他的机体结构的结果,还是他所受的教育的结果?

我持后一种意见,并且准备把《论精神》一书中或许只不过是提出来了的那种看法在这里加以证明。

要是我证明了人果然只是他的教育的产物,那就毫无疑问是向各国昭示了一项重大的真理。它们将会知道,自己手里掌握着伟大和幸福的工具,要使自己幸福和强大,问题只在于改善教育的科学。

人的科学构成治理的科学的一部分。大臣应当在这上面再添上事务的科学。这样他才能制定良好的法律。

因此哲学家们应当一步一步深入人心的堂奥,在那里探索它的一切运动原则;大臣应当应用他们的发现,根据时间、地点和情况,巧妙地加以应用。

(节选自《论人的理智能力和教育》,爱尔维修著,转引自《西方资产阶级教育论著选》,张焕庭主编,人民教育出版社 1979 年版)

4. 教育是为了发展人的自然禀赋

[德] 康德

[阅读提示]

伊曼努尔·康德（1724~1804），德国哲学家，德国古典唯心主义创始人。主要哲学著作有《纯粹理性批判》、《实践理性批判》、《判断力批判》等。在本文中，康德提出，教育是为了使人向善，让他将潜伏于内心中的善性发展出来；教育是为了发展人的各种自然禀赋；教育是为了让儿童适合于人类理想与人生的全部目的。

人有许多种子不能发展。我们的责任便是设法使这些种子生长，平均地发展他的各种自然禀赋。

1. 只有人是需要教育的。所谓教育指保育（儿童之养育）、管束、训导和道德之陶冶而言。故人在幼稚时期须保育，儿童须管束，求学时须训导。

2. ……所谓保育者，父母对于子女幼时必须施以种种保护提携；着意经心，使子女不乱用其能力，有害于若辈之自身。

3. ……管束使动物的本性变化为人类的本性。

4. 管束是防止人类为动物的冲动所支配而不能达于"做人"的目的的。人的目的是"做人"。譬如管束一定要禁止他做野蛮危险的事情。所以管束不过是消极的。他的作用是抵抗人类自然有的野性。教育的积极方面是训导。

5. 人类爱自由的心当然是极强烈的，所以随便自由惯了，便可以牺牲一切以赴之。因此管束的工夫必须及早做，如其不是这样，将来变化气质很难。……所以人必须早早地受理性的指挥，因为一个人为其幼年时让他任意胡为，无所制抑，终身是有一种不服从规则的性情。这种情形于他们自己不好，他们幼年受尽了父母的养育提携，舒服惯了，将来在事业上必定受各方面的反对，受种种挫折。

6. 人需要保育与教化。教化包含约束与训导而言。……

7. 人只有靠教育才能成人。人完全是教育的结果。更可注意的是只有人能教育人。换言之，即只有自身受过教育的才能教育人。有的人因为本身缺少约束和训导的工夫，所以不宜于做学生的师保。……没有受过教化的人是粗鲁的，没有受过约束的人是不守法的。失于管束比失于教化还要利害些，因为教化是后来可以改正的。然而不守法的性情竟是除不去的，约束有误是不能修正的。或者教育可以不断地进步，每一代都比前一代强一步，达于人类之完成；因为教育是完成人类本性的大秘密。

8. 一种教育论是一种荣耀可贵的理想，即使不能立刻实现也不打紧。虽然实现有许多困难，然而不要认为是幻想，或者说不过是一场美满的梦境。一种理想不过是一种不曾经验过的一种完全境界的概念。例如一种受正义支配的完全的共和国的理想，难道因为不曾经验过便说这种理想不可能吗？

……

10. 人有许多种子不曾发展。我们的责任便是设法使这些种子生长，平均地发展他的各种自然禀赋，无过无不及，使之实现其究竟。动物是不自觉地为他们自己完成了这种工作，人非努力以赴不可，然而如其对于他生存的目的毫无概念时，是无从努力起的。……

11. 教育是一种艺术，非一代一代地实施下去不能完全。每一代有前一代的知识，方能渐渐地造成一种教育，可以平均地向着他们的目的发展人的各种自然禀赋，因而全人类方能向着他的目的进行。天意要人为他自己将潜伏于心中的善性发展出来。

12. 人必须要发展他向"善"的倾向。上天并不曾将善德预备好了放在人心里，仅仅是一种倾向，不是什么道德律。人要自己向善；陶熔他的精神；觉着走错了路的时候，用道德律来约束自己。然而想一想就知道这不是容易的。所以人最应尽力的最大而最难的问题，便是教育问题。真知灼见固然要靠教育，教育亦要靠真知灼见。因此教育只能一步一步地、慢慢地前进。而对于教育方法的一种明确真实的概念，只有靠此一代传给下一代的经验与知识的蓄积，每一代在未曾传给下一代前都先有他的贡献，有所加增。人类之发明中有两件事最为困难，一为政治的艺术，一为教育的艺术。对于两者的真意义，至今犹在吾人探索之中。

……

14. 如其教育是要发展人类本性俾能达到人生目的时，必须包含判断的工夫。受过教育的父母便是子女的榜样。然而如其儿童要胜于乃父若母时，教育一定要成为一种学业，否则无所希望。一人教育不完全，则其教育他人不过是重复他的错处。教育的方法必须成为一种科学。……

15. 有一条教育原理尤其是那规定教育计划的人应当特别注意的就是——儿童应当教育，然而不是为现在而是为将来人可能改良到的一种境界。换言之，是适合于人类理想与人生的全部目的的。这条原则极为重要。……

16. 然而我们在此发生两种困难：（一）父母大半只想他们的子女在世界上能立足，有事业可做；（二）当国者只以人民为他们的目的的工具。

父母着眼于家庭，政治首领着眼于国家。双方都不以普遍的善与人生究竟之完成为目的。

……

17. ……办理学校只有靠最开通的专门家的判断。一切文化都从个人发生，一人渐渐地影响他人。只有靠眼光远大的人的努力，他们是对于普遍的善有兴趣，能了解到将来进步的理想的人，靠着他们人性渐渐向他的目的前进的事才做得到。……人类的发展不仅要聪明，更要好。最困难的，他们必须见到这是将来的事，不是他们自己能立刻达到的。

18. 人必须要教育。

A. 须受约束。所谓约束是防止兽性侵越人性，个人如此，个人为社会一份子亦如此。约束不过是抑销野性而已。

B. 教育必须供给教化。所谓教化包括教学与训导而言。有教化乃能有能力。有能力乃能适应各种目的。能力并不能决定目的，这是看以后发生的情形。

……

C. 教育一定要供给人一种礼让谦恭之德，然后他在社会上知道如何立身处世，可以不受人憎厌，可以得到地位。这种教化是必须的，即吾人所谓雅度。雅度云者，包含礼貌、风度而言，更须有一种辨析是非的智慧，然后可以使他与众人相处达到他的各种目的。这种教育是随时代的趋向变易的。……

D. 道德的陶冶在教育上一定要注意。不仅是要人对于各种目的都合宜，最要紧的是训练他的自然倾向使他选择善的目的。所谓善的目的是人人承认，同时又是人人的理想的目的。

(节选自《康德教育论》，康德著，瞿菊农编译，商务印书馆1933年版)

5. 在哪里能找到一种自由教育

[英] 赫胥黎

[阅读提示]

托马斯·亨利·赫胥黎（1825~1895），英国博物学家，达尔文进化论的杰出代表。严复曾翻译赫胥黎的著作《天演论》，其"物竞天择，适者生存"的观点对当时思想界产生很大影响。赫胥黎认为教育应该是人的身体和意志、心灵和精神、道德和情感、文化知识和生活规律等人生的各个方面完全地和谐一致。这样的教育才让人在生活的战场上永远立于不败之地。

惟有这样的人才算已经受到了一种自由教育；因为作为一个人，他已经与自然界完全和谐一致。

假使完全可以肯定，我们每一个人的生命财产也许有一天将会取决于一盘棋的输赢，难道你们不认为我们至少应当知道这些棋子的名称、学会它的着法和掌握精心布局的技巧，以及把对方将死和避免被对方将死的一切手段，把这一切看成是一种基本的职责吗？难道你们不认为我们应当用一种近于奚落的不满眼光去看待那样的父亲或国家——这个父亲允许他的儿子，或者这个国家允许它的公民长大成人，却分不清棋子中的兵马吗？

但是，一个非常清楚的基本事实是，我们每一个人的生命、财产和幸福，以及与我们多少有点关系的那些人的生命、财产和幸福，确实取决于我们对棋赛规则的了解。而这要比了解棋子本身困难和复杂得多。这是一场不分年龄的棋赛，我们中的每一个男女都是棋赛双方中的一方。棋盘就是这个世界，那些棋子就是宇宙现象，比赛规则就是我们称之为自然规律的东西。比赛的对手对我们保守秘密。我们知道，他下棋一向是公正的、精确的和有耐心的。然而，在下棋的过程中，我们付出了代价才知道，他从来不忽略一个失着，也从来不对愚昧无知给予丝毫的原谅。他对棋艺高的人慷慨大方，给予最高的奖赏，使得那些获奖的高手欣喜万分；而棋艺差的人则被慢慢而又无情地将死。

我的比喻会使你们中的一些人回想起那幅名画，雷茨斯（Retzsch）在画中描绘了撒旦为了拯救人的灵魂在与人下棋。正如我们所说的，在那幅画中代替虚幻的魔鬼的那个人是一位镇定自若而坚强的天使，他出于高兴下着棋，而不是为了赢棋。我应当承认，那是人类生活的一种形象化的描绘。

我所说的教育，就是指学会这场伟大的比赛的规则。换句话说，教育就是在自然规律方面的智力训练，这种训练不仅包括了各种事物以及它们的力量，而且也包括了人类以及他们的各个方面，还包括了把感情和意志转化成与那些规律协调一致的真诚热爱的愿望。在我看来，教育恰恰就是如此。任何自命为教育的东西都必须用这个标准来衡量；如果不合格的话，我将不称它为教育，而不管对方的权威或势力如何。

严格地说，并不存在一个没有受过教育的人，记住这一点是重要的。举一个极端的例子来说吧。假设一个各种官能都健全的成人，就像传说中的亚当那样突然被放到这个世界上来，然后尽他最大的能力去行事。他会有多长时间没有受到教育呢？不到5分钟。自然将每时每刻通过他的眼睛、耳朵和触觉，把许多事物的特性教给他。他所感知到的痛苦和快乐，会告诉他应当做这件事和不应当做那件事；这个人也就渐渐地受到了一种教育（尽管范围是狭窄的），虽然他没有帮手和缺乏技能，但对应付他的环境来说，这种教育却是完全的、可靠的和充分的。

而且，对于这个无伴的人来说，假如他成为第二个亚当，或者更好一些，成为一个夏娃的话，一个新的更大的并伴有社会和道德现象的世界就会展现在面前。世上所有其他事物与由这种新的人际关系引起的欢乐和悲哀相比，只能算是暗淡的阴影。幸福和忧愁取代粗鲁的怪物，即逸乐和痛苦；但是，由于对行为的自然后果的观察，或者说，由于人的自然本性，人的行为仍可自成模式。

对我们每一个人来说，这个世界就像从前对亚当一样的新鲜和陌生。于是，在我们受到其他任何方式的教育影响之前很久，自然界就支配着我们，社会生活的每一分钟都产生了教育影响，使得我们的行为与自然法则基本一致，因此，我们不会因为过分的不服从而被过早地消灭。无论一个人的年龄有多大，我都不应当说，这种教育对他来说已经过时了。对每一个人来讲，这个世界就像它最初时一样新鲜；对用眼睛去观察它的人们来讲，这个世界好像充满着无数新奇的事物。而且，在这个极不寻常的大学，即宇宙里（我们都是宇宙的成员），自然界仍然继续对我们进行耐心的教育；然而，自然界并没有考察的条文。

在自然界这所大学里获得优等成绩，认识到并服从于支配人和事物的法则的那些人，是这个世界上真正伟大而成功的人。但是，很多人是"驯养的鹦鹉"，毋容置疑，他们获得的知识正好能通过考试。那些根本没有记住的人就会考试不及格。你们也许不会再发生这样的情况。自然界考试的不及格，就意味着被消灭。

所以，就自然界而论，义务教育的问题已经解决了。关于这个问题的自然法已经制定出来，并得以通过。但是，如同一切带有强制性的立法一样，自然法是最严厉的和被普遍实施的。愚昧无知被看成故意渎法而要受到严厉的惩罚——无能被看作犯罪也要受到同样的惩罚。自然界的惩罚甚至不是讲了再动手打，而是先予以打击；但是，这种打击是无言的。留给你们的将是去找出为何被挨打的原因。

我们通常所说的教育（因为在这种教育中有人进行干预，我就称它为人为的教育以示区别）的目的，就是弥补自然方法的不足；使得儿童有准备地去接受自然的教育，既不会无能又不会无知，也不会故意渎法；并且了解自然界惩罚的各种先兆，而不用等着挨打。总之，一切人为的教育都应当成为自然的教育所期待的那样。而自由教育就是一种人为的教育，它不仅仅训练一个人去避免不服从自然法则而带来的巨大不幸，而且训练他去正确评价和占有所得到的各种奖赏；自然界用自由的手散布这些奖赏，就如同散布她的各种惩罚一样。

什么样的人才算受到了一种自由教育呢？我认为，他从小受到这样的训练，以便使他的身体服从自己的意志，如同一台机器一样毫不费力地、愉快地从事他所能做的一切工作；他的心智是一台无污垢的、周密设计的和结构合理的发动机，每个部件都发挥着各自的力量，工作程序有条不紊；又如同一台蒸汽机一样准备担负任何工作，既能纺纱又能锻造精神之锚；他的头脑里储存着有关各种重要而又基本的自然界真理的知识，以及有关自然界活动规律的知识；他不是发育迟缓的禁欲主义者，而是充满着活力和激情的，但他的情感已被训练得完全服从强有力的意志，并成为良知的仆人；他已经学会去热爱一切美好的事物（无论是自然的还是艺术的），也已经学会去憎恨一切邪恶，并像尊重他自己一样地去尊重别人。

  我想，惟有这样的人才算已经受到了一种自由教育；因为作为一个人，他已经与自然界完全和谐一致。他将会充分地利用自然界，自然界也将会充分地利用他。他们将极好地一同携手并进；自然界永远是他的慈母；他是自然界的喉舌，自然界的有意识的化身，自然界的代理人和解释者。

  （节选自《科学与教育》，赫胥黎著，单中惠、平波译，人民教育出版社 2001 年版）

6. 教育传授什么

[英] 怀特海

[阅读提示]

艾尔弗雷德·诺思·怀特海（1861～1947），英国数学家、哲学家和教育理论家。教育代表作有《教育的目的》。怀特海是"过程哲学"（也称"有机哲学"）的创始人。他认为，教育所要传授的是对思想的力量、思想的美、思想的条理的一种深刻的认识，以及与知识掌握者生活相关的特殊的认识；它培养学生具有丰富的对风格的鉴赏力，也即对美的鉴赏力。

教育所要传授的是对思想的力量、思想的美、思想的条理的一种深刻的认识……

……

此外，在学习中不存在一种课程仅仅传授普通的文化知识，而另一种课程传授特殊的专业知识。为接受普通教育而学习的课程是为学生特别设置的专门学习的课程。另一方面，促进普通脑力活动的一种方法是培养一种特殊的专注。你不能将学习浑然一体的表面分开。教育所要传授的是对思想的力量、思想的美、思想的条理的一种深刻的认识，以及一种特殊的知识，这种知识与知识掌握者的生活有着特别的关系。

对思想条理的领会是有文化教养的人通过专门学习才能得到的。我指的是对通盘棋的辨别力，对一组思想与另一组思想间关系的辨别力。只有通过专门学习，人们才能领会一般思想的准确阐述，领会这些思想被阐述时它们相互间的关系，领会这些思想对理解生活的作用。经过这样训练的大脑应具备更抽象和更具体的思维能力。它一直在受着这样的训练：理解抽象的思维，分析具体的事实。

最后，应该培养所有精神活动特质中最朴素简约的特质，我指的是对风格的鉴赏。这是一种审美的能力，它建立在欣赏通过简约的方式直接达到预见的目标。艺术中的风格，文学中的风格，科学中的风格，逻辑中的风格，实际做某件事的风格，从根本上说，都具有相同的审美性质，即实现和约束。爱一个科目本身以及为一个科目本身而热爱它，这种爱是体现于学习中的对风格的热爱，它不是在精神世界徜徉所带来的催人欲睡的快乐。

这样，我们便又回到我们开始讨论的地方，即教育的功用。按风格最完美的意义，它是受教育的文化人最后学到的东西；它也是最有用的东西。风格无处不在。欣赏风格的管理人员讨厌浪费；欣赏风格的工程师会充分利用他的材料；欣赏风格的工匠喜欢精美的作品。风格是智者的最高德性。

然而，在风格之上，在知识之上，还存在着某种东西，一种模糊的东西，就好像主宰希腊众神的命运一样。这个东西就是力。风格是力的塑造，是力的约束。但是，实现理想目标所需要的力毕竟是极为重要的。首先要达到目标。不要为你的风格而烦恼，去解决你的问题，去向人们证明上帝的方法是正确的，去执行你的职责，或者去完成摆在你面前的任何其他任务。

那么风格对我们有什么帮助？风格帮助你直接达到目标，使你避开无关的问题，而不会引出令人讨厌的东西。有了风格，你可以实现你的目标。有了风格，你可以计算出行动的效果，而预见的能力也成为神赐予人类的最后的礼物。风格会增加你的力量，因为你的大脑不会因枝节问题而分心，你将更有可能实现自己的目的。风格是专家独享的特权。谁听说过业余画家的风格？谁听说过业余诗人的风格？风格永远是专业化学习的结果，是专门化研究对文化做出的特有的贡献。

英国现阶段的教育缺乏明确的目的，受到扼杀教育生命力的外部机构的损害。到目前为止，我在这次演讲中始终在考虑那些应对教育起决定作用的目的。在这方面，英国在两种意见之间徘徊不前：它还没有确定是培养业余爱好者还是造就专家。19世纪世界发生的深刻变化是，知识的增长使我们能够预见未来。我们所说的业余爱好者基本上是这样一种人，他们有鉴赏力，在掌握某种固定的程序化的工作时具有多种才艺。但他们缺乏专业知识赋予一个人的预见能力。我此次讲演的目的，就是提出如何造就具有业余爱好者基本优点的专家。英国中等教育的状况是，在那些应该柔韧而富有弹性的地方僵化刻板，而在那些应该严格精确的地方却松散不严密。所有的学校都受到束缚，它们不得不训练学生去应付小范围的限制性的考试，否则学校便无法生存。没有一个校长能够按照学校面临的机遇，自由地发展普通教育或专业学习，这些机遇是由该校的教职人员、学校环境、它的学生以及它得到的捐款所创造的。我认为，所有以考核单个学生为目的的校外考试制度不会有任何结果，只会造成教育方面的浪费。

首先应该考核的不是学生而是学校。每一所学校应根据本校的课程授予自己的毕业证书。对这些学校的标准应该进行抽样评估和修正。但教育改革的首要条件是，学校作为一个独立的单位，应有经过批准的课程，而这些课程是由本校教师根据学校自身的需要而设计制定的。假如我们不能保证这点，我们不过是从一种形式主义陷入另一种形式主义，从一团陈腐呆滞的思想陷入另一团同样没有生命的思想中。

在说明学校是任何全国性的制度中能确保效率的真正的教育单位时，我曾设想过一种方法来代替以考核单个学生为目的的校外考试制度。但每个斯库拉女妖都面对她的卡律布狄斯——或者换一种更通俗的说法，道路两边都有壕沟。如果教育受这样一种管理部门的控制，它认为可以把所有的学校分为两三种死板的类型，并强迫每一类学校采取一种刻板的课程，这对于教育来说同样是灾难性的。当我说学校是教育单位时，我的意思是指完完全全的教育单位。每所学校必须有权考虑自身的特殊情况。为了某些目的将学校分类是必要的，但不容许未经学校教职人员修正的极其死板的课程。经过适当修改的同样的原则，也适用于大学和技术学院。

当你全面考虑教育国家的年轻一代这样重要的问题，考虑轻率的惰性导致绝望的生活、破灭的希望和全国性的失败时，你很难抑制心中的怒火。现代生活环境中的法则是绝对的。一个不重视培养智力的民族注定将被淘汰。并不是你所有的英雄行为、社交魅力，你的智慧以及你在陆地或海上取得的胜利可以改变你的命运。今天我们保持着自己的地位。明天科学又将向前迈进一步，那时，当命运之神对未受良好教育的人作出判决时，将不会有人为他们提出上诉。

我们可以对自有文明史以来人们普遍信仰的教育理想的概括感到满意。教育的本质在于它那虔诚的宗教性。

那么请问，什么是宗教性的教育？

宗教性的教育是这样一种教育：它谆谆教导受教育者要有责任感和崇敬感。责任来自于我们对事物发展过程具有的潜在控制。当可习得的知识能够改变结局时，愚昧无知便成为罪恶。而崇敬是基于这样的认识：现在本身就包含着全部的存在，那漫长完整的时间，它属于永恒。

（节选自《教育的目的》，怀特海著，徐汝舟译，三联书店2002年版）

7. 什么是教育

[德] 雅斯贝尔斯

[阅读提示]

卡尔·雅斯贝尔斯（1883~1969），德国哲学家，精神病学家，现代存在主义哲学主要代表之一。作者认为，教育是顿悟的艺术，就是引导灵魂的眼睛抽身返回自身之内。教育须有信仰，就是要通过培养不断地将新的一代人带入人类优秀文化精神之中，让他们在完整的精神中生活、工作和交往。教育不仅是知识内容的传授，还包括生命内涵的领悟、意志行为的规范和灵魂的启迪。教育的关键在于选择完美的教育内容并使学生之"思"导向事物的本源。

教育是人的灵魂的教育，而非理智知识和认识的堆集。

1. 作为顿悟艺术的教育

所谓顿悟，是与人的理智相关的一个概念。它并不呈现为别人的给予或目所能及之类感官层次。相反，是灵魂的眼睛抽身返回自身之内，内在地透视自己的灵肉，知识也必须随着整个灵魂围绕着存在领域转动。因此教育就是引导"回头"即顿悟的艺术。由于教育的这一神圣本源，因此在其藏而不露的力量中一向存在着精神体认的财富，但教育只有经由顿悟才能达到对整个人生的拯救，否则这种财富将失去效用。

2. 教育的本质

真正的教育应先获得自身的本质。教育须有信仰，没有信仰就不成其为教育，而只是教学的技术而已。教育的目的在于让自己清楚当下的教育本质和自己的意志，除此之外，是找不到教育的宗旨的。因此我们常听到的一些教育口号并没能把握到教育的真正本质，诸如学习一技之长、增强能力、增广见闻、培养气质和爱国意识、独立的能力、表达能力、塑造个性、创造一个共同的文化意识,等等。

如果整个教育本质毫无遮蔽地呈现出来,这就是教育的本然内涵,而教育自然是有其固定形式的。教育是极其严肃的伟大事业,通过培养不断地将新的一代带入人类优秀文化精神之中,让他们在完整的精神中生活、工作和交往。在这种教育中,教师个人的成就几乎没有人会注意到,教师不是抱着投机的态度敷衍了事,而是全身心地投入其中,为人的生成——一个稳定而且持续不断的工作而服务。

教育,不能没有虔敬之心,否则最多只是一种劝学的态度。对终极价值和绝对真理的虔敬是一切教育的本质,缺少对"绝对"的热情,人就不能生存,或者人就活得不像人,一切就变得没有意义。

绝对的东西可以分为两种:一种是大众共有的,比如一个人所属的阶层,或者国家,或者对无限的追问中所体现出来的宗教意识;另一种是个人性质的,比如真实、独立自主、责任和自由。一个人也可以同时具有这两种性质的绝对事物。

3. 教育的危机

当教育的本质发生问题,当教育的信仰开始动摇时,人们就会有意识地寻求教育目标何在。

教育的形式化正是始于其本质成为问题之时。教师以种种人为的方法来保持学生对他的敬畏:保留一些东西不教给学生,或者要求树立个人的权威以及学生的盲从。在这种情况下,本来是用训练有素的方法来处理广泛的学习资料,现在变成了空洞无聊的尽义务而已;本来学生的学习目的是求取最佳发展,现在却变成了虚荣心,只是为了求得他人的看重和考试的成绩;本来是渐渐进入富有内涵的整体,现在变成了仅仅是学习一些可能有用的事物而已;本来是理想的陶冶,现在却只是为了通过考试学一些很快就被遗忘的知识。

如果变得日益严重的教育本质问题,竟被人们如此地忽略,那么教育就会变得丧失根本目标而不稳定和支离破碎。它带给学生的不再是包罗万象的整体教育,而是混杂的知识。目前世界上笼罩着不安,在茫然之余人们都感觉到，现在的一切完全取决于下一代了。人们都明白教育决定未来的人的存在，教育的衰落就意味着人类未来的衰落。然而教育何时开始衰落呢？当历史留下来的东西在那些成熟而应负起责任的人心中开始粉碎的时刻，便是教育衰落之时。现在有人担心，教育的本质已处于完全失落的危险之中。那些主张复古的人，把那些他们自己都已经将信将疑的东西，硬塞给学生，要他们完全接受。另外一些人则鄙弃历史的流传作用，好像教育只包含那些不分古今的技能教育、实用知识和有关当代世界的探源问题。每个人都知道，谁赢得了年轻人，谁就拥有了未来。

当代教育已出现下列危机征兆：非常努力于教育工作，却缺少统一的观念；每年出版不计其数的文章书籍，教学方法和技巧亦不断花样换新。每一个教师为教育花出的心血是前所未有的多，但是缺乏一个整体，却给人一种无力之感。此外，就是教育一再出现的特有现象：放弃本质的教育，却去从事没完没了的教学试验，做一些不关痛痒的调查分析，把不可言说之事用不真实的话直接表述出来，并不断地更换内容和方法做种种实验。如此这般，就好像人类把好不容易争得的自由，花费在无用的事物上。自由变成了空洞的自由。一个连自己都不信任的时代去关心的教育，就好似从虚无中能变出什么东西来。

年轻人的角色是最具特色的。假如教育具有整体精神，那么年轻人是不成熟的，正因为他们年轻没有地位，要为将来的职业作准备，所以必须尊重、屈从和信赖成年人。但在教育本质的消遁过程中，他们却因此而获得了自身的价值。世界已经失落的东西，期待着从他们身上重新获得。他们感觉到一切从他们开始，甚至儿童也参与学校的管理事务。这样看来，仿佛在要求年轻人靠自己的力量去创造那些教师不再拥有的东西。就像国家的债务要靠下一代来偿还一样，浪费了的精神财富，也要靠年轻人重新去挣回来。在这种假象下，年轻人获得了不真实的力量，但他们注定要失败，因为一个人必须一步步地接受严格的培养，经过数十年的成长，才能成其为人。

4. 什么是教育

所谓教育，不过是人对人的主体间灵肉交流活动（尤其是老一代对年轻一代），包括知识内容的传授、生命内涵的领悟、意志行为的规范，并通过文化传递功能，将文化遗产教给年轻一代，让他们自由地生成，并启迪其自由天性。因此教育的原则，是通过现存世界的全部文化导向人的灵魂觉醒之本源和根基，而不是导向由原初派生出来的东西和平庸的知识（当然，作为教育基础的能力、语言、记忆内容除外）。真正的教育绝不容许死记硬背，也从不奢望每个人都成为有真知灼见、深谋远虑的思想家。教育的过程是让受教育者在实践中自我练习、自我学习和成长，而实践的特性是自由游戏和不断尝试。

这样，手工课以劳作方式发展学生的灵巧性；体育课则以学生身体素质的锻炼，以及身体的健美来表现自我生命。哲理课发展思想和精神的敏锐和透明，培养说话的清晰和简明、表达的严格与简洁，把握事物的形式、特征，以及了解思想论争双方的焦点所在，以及如何运"思"而使问题得以澄清。通过接触伟大作品而对人类本真精神内涵进行把握（伟大作品包括：荷马史诗、圣经、希腊悲剧家的作品、莎士比亚和歌德的作品）。而历史课的教学则是发展学生对古代文化的虔敬爱戴之心，启发他们为了人类更高的目标而奋斗，并形成对现实批判的清醒历史观。自然科学课的开设，则是掌握自然科学认识的基本方法论（包括形态学、数学观和实验）。

在我看来，全部教育的关键在于选择完美的教育内容和尽可能使学生之"思"不误入歧路，而是导向事物的本源。教育活动关注的是：人的潜力如何最大限度地调动起来并加以实现，以及人的内部灵性与可能性如何充分生成。总而言之，教育是人的灵魂的教育，而非理智知识和认识的堆集。通过教育使具有天资的人，自己选择决定成为什么样的人以及自己把握安身立命之根。谁要是把自己单纯地局限于学习和认知上，即使他的学习能力非常强，那他的灵魂也是匮乏而不健全的。如果人要想从感性生活转入精神生活，那他就必须学习和获知，但就爱智慧和寻找精神之根而言，所有的学习和知识对他来说却是次要的。教育只能是强迫学习这种观点，常常占据统治地位，因为人们相信，受教育者当时获得他并不理解的知识，但终有一天他会理解这些知识，并将它赋予灵性之中，逐渐接近于循迹于知识背后的精义，就如人们初读路德的宗教小册子时,并不理解其深意所在,然而久而久之,耳濡目染,心向神牵,不知不觉地转化为信仰内容。但这种对强迫的盲目信任是一种自欺欺人的说法。只有导向教育的自我强迫,才会对教育产生效用,而其他所有外在强迫都不具有教育作用,相反,对学生精神害处极大,最终会将学生引向对有用性世俗的追求。在学习中,只有被灵魂所接受的东西才会成为精神瑰宝,而其他含混晦暗的东西则根本不能进入灵魂中而被理解。然而,也要注意另一种错误观点,就是过分强调精神性,而无视学生的体验性,认为人通过人的历史而显示其存在的意义,并仅仅在著作、书本和学校中成长起来。

(节选自《什么是教育》,雅斯贝尔斯著,邹进译,三联书店1991年版)

8. 教育即生长

[美] 杜威

[阅读提示]

约翰·杜威（1892～1952），美国哲学家，教育家，实用主义哲学的创始人之一，功能心理学的先驱，美国进步主义教育运动的代表。杜威认为儿童的未成熟状态不仅仅是一无所有或缺乏的意思，也可以把潜力理解为一种能力，一种势力，即发展的能力。因此，未成熟状态具有积极的和建设性的两个主要特征，即依赖性和可塑性。正是这种依赖性和可塑性，构成了儿童发展的力量。

生长的首要条件是未成熟状态。未成熟状态就是指一种积极的势力或能力——向前生长的力量。

社会在指导青少年活动的过程中决定青少年的未来，也因而决定社会自己的未来。由于特定时代的青少年在今后某一时间将组成那个时代的社会，所以，那个时代社会的性质，基本上将取决于前一时代给予儿童活动的指导。这个朝着后来结果的行动的累积运动，就是生长的涵义。

生长的首要条件是未成熟状态。我们说一个人只能在他未发展的某一点上发展，这似乎是自明之理。但是，未成熟状态这词的前缀"未"却有某种积极的意义，不仅仅是一无所有或缺乏的意思。值得注意的是"能量"（capacity）和"潜力"（potentiality），这两个名词都有双重意义，一个意义是消极的，另一个是积极的。能量可以仅指接纳性，如一夸脱的能量。我们可以把潜力仅仅理解为蛰伏或休眠的状态——在外部影响下变成某种不同的东西的能力。但是，我们也可以把能量理解为一种能力；把潜力理解为势力。我们说未成熟状态就是有生长的可能性。这句话的意思，并不是指现在没有能力，到了后来才会有；我们表示现在就有一种确实存在的势力——即发展的能力。

我们往往把未成熟状态只是当作缺乏,把生长当作填补未成熟的人和成熟的人之间的空缺的东西,这种倾向是由于用比较的观点看待儿童期,而不是用内在的观点看待儿童期。我们所以仅仅把儿童期当作匮乏,是因为我们用成年期作为一个固定的标准来衡量儿童期。这样就把注意力集中在儿童现在所没有的、他成人以前所不会有的东西上。这种比较的观点,要是为了某种目的也是够合法的,但是,如果我们把这种观点看作不可变更的道理,那就产生一个问题,就是我们是否傲慢武断。如果儿童能清晰地和忠实地表达自己的意见,他们所说的话将与此不同。我们有非常可靠的成人凭据,使我们相信,在某种道德的和理智的方面,成人必须变成幼小儿童才对。

当我们考虑到提出一个静止的目的作为理想和标准时,这个关于未成熟状态的可能性的消极性质的假设,其严重性是明显的。他们把不断地成长理解为已完成的生长,就是说停止生长(ungrowth),即不再继续成长。这个假设毫无价值,从这样的事实可以明白,每一个成人,如果有人诋毁他没有进一步生长的可能性,他就要怨恨;只要他发现自己没有进一步生长的可能性,他就要悲痛,把这件事视为丧失的证据,而不把已往的成就作为力量的适当表现。为什么对儿童和成人采用不平等的标准呢?

我们如果不用比较的观点,而用绝对的观点来看,未成熟状态就是指一种积极的势力或能力——向前生长的力量。我们不必像有些教育学说那样,从儿童那里抽出或引出种种积极的活动。哪里有生活,哪里就已经有热切的和激动的活动。生长并不是从外面加到活动的东西,而是活动自己做的东西。未成熟状态的可能性的积极的和建设的方面,是理解未成熟状态的两个主要特征即依赖和可塑性的关键。(1)把依赖说成某种积极的东西,听来未免可笑,把依赖说成一种力量,更加荒谬。但是,如果依赖完全是无依无靠的性质,那么发展永远不会发生。一个仅仅是软弱无能的人,永远要别人提携。依赖伴随着能力的成长,而不是越来越陷入寄生状态,这个事实表明依赖已是某种建设性的东西。仅仅寄人篱下不会促进生长。(2)因为寄人篱下不过是筑墙于软弱无能的周围。对物质世界来说,儿童是无依无靠的。在他诞生的时候和以后长时间内，缺乏行走和维持自己生命的能力。如果他必须自己谋生，那就连一小时都难以生存。在这方面，儿童几乎是全盘无依无靠。幼兽也要比他强得多。他的身体是虚弱的，不能运用他所有的体力去应付物质的环境。

1. 但是，这种彻底的无依无靠性质，暗示着具有某种补偿的力量。幼兽早期就有相对的能力，能够很好地适应物质环境。这种事实表明，这种动物的生活和它们周围的兽类的生活并不密切地结合在一起。可以这么说，因为它们缺乏社会的能力，所以不得不具有相当的体力。另一方面，人类婴儿身体上软弱无能，所以还能生活下去，正是因为他们有社会的能力。我们有时谈起儿童，想到儿童，似乎他们只是从身体方面讲偶然处于社会环境之中；似乎社会力量完全存在于抚养他们的成人之中，儿童乃是受抚养的人。如果说儿童自己本来具有非常的力量，引起别人的合作注意，便有人想，这不过是转弯抹角地说成人非常注意儿童的需要罢了。但是，观察表明，儿童天赋有头等社交能力。儿童具有灵活的和敏感的能力，对他们周围的人的态度和行为，都同情地产生感应，很少成年人能把这种能力保持下来。儿童对自然界事物的不注意（由于无力控制他们）相应地强化了他们对成人行为的兴趣和注意，这两方面是相伴随的。儿童生来的机制和冲动都有助于敏捷的社会反应。有人说，儿童在进入青年期以前是利己主义的和自我中心的，这句话即使是正确的，也和我们上面所说的话没有矛盾。这不过表明儿童的社会反应能力是用来增加他们自己的利益，并不是表明儿童没有这种社会反应能力。但是，这句话事实上并不正确。有些事实被引用来辩护所谓儿童的纯利己主义，其实是表明儿童趋向他们标的的强烈性和直接性。如果构成标的的许多目的对成人来说似乎是狭隘的和自私的，这不过是因为成人通过幼年时类似的独占行为，已经达到了这些目的，因而不再使他们感兴趣。所谓儿童天生的利己主义的剩余部分，大部分都不过是违反成人的利己主义。成人过分专心于他自己的事务而对儿童的事务没有兴趣。在他看起来，儿童无疑似乎过分专心于他们自己的事务。

从社会的观点看，依赖性指一种力量而不是软弱；它包含相互依赖的意思。常常有一种危险，个人独立性的增加将降低他的社会能力。让一个人更加依靠自己，也许因此使他更加自以为是，脱离群众，冷漠无情，在和别人的关系方面麻木不仁，以致生出一种真能独善其身的幻想——这是一种无名的癫狂，世界上大部分本可挽救的苦难，都是由于这种癫狂所致。

2. 未成熟的人为生长而有的特殊适应能力，构成他的可塑性。这种可塑性完全不同于油灰或蜡的可塑性。它并不是因受外来压力就改变形式的一种能力。这种可塑性和柔韧的弹性相近，有些人通过弹性作用于他们周围的环境并保持他们自己的倾向。但是，可塑性比弹性更加深刻，它主要地是从经验中学习的能力；从经验中保持可以用来对付以后情境中的困难的力量。这就是说，可塑性乃是以从前经验的结果为基础，改变自己行为的力量，就是发展各种倾向的力量。没有这种力量，获得习惯是不可能的。

高等动物的崽仔，特别是人类的幼儿，必须学会利用它们的本能反应，这是大家熟悉的事实。人类生来比其他动物具有更多的本能倾向。但是，低等动物的本能在生后不久就自行完善，以适应适当的活动。至于人类婴儿的本能，按它们原来的状态，大部分没有什么用处。有一种生来的特别适应能力，立刻发生效率。但是，好像一张火车票只能用在一条路线上。一个婴儿要运用他的眼、耳、手和腿，必须试验作各种不同的反应的结合，学会灵活多样的控制能力。例如，一只小鸡孵出后几小时，就能准确地啄食。这就是说，眼睛看东西的活动和身体和头部的啄食活动的准确的协调，经过几次试验就完善了。一个婴儿生后六个月，能够接近准确地把伸手抓物的动作和他的视觉活动协调起来；就是说，能够说出他是否能伸手抓到所看见的物件和怎样伸手去抓。结果，小鸡反受原来本能相对完善的限制。婴儿则具有大量尝试性的本能反应以及跟着这些反应所得到的许多经验的有利条件，即使他因为这些反应互相阻碍以致暂时处于不利地位，但这不过是暂时的事情。我们学习一种动作，不是按现成动作去做，必须学会变化动作的因素，根据不同情况作出种种因素的联合。人类学习一种动作，能够发展许多方法，应用到其他情境，从而开辟继续前进的可能性。更重要的是，人类养成学习的习惯，他学会怎样学习。

依赖和可变的控制能力这两件事在人类生活中很重要。这个原理早有人总结在延长婴儿期的重要意义的学说之中。婴儿期的延长无论从群体中成人的观点和青少年的观点来看都是重要的。依赖他人和从事学习的小孩就是一个刺激，要成人负责教养和抚爱。儿童需要成人经常继续不断的养护，也许就是把暂时的同居变为永久婚姻的一个主要原因。儿童有这种需要，肯定是养成慈爱的和同情的照顾别人的习惯的主要影响；这种对别人幸福的建设性的兴趣，是联合生活所必需的。这种道德方面的发展，在理智方面就是能够引进许多引起注意的新事物，激发对未来的远见和为未来计划。所以，有一种相互的影响。社会生活日益复杂，需要一个较长的婴幼期，以便获得所需要的力量；这种依赖的延长就是可塑性的延长，或者就是要获得可变的和新奇的控制模式的力量。因此，这种延长能进一步地促进社会进步。

(选自《民主主义与教育》，杜威著，王承绪译，人民教育出版社 1990 年版)

9. 终身教育的意义

[法] 朗格朗

[阅读提示]

保罗·朗格朗（1910～2003），法国教育家，终身教育理论的主要奠基者，被誉为"终身教育之父"。主要著作有《终身教育引论》等。他认为，终身教育是一种全新的教育，任何国家要建立终身教育模式，必须使教育成为生活的工具，成为使人成功地履行生活职责的工具。

在终身教育的条件下，这也就是要用一种方法来武装人们，使他们能在自己的整个求知道路上和文化生涯中得心应手地运用这种方法。

一个人有了一定的知识和技能以后便可以终生应付裕如，这种观念正在迅速过时并在消失之中。由于内部需要的压力，同时作为对外部需求的回答，教育正处于实现其真正意义的过程之中，这种意义不在于获得一堆知识，而在于个人的发展，在于作为连续经验的结果得到越来越充分的自我实现。

鉴于这种情况，可以把教育的当前的责任确定如下：

首先，组织适当的结构和方法，帮助人在一生中保持他学习和训练的连续性。

其次，培养每个人通过多种形式的自我教育在真正的意义上和充分的程度上成为自己发展的对象和手段。

……

终身教育也是作为解决当代社会的一个重要问题的一种合理方法而出现的，这个重大问题就是从几代人的关系中产生出来的问题。有充分的证据表明，青年一代和老年一代之间的交流和交往处于一种不良状态，以致在很多情况下父子之间、教授和学生之间的关系到了实际没有对话的程度，而这种交流和交往无论对于双方个人的互相增进知识和丰富生活还是对于社会的平衡都是非常宝贵的、不可缺少的。归根结底，这种危机状态的主要责任还在年长的一辈，因为别的且不论，他们毕竟都是从年轻人过来的，而年轻人却从未当过成年人；因此，需要由年长的一代在互相理解、适应、革新和设想等方面作出主要的努力，没有这些，相互的交往将仍然是不可能的。首要的是，权威的确认应从以地位和名望为基础迅速变为以能力和对其他人的坦率、开明为基础。换言之，如果成人要使自己得到别人的听从，如果他要向年轻一代传授所积累的知识和发号施令，那么，他自己就必须不断地学习。如果成人想要得到自己希望得到的下一代的看重，那么，他就必须为不断的训练和进步、为不懈的自我探索、为自己知识和经验的增长付出应有的代价。看来，这将是通向重建对话和生气勃勃地开展对话的惟一途径。

……

"学会学习"这句话现在已是人们用俗了的套语，人们把它作为一种最佳的解决办法加以滥用从而使它变得乏味了。但是，它的意义是名副其实的。从此以后，在任何学习过程中，重点不能再放在必然局限、安排刻板的内容上；它必须着眼于理解的能力、吸收和分析的能力、把学得的知识加以条理化的能力、应付裕如地处理抽象与具体之间的关系和一般与特殊之间关系的能力、把知和行联系起来的能力以及协调专业训练和学识广博的能力。

在终身教育的条件下，这也就是要用一种方法来武装人们，使他们能在自己的整个求知道路上和文化生涯中得心应手地运用这种方法。这意味着，教育活动，无论是严格意义上的讲授还是更广意义上的教学和训练，其要旨必须是养成习惯和条件反射，获得多种能力。因此，应通过各种方法在完全名副其实的意义上把重点放在能增进以上种种能力的实践上。

在这里，在校外环境中获得的经验也是有教益、有帮助的。不管我们关注的是不是大脑的训练、身体的发育、与其他人的各种关系、口语和书面语的传授、各种语言的译解、对音乐和造型艺术的介绍，我们在校外经验中都能发现大量成就、实验和研究，整个教育能够而且应该从中获益。

……

可见，终身教育显然并不是传统教育的简单延伸。它包含着对每个人生活的基本问题采取新的态度、新的观点和新的方法，首先表现在对人的生存的意义问题上。终身教育使我们能够理解和认识个人在其中显示出新的意义的整整一系列基本情况；它为影响着个人和社会命运的某些重大问题带来了新的答案。

教育是人在不断的进取中有意识、有计划、有良好精神和物质条件的活动，而这种不断进取是所有人类的规律。我们当然不应过高估计教育在实现某种或某些目标中的地位和作用。虽然坚持认为作出这一努力绝对必要这一点是正确的，但是，我们不能反复地回忆这样一个事实，就是既存在促进个性发展的教育结构，也有抑制个性发展的教育结构。体力上的贫困产生并保持道德上和智力上的贫困，生活在生存边缘的人也生活在人性的边缘。

（选自《终身教育引论》，朗格朗著，周南照、陈树清译，中国对外翻译出版社1985年版）

10. 教育如时雨

孟子

[阅读提示]

孟子（前370～前298），名轲，战国时代邹国人，孔子思想的继承者和发挥者，儒家学派的重要代表人物。孟子非常重视教育，对于教育乃至整个人生抱着一种超越功利之上的态度，提出"得天下英才而教之"乃人生之乐。孟子主张要培养人才，最根本也是最高的目标是培养人们具有仁者之心。孟子主张性善说，认为人心是慈善的，但是潜在的，必须经过培养、教育和自己的扩充努力才能变为现实。

人皆可以为尧舜。

孟子曰："君子之所以教者五：有如时雨化之者，有成德者，有达财者，有答问者，有私淑艾者。此五者，君子之所以教也。"（《尽心》上）

孟子曰："羿之教人射，必志于彀；学者亦必志于彀。大匠诲人，必以规矩；学者亦必以规矩。"（《告子》上）

公孙丑曰："道则高矣，美矣，宜若登天然，似不可及也；何不使彼为可几及而日孳孳也？"

孟子曰："大匠不为拙工改废绳墨，羿不为拙射变其彀率。君子引而不发，跃如也。中道而立，能者从之。"（《尽心》上）

孟子曰："梓匠轮舆，能与人规矩，不能使人巧。"（《尽心》下）

孟子曰："君子深造之以道，欲其自得之也。自得之，则居之安；居之安，则资之深；资之深，则取之左右逢其原，故君子欲其自得之也。"（《离娄》下）

徐子曰："仲尼亟称于水，曰：'水哉，水哉！'何取于水也？"
孟子曰："源泉混混，不舍昼夜。盈科而后进，放乎四海。有本者如是，是之取尔。苟为无本，七八月之间雨集，沟浍皆盈；其涸也，可立而待也。故声闻过情，君子耻之。"（《离娄》下）

孟子曰："孔子登东山而小鲁，登泰山而小天下。故观于海者难为水，游于圣人之门者难为言。观水有术，必观其澜。日月有明，容光必照焉。流水之为物也，不盈科不行；君子之志于道也，不成章不达。"（《尽心》上）

孟子曰："无或乎王之不智也。虽有天下易生之物也，一日暴之，十日寒之，未有能生者也。吾见亦罕矣，吾退而寒之者至矣。吾如有萌焉何哉！今夫弈之为数，小数也；不专心致志，则不得也。弈秋，通国之善弈者也。使弈秋诲二人弈，其一人专心致志，惟弈秋之为听。一人虽听之，一心以为有鸿鹄将至，思援弓缴而射之，虽与之俱学，弗若之矣。为是其智弗若与？曰：非然也。"（《告子》上）

孟子曰："博学而详说之，将以反说约也。"（《离娄》下）

孟子曰："言近而指远者，善言也；守约而施博者，善道也。君子之言也，不下带而道存焉。君子之守，修其身而天下平。人病舍其田而芸人之田——所求于人者重，而所以自任者轻。"（《尽心》下）

咸丘蒙曰："舜之不臣尧，则吾既得闻命矣。《诗》云：'普天之下，莫非王土；率土之滨，莫非王臣。'而舜既为天子矣，敢问瞽瞍之非臣，如何？"

曰:"是诗也,非是之谓也;劳于王事,而不得养父母也。曰:'此莫非王事,我独贤劳也。'故说诗者,不以文害辞,不以辞害志。以意逆志,是为得之。如以辞而已矣,《云汉》之诗曰:'周余黎民,靡有孑遗。'信斯言也,是周无遗民也。……"(《万章》上)

曹交问曰:"人皆可以为尧舜,有诸?"

孟子曰:"然。"

"交闻文王十尺,汤九尺,今交九尺四寸以长,食粟而已,如何则可?"

曰:"奚有于是?亦为之而已矣。有人于此,力不能胜一匹雏,则为无力人矣;今曰举百钧,则为有力人矣。然则举乌获之任,是亦为乌获而已矣。夫人岂以不胜为患哉?弗为耳。徐行后长者谓之弟,疾行先长者谓之不弟。夫徐行者,岂人所不能哉?所不为也。尧舜之道,孝弟而已矣。子服尧之服,诵尧之言,行尧之行,是尧而已矣;子服桀之服,诵桀之言,行桀之行,是桀而已矣。"

曰:"交得见于邹君,可以假馆,愿留而受业于门。"

曰:"夫道,若大路然,岂难知哉?人病不求耳。子归而求之,有余师。"(《告子》下)

(选自《孟子译注》,杨伯峻著,中华书局 1960 年版,题目为编者所加)

【译文】

孟子说:"君子实施教化的方式有五种:有像及时雨一样滋润万物的,有帮助成就德行的,有培养才能的,有解答疑问的,有凭借学养而使人私下受到教诲的。这五种就是君子所用来施行教化的方法。"

孟子说:"羿教人射箭,一定要让人把弓拉满;学习的人也一定要努力把弓拉满。技艺高超的木工教导人,一定要遵循规矩,学习的人也一定要遵循规矩。"

公孙丑说:"道的确是很高、很美,就像登天一样,似乎是不可企及的;为何不让道变成能够有希望达到的东西,从而让人们每天都努力追求呢?"

孟子说:"高明的木匠不会为手艺拙劣的木工改变废弃规矩,羿不会为技艺拙劣的射手而改变他拉弓的标准。君子教导别人正如射手拉满弓,但却不把箭射出去,做出跃跃欲试的样子。他站在正确的道路上,有才能的人就会追随他。"

孟子说:"木匠和车匠能够把圆规、曲尺的使用方法传授给别人,却不能使人一定技艺高超。"

孟子曰:"君子依循正确的方法获得高深的造诣,就是要能自觉地有所得。自觉地有所得,就能牢固地掌握它而不动摇,就能积蓄深厚;积蓄深厚,就能取之不尽,左右逢源,所以君子希望能自觉地有所得。"

徐子说:"孔子多次称赞水,说:'水啊,水啊!'他赞同水的什么方面呢?"

孟子说:"有源头的泉水滚滚奔流,日夜不停,注满了洼地以后才向前进,一直流到大海去。有本源的就像这样,孔子赞同水的这一点。如果是没有本源的,像七、八月间雨水会集,水沟、水渠都满了,但它的干涸,也是立等可待的。所以名誉超过实情,是君子引为耻辱的。"

孟子说:"孔子登上东山,就觉得鲁国变小了;登上了泰山,就觉得天下变小了。因此见过大海的人,难以对别的水感兴趣;在圣人门下游学的人,难以对别的言论感兴趣。观赏水有方法,一定要观赏它的波澜。太阳月亮都有光辉,极小的缝隙都能照得到。流水这种东西,不把小的坑洼灌满,就不会继续向前流动。君子有志于追求大道,不达到一定的程度不能通达。"

孟子说:"难怪大王不聪明。天下即使有容易生长的植物,晒它一天后,又冻它十天,没有能长得了的。我见您的次数也算很少了,我退居家中,把它冷落到极点,纵使有善心萌动的情况,我能对它怎么办呢?下棋在各种技艺中属于很小的技艺;可是,如果不全心全意,就学不好。弈秋是全国的下棋高手,假如让弈秋教两个人学下棋,其中一个人一心一意地学,只听弈秋的。另一个人虽然也听着,但一心以为也许会有大雁飞来,想着拿起弓箭去射它,虽然和前一个人一起学下棋,但却不如那个人学得好。是因为他的聪明程度赶不上人家吗?当然不是这样。"

孟子说:"广博地学习,详细地解说,最终还是要回到简约地陈述大义的境界。"

孟子说:"言语浅显但意义深远的,是'善言';所操持的简约,但成效广大的,是'善道'。君子的言谈,讲的都是眼前的事,然而道却蕴含其中;君子的操守,从修养自身开始,进而使天下太平。人们的毛病在于舍弃自己的田地,而去耕耘别人的田地——要求他人的太多,而对自己的要求太少。"

咸丘蒙说:"舜不以尧为臣,我懂得您的教诲了。《诗经》说:'整个天下,没有一块土地不是王的土地;从陆地到海滨,没有一个人不是王的臣民。'而舜既已经做了君王,瞽瞍却还不是他的臣民,请问这是怎么回事?"

孟子说:"这诗讲的不是这个意思;诗里说的是作者为王的公事而辛劳,不能够奉养父母。他说:'这些事没有一件不是王的公事,却只有我一人辛勤劳苦。'所以讲诗的人,不要仅凭个别文字歪曲了词句,不要仅凭个别词句歪曲了本意。用自己的体会揣度诗人的本意,这才对了。如果只是凭借词句,《云汉》诗里说:'周朝剩余的老百姓,没有一个遗留在世。'假如相信这话,那么周朝是一个人都没有留下了。……"

曹交问道:"人人都可以成为尧、舜,有这话吗?"
孟子说:"有。"

"我听说周文王身长一丈,商汤身长九尺,现在我身长九尺四寸,只会吃饭罢了,要怎样成为尧、舜呢?"

孟子说:"这有什么关系呢?只要去做就可以了。假如有个人,他的力气提不起一只小鸡,那么他就是个没力气的人;假如他能举起三千斤,就是有力气的人了。那么,举得起乌获所能承受的重量的,也就是乌获了。人难道该为不能胜任发愁吗?只是不去做罢了。在长者身后慢慢走,叫做悌;快步走到长者前边去,叫不悌。慢一点走,难道是人做不到的事吗?只是不去做罢了。尧、舜之道,就是孝和悌而已。你穿上尧的衣服,说尧的话,做尧的事,你就是尧了。你穿桀的衣服,干桀干的事,你就是桀了。"

曹交说:"我要是能见到邹国国君,就向他借个住处,愿意留下来在您门下学习。"

孟子回答说:"道就像条大路,难道难以知晓吗?人的缺点在于不去寻求罢了。你回去找找,老师多着呢。"

11. 论教育之宗旨

王国维

[阅读提示]

王国维（1877～1927），我国近现代哲学家、古文字学家、考古学家。王国维认为，教育的宗旨是培养完全的人，完全的人是能力全面发展并且和谐的人。美育的意义在于，既使人感情发达精神完美，也是促进德育智育的有力手段。

知情意三者并行而得渐达真善美之理想，又加以身体之训练，斯得为完全之人物，而教育之能事毕矣。

教育之宗旨何在？在使人为完全之人物而已。何谓完全之人物？谓人之能力无不发达且调和是也。人之能力分为内外二者：一曰身体之能力，一曰精神之能力。发达其身体而萎缩其精神，或发达其精神而罢敝其身体，皆非所谓完全者也。完全之人物，精神与身体必不可不为调和之发达。而精神之中又分为三部：知力、感情及意志是也。对此三者而有真美善之理想："真"者知力之理想，"美"者感情之理想，"善"者意志之理想也。完全之人物不可不备真美善之三德，欲达此理想，于是教育之事起。教育之事亦分为三部：智育、德育（即意育）、美育（即情育）是也。如佛教之一派，及希腊罗马之斯多噶派，抑压人之感情而使其能力专发达于意志之方面；又如近世斯宾塞尔之专重智育，虽非不切中一时之利弊，皆非完全之教育也。完全之教育，不可不备此三者，今试言其大略。

一、智育

人苟欲为完全之人物，不可无内界及外界之知识，而知识之程度之广狭，应时地不同。古代之知识至近代而觉其不足，闭关自守时之知识，至万国交通时而觉其不足。故居今之世者，不可无今世之知识。知识又分为理论与实际二种；溯其发达之次序，则实际之知识常先于理论之知识，然理论之知识发达后，又为实际之知识之根本也。一科学如数学、物理学、化学、博物学等，皆所谓理论之知识。至应用物理、化学于农工学，应用生理学于医学，应用数学于测绘等，谓之实际之知识。理论之知识乃人人天性上所要求者，实际之知识则所以供社会之要求，而维持一生之生活。故知识之教育，实必不可缺者也。

二、德育

然有知识而无道德，则无以得一生之福祉，而保社会之安宁，未得为完全之人物也。夫人之生也，为动作也，非为知识也。古今中外之哲人无不以道德为重于知识者，故古今中外之教育无不以道德为中心点。盖人人至高之要求，在于福祉，而道德与福祉实有不可离之关系。爱人者人恒爱之；敬人者人恒敬之。不爱敬人者反是。如影之随形，响之随声，其效不可得而诬也。《书》云："惠迪，吉；从逆，凶。"希腊古贤所唱福德合一论，固无古今中外之公理也。而道德之本原又由内界出而非外铄我者。张皇而发挥之，此又教育之任也。

三、美育

德育与智育之必要，人人知之，至于美育有不得不一言者。盖人心之动，无不束缚于一己之利害；独美之为物，使人忘一己之利害而入高尚纯洁之域，此最纯粹之快乐也。孔子言志，独与曾点；又谓"兴于诗"，"成于乐"。希腊古代之以音乐为普通学之一科，及近世希痕林、希尔列尔等之重美育学，实非偶然也。要之，美育者一面使人之感情发达，以达完美之域；一面又为德育与智育之手段，此又教育者所不可不留意也。

然人心之知情意三者，非各自独立，而互相交错者。如人为一事时，知其当为者"知"也，欲为之者"意"也，而当其为之前（后）又有苦乐之"情"伴之：此三者不可分离而论之也。故教育之时，亦不能加以区别。有一科而兼德育智育者，有一科而兼美育德育者，又有一科而兼此三者。三者并行而得渐达真善美之理想，又加以身体之训练，斯得为完全之人物，而教育之能事毕矣。

（选自《王国维文集》，姚淦铭、王燕主编，中国文史出版社2007年版）

12. 对于教育方针之意见

蔡元培

[阅读提示]

蔡元培（1868～1940），我国近现代思想家、教育家。蔡元培对教育的突出贡献之一，是力倡美育，把美育列为国民教育的宗旨之一，提出"以美育代宗教"的著名口号，并且积极实践，具体提出了美育的实施方法。在本文中，蔡元培提出，"军国民、实利、德育、世界观、美育"五位一体，不可偏废，而以不同比例分散于各学科中。

惟世界观及美育，则为彼所不道，而鄙人尤所注重。

近日在教育部与诸同人新草学校法令，以为征集高等教育会议之预备，颇承同志饷以谠论。顾关于教育方针者殊寡。辄先述鄙见以为嚆引，幸海内教育家是正之。

教育有二大别：曰隶属于政治者；曰超轶乎政治者。专制时代（兼立宪而含专制性质者言之），教育家循政府之方针以标准教育，常为纯粹之隶属政治者。共和时代，教育家得立于人民之地位以定标准，乃得有超轶政治之教育。清之季世，隶属政治之教育，腾于教育家之口者，曰军国民教育。夫军国民教育者，与社会主义舛驰，在他国已有道消之兆。然在我国则强邻交逼，函图自卫，而历年丧失之国权，非凭借武力，势难恢复。且军人革命以后，难保无军人执政之一时期，非行举国皆兵之制，将使军人社会永为全国中特别之阶级，而无以平均其势力。则如所谓军国民教育者，诚今日所不能不采者也。

虽然，今日之世界所恃以竞争者，不仅在武力，而尤在财力，且武力之半，亦由财力而孳乳。于是有第二之隶属政治者，曰实利主义之教育，以人民生计为普通教育之中坚。其主张最力者,至以普通学术,悉寓于树艺、烹饪、裁缝及金、木、土工之中。此其说创于美洲,而近亦盛行于欧陆。我国地宝不发,实业界之组织尚幼稚,人民失业者至多,而国甚贫。实利主义之教育,固亦当务之急者也。

是二者,所谓强兵富国之主义也。顾兵可强也,然或溢而为私斗,为侵略,则奈何?国可富也,然或不免知欺愚,强欺弱,而演贫富悬绝,资本家与劳动家血战之惨剧,则奈何?曰教之以公民道德。何谓公民道德?曰法兰西之革命也,所标揭者,曰自由、平等、亲爱。道德之要旨,尽于是矣。孔子曰:"匹夫不可夺志。"孟子曰:"大丈夫者富贵不能淫,贫贱不能移,威武不能屈。"自由之谓也。古者盖谓之义。孔子曰:"己所不欲,勿施于人。"子贡曰:"我不欲人之加诸我也,吾亦欲毋加诸人。"《礼·大学纪》曰:"所恶于前,毋以先后;所恶于后,毋以从前;所恶于右,毋以交于左;所恶于左,毋以交于右。"平等之谓也。古者盖谓之恕。自由者,就主观而言之也。然我欲自由,则亦当尊人之自由,故通于客观。平等者,就客观而言之也。然我不以不平等遇人,则亦不容人之以不平等遇我,故通于主观。二者相对而实相成,要皆由消极一方面言之。苟不进之以积极之道德,则夫吾同胞中,固有因生禀之不齐,境遇之所迫,企自由而不遂,求与人平等而不能者。将一切恝置之,而所谓自由若平等之量,仍不能无缺陷。孟子曰:"鳏寡孤独,天下之穷民而无告者也。"张子曰:"凡天下疲癃残疾茕独鳏寡,皆吾兄弟之颠连而无告者也。"禹思天下有溺者,由己溺之。稷思天下有饥者,由己饥之。伊尹思天下之人,匹夫匹妇有不与被尧舜之泽者,若己推而纳之沟中。孔子曰:"己欲立而立人,己欲达而达人。"亲爱之谓也。古者盖谓之仁。三者诚一切道德之根原,而公民道德教育之所有事者也。

教育而至于公民道德,宜若可为最终之鹄的矣。曰,未也。公民道德之教育,犹未能超轶乎政治者也。世所谓最良政治者,不外乎以最大多数之最大幸福为鹄的。最大多数者,积最少数之一人而成者也。一人之幸福,丰衣足食也,无灾无害也,不外乎现世之幸福。积一人幸福而为最大多数,其鹄的犹是。立法部之所评议,行政部之所执行,司法部之所保护,如是而已矣。

即进而达"礼运"之所谓大道为公，社会主义家所谓未来之黄金时代，人各尽其所能，而各得其所需要，要亦不外乎现世之幸福。盖政治之鹄的，如是而已矣。一切隶属政治之教育，充其量亦如是而已矣。虽然，人不能有生而无死。现世之幸福，临死而消灭。人而仅仅以临死消灭之幸福为鹄的，则所谓人生者有何等价值乎？国不能有存而无亡，世界不能有成而无毁，全国之民，全世界之人类，世世相传，以此不能不消灭之幸福为鹄的，则所谓国民若人类者，有何等价值乎？且如是，则就一人而言之，杀身成仁也，舍生取义也，舍己而为群也，有何等意义乎？就一社会而言之，与我以自由乎，否则与我以死。争一民族之自由，不至沥全民族最后之一滴血不已，不至全国为一大不已，有何等意义乎？且人既无一死生破利害之观念，则必无冒险之精神，无远大之计划，见小利，急近功，则又能保其不为失节堕行身败名裂之人乎？谚曰：当局者迷，旁观者清。非有出世间之思想者，不能善处世间事，吾人即仅仅以现世幸福为鹄的，犹不可无超轶现世之观念，况鹄的不止于此者乎？

以现世幸福为鹄的者，政治家也；教育家则否。盖世界有二方面，如一纸之有表里：一为现象，一为实体。现象世界之事为政治，故以造成现世幸福为鹄的；实体世界之事为宗教，故以摆脱现世幸福为作用。而教育者，则立于现象世界，而有事于实体世界者也。故以实体世界之观念为其究竟之大目的，而以现象世界之幸福为其达于实体观念之作用。

然则现象世界与实体世界之区别何在耶？曰，前者相对，而后者绝对。前者范围于因果律，而后者超轶乎因果律。前者与空间时间有不可离之关系，而后者无空间时间之可言。前者可以经验，而后者全恃直观。故实体世界者，不可名言者也。然而既以是为观念之一种矣，则不得不强为之名，是以或谓之道，或谓之太极，或谓之神，或谓之黑暗之意识，或谓之无识之意志。其名可以万殊，而观念则一。虽哲学之流派不同，宗教家之仪式不同，而其所到达之最高观念皆如是（最浅薄之唯物论哲学，及最幼稚之宗教祈长生求福利者，不在此例）。

然则教育家何以不结合于宗教，而必以现象世界之幸福为作用？曰，世固有厌世派之宗教若哲学，以提撕实体世界观念之故，而排斥现象世界。因以现象世界之文明为罪恶之源，而一切排斥之者。吾以为不然。现象实体，仅一世界之两方面，非截然为互相冲突之两世界。吾人之感觉，既托于现象世界，则所谓实体者，即在现象之中，而非必灭乙而后生甲。其现象世界间所以为实体世界之障碍者，不外二种意识：一、人我之差别，二、幸福之营求是也。人以自卫力不平等而生强弱，人以自存力不平等而生贫富。有强弱贫富，而彼我差别之意识起。弱者贫者，苦于幸福之不足，而营求之意识起。有人我，则于现象中有种种之界画，而与实体违。有营求则当其未遂，为无已之苦痛。及其既遂，为过量之要索。循环于现象之中，而与实体隔。能剂其平，则肉体之享受，纯任自然，而意识界之营求泯，人我之见亦化。合现象世界个别之意识为浑同，而得与实体吻合焉。故现世幸福，为不幸福之人类到达于实体世界之一种作用，盖无可疑者。军国民、实利两主义，所以补自卫自存之力之不足。道德教育，则所以使之互相卫互相存，皆所以泯营求而忘人我者也。由是而进以提撕实体观念之教育。

　　提撕实体观念之方法如何？曰，消极方面，使对于现象世界，无厌弃而亦无执著；积极方面，使对于实体世界，非常渴慕而渐进于领悟。循思想自由言论自由之公例，不以一流派之哲学一宗门之教义梏其心，而惟时时悬一无方体无始终之世界观以为鹄。如是之教育，吾无以名之，名之曰世界观教育。

　　虽然，世界观教育，非可以旦旦而聒之也。且其与现象世界之关系，又非可以枯槁单简之言说袭而取之也。然则何道之由？曰，由美感之教育。美感者，合美丽与尊严而言之，介乎现象世界与实体世界之间，而为之津梁。此为康德所创造，而嗣后哲学家未有反对之者也。在现象世界，凡人皆有爱恶惊惧喜怒悲乐之情，随离合生死祸福利害之现象而流转。至美术，则即以此等现象为资料，而能使对之者，自美感以外，一无杂念。例如采莲煮豆，饮食之事也，而一入诗歌，则别成兴趣。火山赤舌，大风破舟，可骇可怖之景也，而一入图画，则转堪展玩。是则对于现象世界，无厌弃而亦无执著也。人既脱离一切现象世界相对之感情，而为浑然之美感，则即所谓与造物为友，而已接触于实体世界之观念矣。故教育家欲由现象世界而引以到达于实体世界之观念，不可不用美感之教育。

五者，皆今日之教育所不可偏废者也。军国民主义、实利主义、德育主义三者，为隶属于政治之教育。（吾国古代之道德教育，则间有兼涉世界观者，当分别论之）世界观、美育主义二者，为超轶政治之教育。

以中国古代之教育证之，虞之时，夔典乐而教胄子以九德，德育与美育之教育也。周官以卿三物教万民，六德六行，德育也。六艺之射御，军国民主义也。书、数，实利主义也。礼为德育，而乐为美育。以西洋之教育证之，希腊人之教育，为体操与美术，即军国民主义与美育也。欧洲近世教育家，如海尔巴脱氏，纯持美育主义。今日美洲之杜威派，则纯持实利主义者也。

以心理学各方面衡之，军国民主义毗于意志；实利主义毗于知识；德育兼意志情感二方面；美育毗于情感；而世界观则统三者而一之。

以教育界之分言三育者衡之，军国民主义为体育；实利主义为智育；公民道德及美育毗于德育；而世界观则统三者而一之。

以教育家之方法衡之，军国民主义、世界观、美育，皆为形式主义；实利主义为实质主义；德育则二者兼之。

譬之人身，军国民主义者，筋骨也，用以自卫；实利主义者，胃肠也，用以营养；公民道德者，呼吸机循环机也，周贯全体；美育者，神经系也，所以传导；世界观者，心理作用也，附丽于神经系而无迹象之可求。此即五者不可偏废之理也。

本此五主义而分配于各教科，则视各教科性质之不同，而各主义所占之分数，亦随之而异。国语国文之形式，其依准文法者属于实利，而依准美词学者属于美感。其内容则军国民主义当占百分之十，实利主义当占其四十，德育当占其二十，美育当占其二十五，而世界观则占其五。

修身，德育也，而以美育及世界观参之。

历史、地理，实利主义也。其所叙述，得并存各主义。历史之英雄，地理之险要及战绩，军国民主义也。记美术家及美术沿革，写各地风景及所出美术品，美育也。记圣贤，述风俗，德育也。因历史之有时期，而推之于无终始，因地理之有涯，而推之于无方体，及夫烈士、哲人、宗教家之故事及遗迹，皆可以为世界观之导线也。

算学，实利主义也，而数为纯然抽象者。希腊哲人毕达哥拉士以数为万物之原，是亦世界观之一方面，而几何学各种线体，可以资美育。

物理、化学，实利主义也。原子电子，小莫能破，爱耐而几（Energy），范围万物，而莫知其所由来，莫穷其所究竟，皆世界观之导线也。视官听官之所触，可以资美感者尤多。

博物学，在应用一方面，为实利主义。而在观感一方面，多为美感。研究进化之阶段，可以养道德，体验造物之万能，可以导世界观。

图画，美育也，而其内容得包含各种主义：如实物画之于实利主义，历史画之于德育是也。其至美丽至尊严之对象，则可以得世界观。

唱歌，美育也，而其内容，亦可以包含种种主义。

手工，实利主义也，亦可以兴美感。

游戏，美育也；兵式体操，军国民主义也；普通体操，则兼美育与军国民主义二者。

上之所著，仅具崖较，神而明之，在心知其意者。

满清时代，有所谓钦定教育宗旨者，曰忠君，曰尊孔，曰尚公，曰尚武，曰尚实。忠君与共和政体不合，尊孔与信教自由相违（孔子之学术，与后世所谓儒教孔教当分别论之。嗣后教育界何以处孔子，及何以处孔教，当特别讨论之，兹不赘），可以不论。尚武，即军国民主义也。尚实，即实利主义也。尚公，与吾所谓公民道德，其范围或不免有广狭之异，而要为同意。惟世界观及美育，则为彼所不道，而鄙人尤所注重。故特疏通而证明之，以质于当代教育家，幸教育家平心而讨论焉。

（选自《蔡元培美学文选》，蔡元培著，北京大学出版社1983年版）

二、知识的魅力

知识是有魅力的。

关注教育内容的魅力，对教育教学意义重大。海森堡说，美是真理的光辉，自由的万能形式。依此类推，教学中可以引导学生通过感受知识魅力去感知学科内容。美和真是相通的。合规律性与合目的性的统一，就是知识美的本质和根源。

知识和美如水乳交融，无法截然分开。合则双赢，分则俱伤。深刻地把握了"真"，也就自然领悟了其中的"美"；寻找到恰当的"美"的路径，也就容易逼近事物的本质——"真"。一个成熟的教师，在确定教育内容时，自然应该不仅仅满足于知识传递，还应努力挖掘蕴涵在学科内容中的"美原素"，不仅要发挥这些"美原素"的育人功能，而且要由美走向真。

1. 科学知识最有价值

[英] 斯宾塞

[阅读提示]

赫·斯宾塞（1820～1903），英国教育家。主要著作有《教育论》。斯宾塞认为，教育为我们准备完美的生活。在本文中，他提出科学知识在教育中的重要意义和作用，每一个艺术门类，无论是欣赏还是创作，都要有特定的科学知识做支撑。同时，他特别指出，科学本身就有诗意。

一个从未做过科学探讨的人对于他四周的诗意大部分是茫然无知的。

现在我们到了人类生活中剩下的一个范围，包括闲暇时间消遣和娱乐的那个范围。在考虑了什么训练能最好地保全自己、谋生、尽父母的职责和调节社会政治行为各方面做好准备后，现在我们要考虑什么训练能为这些范围中所未包括的各项目的，为了欣赏自然、文学、艺术的各种形式做好准备。照我们这样把他们推迟到那些对人类福利关系较密切的事情后面，又照我们这样拿实在价值去检验一切东西；或许有人会认为我们不免有点轻视这些次要的东西。如果这样，那可是再大不过的错误，但我们对于审美文化和娱乐的价值估计并不比任何人低。没有油画、雕塑、音乐、诗歌以及各种自然美所引起的情感，人生乐趣会失掉一半，所以我们决不认为这些爱好的训练和满足无关紧要，我们相信今后它们会在人类生活中比现在占有更大的份额。到了自然的力量已经完全被人征服供人使用，到了生产的方式已经达到圆满地步，到了劳动力已经节约到最高程度，到了教育已经安排得当，能比较迅速地为较重要的活动做好准备，到了因此而有大量增加的闲暇时间，那时候艺术和自然中美的东西就很合理地在所有人的心中占很高地位。

但是同意审美文化对人类幸福大有帮助，是一回事；承认它为人类幸福中根本必需，又是一回事。无论它多么重要，它必须让那些与生活职责直接相关的那几种文化领先，像在前面已提到的，有了使个人和社会生活成为可能的那些活动，文学艺术的创作才有可能；得到可能性的东西显然要放在使它可能的东西的后面。养花的为了花来培育一株植物；他承认根和叶的价值主要在于有了根和叶才会有花。可是虽然从最后产品看，花是压倒一切的东西，但一个养花的人知道得很清楚，根和叶有很大的内在重要性；因为要靠它们才能有花。他无微不至地培养一株欣欣向荣的植物，也明白如果只着急要花朵而忽略了那植物，则是很笨的。我们面前的情况也是一样。建筑、雕塑、油画、音乐、诗歌等等，的确可以说是文化生活中的花朵。但是尽管认为它们有这样超出一切的价值，以致压倒使它们生长的文化生活（只怕不好这样说），还是要承认必须首先考虑建立一个有健全文化的生活；而为此服务的培育工作必须占最高地位。

我们教育制度的缺点在这里就看得最明显。它为了花而忽略了植物。为了美丽就忘了实质。这个制度不供给有助于保全自己的知识；对于帮助谋生的知识，它只粗略给一点，而让大部分到日后生活中去碰运气取得；对于完成父母的职能它全不顾到；对于公民职责它给予了一堆知识，许多是无关的，剩下的也缺乏钥匙；它可是勤勤恳恳地教那些增加虚文华饰的东西。尽管我们充分承认精通现代语言是个有价值的成就，承认通过阅读、谈话、旅行，那成就能帮助我们得到一些光彩；也决不能因此就说为了取得这结果而牺牲十分重要的知识是正确的。假定古典教育真能使人文辞优美得体，还是不能说文辞优美得体同熟悉教养儿童的指导原则有同等重要。尽管承认读了古典诗歌可以提高一个人的欣赏能力，还是不能认为这种欣赏力的提高同懂得健康的规律有同等价值。这些才艺、艺术、纯文学以及一切组成我们所谓文化之花的东西都应该全部放在为文化打基础的教育和训练之下。他们在生活中既是占闲暇的部分，在教育中也应该是占闲暇的部分。

……

准备从事雕塑的青年人一定要熟悉人体骨骼肌肉的分布、联系和动作。

这是科学的一部分；需要告诉他这些东西，免得他犯那些不懂得这些事情的雕塑者所犯的许多错误。力学原理也是必要的；经常发现的一些严重的力学上的错误，就因为一般都缺乏这知识。为了一座塑像的稳定，从重心向下的垂直线，叫做"方向线"的，必须落在支座以内；而因此一个人"稍息"站着，一腿直立一腿松弛的时候，方向线是落在那直立着的腿的范围内的。但是就有不少不熟悉平衡理论的雕塑者在表现这姿势时使方向线落在两只脚中间。不知道运动定律也引起类似的错误；例如著名的掷铁饼者的雕塑，照那站法，只要把铁饼抛出，人就非朝前倒下不可。

在绘画中科学知识的需要就更突出；如果不是理论知识，至少要是经验的知识。中国画的古怪还不是由于它完全不顾外貌的规律，由于它那个不合理的线性透视和缺乏空中透视吗？儿童图画的错误在哪里，还不是多半由于不懂得事物的外貌是随情况转移而同样地缺乏真实性吗？只要回忆一下教学生那些书本和演讲；考虑一下拉斯金的评论；或看看拉斐尔以前的画家的作品，你很可以看出油画的进步中就意味着在怎样表达自然效果那方面知识的增长。如果没有科学的帮助，最认真的观察也难免有错。每一个画家都会同意，除非知道在特定情况下一定有什么外貌，时常就会看不出它来；而要知道一定有什么外貌就要在那程度上了解外貌的科学。因为缺乏科学，杰·路易士（Lewis，J.）先生尽管是一个深思熟虑的画家，可是却把一个格子窗的影子用清晰的线条画在对面墙上；如果他熟悉"半影"的现象就不会这样做了。因为缺乏科学，罗赛蒂先生见到了某种带毛的表面在特殊采光情况下有奇特的彩虹色现象（这彩虹色是因光线经过毛发的衍射引起的），就错误地在不可能有这种彩虹色的表面和位置上也都画上了。

说音乐也需要科学的帮助，会引起更多的惊讶。但是可以指出，音乐只不过是把情绪的自然语言加以理想化；因此音乐的好坏一定要看它是否遵照这个自然语言的规律。由于感情的不同和感情的强弱而引起声调的各种抑扬顿挫是音乐发展的根源。这些抑扬和顿挫也可以进一步看出不是偶然的或武断的；而是由某些生活活动的一般原理所决定的，因此它们就能表达情感。因此，乐句和它们所组成的旋律只在与这些一般原理协调时才能产生效果，要在这里恰当地举例说明这种情况颇不容易。或许指出那一些涌进客厅来的毫无价值的故事民歌就够了，那些作品都是科学所不容许的。它们对科学所犯的罪恶就在于用音乐写下一些观念，而这些观念中的情绪并没达到要求音乐表达的程度；它们的罪恶也在于所用的音乐短句与所表达的观念之间并无自然联系，尽管其中有些是情绪的观念，它们之不好就因为不真实，而说它们不真实就是说它们不科学。

甚至在诗歌中也有同样的情况。同音乐一样，诗歌的根源就在那些有深厚感情时的自然表达方式。它的节奏，它的强烈的多量的比喻，它的夸大的形容，它的极度的倒装，都只是把激动语言的特点加以夸张而已。所以诗要作的好，就必须注意激动的语言所遵循的那些神经活动规律，在加强这些激动语言的特点和加以组合的时候相互排斥，当然不错。思考力的极端活动容易使感情迟钝，感情的极端活动容易使思考力迟钝，也无疑是不错的；就这方面说，各种活动都是彼此对抗的，但是说科学的事实毫无诗意，或科学的修养就一定不利于想象的运用或美的爱好，那就不对了。相反地，科学正是在那些不懂科学的人看来全是茫然的地方去开辟一些富有诗意的领域。研究科学的人经常告诉我们，他们体会所研究的对象中的诗意，并不比别人欠鲜明，反而更鲜明清楚。任何阅览过休·米勒的地质学著作或读过刘易斯的《海滨研究》的人，都会发觉科学是在激发诗意而不是在扑灭它。每一个考虑过歌德（Geothe, J. W.）生平的人都看得出诗人和科学家可以并存而从事同等分量的活动，如果说一个人对自然研究得多了就会不那么尊敬它，难道不正是荒谬和几乎亵渎的信念吗？你会设想一滴水，在俗人眼中看来只是一滴水，而一个物理学家懂得了它的元素是由一个力量集结在一起，而那力量突然释放时可以引起闪电，在他的眼中那滴水会失掉什么吗？你会设想在普通人不经意地看来只是雪花的东西，对于一个曾在显微镜中见过雪的结晶的奇妙多样形式的人不会引起一些较高的联想吗？你会设想一块划了些平行线痕迹的圆岩石，对一个无知的人和一个知道一百万年前冰河曾在这岩石上滑过的地质学家，能激起同样多的诗意吗？事实上，一个从未做过科学探讨的人对于他四周的诗意大部分是茫然无知的。一个在青年时代未曾采集过植物和昆虫的人对于乡间小道树丛能引起的莫大乐趣就懂不到一半。没有寻找过化石的人就很少知道发现那宝藏的附近有些什么带诗意的联想。住在海边然而缺乏显微镜和养鱼箱的人，就还要学习海滨的最大乐趣是什么。看到许多人忙于细微末节而忽视最宏伟的现象，真是令人伤心。他们不求了解天体的结构，却埋头钻研关于苏格兰玛丽女王（Mary Queen of Scots）私生活的无聊争辩！对于一首希腊诗歌去考证辩论，可是对上帝在地球的地层上写下的伟大史诗却一眼都不瞧！

  因此我们看出，就是为了人类活动中剩下来的这一部分，正确的准备工作还是靠科学的文化。我们看出美学一般必须以科学原理为根基。而只有熟悉这些原理，工作才能完全成功。我们看出对艺术品的批评和适当的欣赏需要懂得事物的组成，也就是要懂得科学。我们不只看出科学是为一切形式的艺术诗歌服务，而且看得正确的话，科学本身就富有诗意。

（节选自《斯宾塞教育论著选》，斯宾塞著，胡毅、王承绪译，人民教育出版社2001年版）

2. 科学、艺术与教育的关系

[英] 赫胥黎

[阅读提示]

托马斯·亨利·赫胥黎（1825~1895），英国著名博物学家。赫胥黎在本文中提出，能够从科学推理中感受到优美、美妙和乐趣，能够从文学艺术欣赏中感受到理智，这就达到了受教育的最佳境界。那么，在其整个生活道路上，他将能够获得所需要的其他一切智力财富。

教育的职责首先是为青年提供观察事物的方法，并养成他们观察事物的习惯。

……

因此，根据我给你们提出的这种分类，一切知识学科可以分为两类：科学和艺术。对于所有的东西来说，单凭推理能力进行研究的东西就归入科学的领域。我们是从广义上，而不是从我们现在已习惯的狭隘的和技能的意义上去使用艺术这个词的；所有可以感知的、激起我们情绪的和属于审美能力的东西就归入艺术的领域。因此，我们对于这个问题的结论是，教育的职责首先是为青年提供观察事物的方法，并养成他们观察事物的习惯，其次是分别以科学或艺术的形式，或者以科学与艺术相结合的形式给青年提供学科知识。

现在，一个极为明显的事实（它适用于世界上的大多数事物），就是几乎没有什么事物是单方面的或者只具有一种性质；而且，那些我们感兴趣的和可能称之为纯科学和纯艺术的东西，并不是一下子就看得出来的。可能有些具有特殊素质的人，在他们深入到几何学这门学科中去之前，就能发现几何学具有一种艺术的美；但是，我想可以说，大多数人在他们开始学习数学的时候，他们的整个心灵都在全神贯注地探究已知条件与结论之间的关系，对他们来说，几何学就是纯科学。所以，我想可以说，机械学和骨骼学是纯科学。另一方面，音乐的旋律是纯艺术。你无法对音乐的旋律进行推理；它不包括任何命题。又如，在绘画艺术中，一种阿拉伯式的图案或者一种"灰色的协调"，所涉及到的仅仅是审美能力。但是，一位大数学家，甚至许多算不上是大数学家的人会告诉你们，他们从几何学的推理中获得了极大的乐趣。大家都知道，一些数学家是把答案和问题当做"优美的东西"去谈论的；而且，他们会告诉你们，某种神奇的符号是"美妙的，非常可爱的"。可是，你们就体会不出来。他们确实体会到了，因为这种理智过程，这种对于由这些线条和符号表示的推理的理解过程，给了他们一种乐趣，就如同画家在欣赏视觉的对称美时所得到的那种乐趣一样。就拿我能更有把握谈论的和我所从事的最有兴趣的一门科学为例吧。我们称之为形态学的那门科学，就存在于探究动物和植物的多种多样结构变异的统一性之中。我无法给你们举出比这种乐趣更真实和更好的审美方面乐趣的例子来——当许许多多不同的结构在一种主要规律的作用下达到协调一致的时候，就会在一个人的心灵里产生这种乐趣。而且，假如我可以冒昧地就这个问题发表一点看法的话，绝大多数艺术形式并不是我刚才所揭示的那种意义上的纯艺术；但是，这些艺术的许多特性是由几乎是同时发生的甚至是不知不觉的理智乐趣而来的。

我童年时非常喜欢音乐，现在也还是这样。碰巧我有机会欣赏到许多优美动听的乐曲。除了别的乐曲外，我曾经多次欣赏过那位著名的古典音乐大师塞巴斯蒂安·巴赫的作品。我记得很清楚——尽管我那时候对音乐一窍不通，还要补充说一句，我现在对音乐也还是一无所知——我连续几个小时聆听着巴赫的作品，心里感到极大的满足和愉快。我高兴地认为，这是一种属于我自己的乐趣；但是，后来几年我试图找出其中的原因，我经常想到的一点就是，从这类乐曲中得到的乐趣与从通常称之为纯粹的理智探究中得到的乐趣基本上具有相同的性质。我的意思是指，产生这种乐趣的根源同我在形态学方面的大多数问题是完全一样的——你理解了包含在一位古典音乐大师作品中的所有无限多样性的主题，它就经常出现并使你会想起多样性的统一来。同样，在绘画中，所谓"自然的写实"就包含有理智的因素；自然的写实完全依赖于与艺术打交道的人的文化修养。假如你在澳大利亚（我指在那些土著人中间）能勉强画一只袋鼠，你也许会被当成一位好画家而受到称赞。但是，在具有高度文明的人们中间，情况就完全不一样了，我们所具有的文化知识就会对自己的艺术作品鉴赏力提出批评，使得我们不会随便对一件艺术作品在色彩和轮廓方面的纯粹的美感表示满意，所以，那些与艺术打交道的人们的文化修养和知识水平越高，我们称之为艺术的"自然的写实"也必然会越加精细。

假如我们转到文学方面，情况也是如此，你们也许会发现可以称之为纯艺术的文学作品。一首莎士比亚和歌德的诗歌就是纯艺术；虽然它也许没有理智方面的内容，但它是极其美妙的。附有文字解释的一组画面在你心灵面前掠过，所产生的感觉就是一种思想的旋律。不过，我们所珍藏的大量文学作品之所以有价值，不仅因为它们具有艺术的形式，而且因为它们包含着理智方面的内容；理智方面的内容越精确、清楚和真实，其价值也就越高。如果你们允许我花一点时间谈一谈那种高尚的文学形式的话，难道仅仅因为我们了解越多，它们就显得越真实，我们就越有能力去欣赏，它们就显得越美丽，所以把它们看作最高尚的吗？尽管儿童也会喜欢莎士比亚，可是没有一个人不是到老才理解他的。这个原因就在于，莎士比亚满足了儿童的艺术直觉，并与老人所具有的成熟而又丰富的经验协调起来。

就审美方面的知识和训练来说，我们十分高兴地用英语去打开一个当代世界上保存艺术珍品和优秀文学作品的最宏伟的宝库。我过去已经说过，这里再重复说一遍，假如一个人不能从《圣经》、乔叟、莎士比亚、密尔顿、霍布斯和贝克莱主教那里（我仅仅提到我们几位杰出的作家）得到最高尚的文学修养——我说，假如他不能从那些作家那里得到这种修养的话，那么，他也不能从任何事物那里得到它；毫无疑问，我要每一个英国儿童把很大一部分时间用在认真地学习我们所拥有的那么绚丽多彩的英国文学名著上，而且，更重要的是养成正确地、生动地和巧妙地使用那种语言的习惯（但是这更容易被忽视）。我猜想，我们几乎是世界上惟一认为气质是与生俱来的民族。法国人关心他们自己的语言，德国人也研究他们的语言，而英国人却认为在英语上花费时间和精力似乎是不值得的。在我所拟定的学习课程中，我不得不把古代和当代世界上一切最好的作品的详本也包括进去。虽然用希腊文阅读荷马的作品，是一件非常令人向往的事情；但是，要是你碰巧不懂希腊文，我们可以做的另一件事情，就是最好阅读它的译本，就如同我们最近在散文方面已经做的那样，你们不会得到你们从原文中所能得到的全部知识，但是，你们可以得到很多知识；你们因为不能得到全部知识，就拒绝知道这些知识，这完全如同一个饿汉因为他不能得到鹧鸪而拒绝面包一样。最后，我还要加上音乐或者图画的教学，否则，如果儿童不时发生不欢乐的情况，他们就会失去这两种才能，并且不可能去从事任何艺术感官方面的活动，于是，我就发现了能够单独与文学一起进行的事物；但是，我要在一切感官方面为心灵的审美方面的发展作好准备。在我看来，那些知识对一个英国儿童的教育来说是必不可少的。有了那些知识，例如在给十分之九的人口所提供的教育时间内可以得到的知识——有了那些知识，一个英国人在英国生活的范围内就能无往而不至，去占据那些最高的职位，去担任国家的最高职务，以及在科学或艺术的实际研究方面成为出类拔萃的人。因为如果他要有机会去学习所有那些知识，并使他的智力在各个方面都受到训练，那些学科的教学将是必不可少的。那么，毋庸置疑，在他的整个生活道路上，他将能够获得他所需要的其他一切智力财富。

（节选自《科学与教育》，赫胥黎著，单中惠、平波译，人民教育出版社 2001 年版）

3. 数学创造

[法] 彭加勒

[阅读提示]

朱尔·昂利·彭加勒（1854～1912），法国著名数学家、天文学家、物理学家和科学哲学家。彭加勒认为，数学的美感、数和形的和谐感、几何学的雅致感，这是一切真正的数学家都知道的真实的审美感，它的确属于情感。能唤起美感的数学实体，它们的元素和谐地配置，以致精神能够毫不费力地包容它们的整体，同时也能认清细节。

一个次序井然的整体可以促使我们预见数学定律，有用的组合恰恰是最美的组合。

数学创造的发生是一个使心理学家强烈感兴趣的问题。它是一种活动，在这种活动中，人类精神似乎从外部世界所取走的东西最少，在这种活动中，人类精神起着作用，或者似乎只是自行起作用和按照自己的意志起作用，以致于在研究几何学思维的步骤时，我们可以期望达到人类精神的最本质的东西。……

关于教学证明，它似乎只能使理智感兴趣，当我们看到它也乞灵于情感时，可能会感到奇怪。这也许是忘记了数学的美感、数和形的和谐感、几何学的雅致感。这是一切真正的数学家都知道的真实的审美感，它的确属于情感。

那么，被我们赋予美和雅致这一特征的、能在我们思想上激起一种审美情感的数学实体是什么呢？它们是这样的实体：它们的元素和谐地配置，以致精神能够毫不费力地包容它们的整体，同时又能认清细节。这种和谐同时是我们审美需要的满足以及支持、指导我们思想的助手。而且，一个次序井然的整体摆在我们的双目之下,促使我们预见数学定律。于是,我们便达到下述结论:有用的组合恰恰是最美的组合。我意指最能使这种特殊情感着迷的组合,所有的数学家都知道这种情感,但是,对它的亵渎无知到常常嗤笑它的地步。

此外还发生了什么呢?在由下意识的自我盲目形成的大量组合中,几乎所有的都毫无兴趣、毫无用处;可是正因为如此,它们对审美感也没有什么影响。意识永远不会知道它们;只有某些组合是和谐的,从而同时也是有用的和美的。它们能够触动我刚才所说的几何学家的这种特殊情感,这种情感一旦被唤起,便会把我们的注意力引向它们,从而为它们提供变为有意识的机会。

这只是一个假设,可是在这里有可以证实它的观察材料;当一个顿悟抓住数学家的思想时,它往往不会欺骗他,但是正如我说过的,它有时也不经受证据的检验;好了,我们几乎总是注意到,这种人为的观念倘若是真实的,它就会使我们对于数学雅致的自然情感得到满足。

因此,正是这种特殊的审美感,起着我已经说过的微妙的筛选作用,这充分地说明,缺乏这种审美感的人永远不会成为真正的创作者。

可是,困难并没有完全消失。有意识的自我严格地受到限制,至于下意识的自我,我们不知道它的限制,这就是为什么我们乐于假定,它在短时间内能够作出的各种组合比有意识的自我整个一生能够完成的组合还要多。可是,这种限制是存在的。下意识的自我能够形成所有可能的组合,其数目之多远非想象力所能及,这种说法可信吗?不管怎样,这似乎是必要的,因为假使它仅仅产生一小部分组合,假使它随意地作出它们,那么我们在它们中能够选择、可以发现的有效的组合的机遇就会很少。

有意识的工作总是在所有富有成果的无意识的劳动之前,也许我们应当在有意识的工作的初期寻求解释。请允许我粗略地作一比较,把我们组合中的未来元素想象为伊壁鸠鲁(Epicurus)的带钩原子吧。在精神完全休眠时,这些原子是不动的,也可以说,它们钩住了墙壁;因此,这种完全的休眠可以无限地延续下去,没有相遇的原子,从而在它们之间也没有任何组合。

与此相反，在表面的休眠和无意识的工作期间，它们中的某些原子脱离墙壁并开始运动，它们通过封闭它们的空间（我正要说房间）向各个方向传播，犹如一群蚊虫，或者你如果喜欢学术上的比喻的话，它们就像气体运动论中的气体分子。于是，它们的相互碰撞可以产生新的组合。

初期的有意识的工作有何作用呢？显而易见，它使这些原子中的某一些可以运动，它把它们从墙壁上卸下来并使它们自由活动。我们认为，我们之所以没有作出有效的组合，是因为要把这些原子集合起来，就要使它们以无数不同的方式运动，即便如此还是找不到满意的集合。但是，通过我们的自由意志使这些原子开始运动之后，它们就不会返回到它们的初始状态。它们自由地继续它们的运动。

好了，我们的自由意志并非随意地选择它们；它追求一个完全确定的目的。因此，可动的原子并非无论什么样的原子；它们是我们可以合理地期望从中得到所要求的答案的原子。于是，可动原子经受碰撞，从而使它们进入它们之间的组台，或者与在它们的进程中撞击到的其他静止的原子形成组合。我再次请求原谅，我的比喻是很粗糙的，但是我不知道如何用其他方法使我的思想得以理解。

不管情况如何，有形成机遇的组合仅仅是这样一些组合，即其中的元素至少有一个是由我们的自由意志自由地选择出的那些原子之一。现在，很明显，在这些组合中，可以找到我所谓的有效的组合。也许这是一种减少原来假设中的悖论的途径。

还有另外的意见。我们仅应用固定的法则，全部作出了有点冗长的运算；无意识的工作永远也不会为我们提供这个结果。我们可能以为，完全自动的下意识的自我特别适于这种工作，这是一种全部机械的方法。也许我们夜晚思考乘法因子，我们醒来时必定希望找到预先作出的乘积或者还希望代数运算——例如证明——可以无意识地被作出来。正如观察所证明的，根本没有这种事。从这些灵感中，从无意识的工作的成果中，人们可望得到的一切只是这样的运算的出发点。至于运算本身，必须在紧随灵感之后的有意识的工作的第二个期间完成，人们在此期间验证这一灵感的结果，推出它们的结论。

这些运算的法则是严格的和复杂的。它们要求纪律、注意力、意志，因而要求意识。相反地，在下意识的自我中，则是由我所说的自由统治着，倘若无用自由这个名称称呼绝对缺乏纪律和源于机遇的混乱的话。不过，这种混乱本身却容许未曾料到的组合。

  我将作最后的评论。当我在上面发表某些个人的观察材料时，我谈到我在不由自主地工作时的令人激动的夜晚。这样的情况是经常发生的，不过大脑的反常活动不必要由我曾提到的物质刺激物引起。在这样的情况中，人们在他无意识的工作中呈现出的东西似乎可以部分地被过分激动的意识所领悟，可是这并不改变无意识的工作的本性。于是，我们不甚明确地理解了两种机制——如果你愿意的话，也可以说是两种自我的工作方法——的区别是什么。而且，在我看来，我从中能够作出的心理学观察材料似乎在它们的总轮廓上证实了我刚才提出的观点。的确，这些观点需要证实，因为不管怎样，它们是而且确实依然是真正的假设：对这些问题的兴趣如此之大，以致于我一点也不后悔向读者提出了上述观点。

（选自《科学的价值》，彭加勒著，李醒民译，光明日报出版社 1988 年版）

4. 我相信直觉和灵感

[美] 爱因斯坦

[阅读提示]

爱因斯坦（1879～1955），德裔美国科学家，现代物理学的开创者和奠基人。爱因斯坦认为，想象力比知识更重要，因为知识是有限的，而想象力概括着世界上的一切，推动着进步，并且是知识进化的源泉。

音乐和物理学领域中的研究工作在起源上是不同的。可是被共同的目标联系着，这就是对表达未知的东西的企求。

我相信直觉和灵感。

有时我感到是在正确的道路上，可是不能说明自己的信心。当1919年日蚀证明了我的推测时，我一点也不惊奇。要是这件事没有发生，我倒会非常惊讶。想象力比知识更重要，因为知识是有限的，而想象力概括着世界上的一切，推动着进步，并且是知识进化的源泉。严格地说，想象力是科学研究中的实在因素。

相信世界在本质上是有秩序的和可认识的这一信念，是一切科学工作的基础。这种信念是建筑在宗教感情上的。我的宗教感情就是对我们的软弱的理性所能达到的不大一部分实在中，占优势的那种秩序怀着尊敬的赞赏心情。

科学在发展逻辑思维和研究实在的合理态度时，能在很大程度上削弱世上流行的迷信。毫无疑问，任何科学工作，除完全不需要理性干预的工作以外，都是从世界的合理性和可知性这种坚定的信念出发的（这种信念是宗教感情的亲属）。

音乐和物理学领域中的研究工作在起源上是不同的。可是被共同的目标联系着，这就是对表达未知的东西的企求。它们的反应是不同的，可它们互相补充着。至于艺术上和科学上的创造，那么，在这里我完全同意叔本华的意见，认为摆脱日常生活的单调乏味，和在这个充满着由我们创造的形象的世界中寻找避难所的愿望，才是它们的最强有力的动机。这个世界可以由音乐的音符组成，也可以由数学的公式组成。我们试图创造合理的世界图像，使我们在那里面就像感到在家里一样，并且可以获得我们在日常生活中不能达到的安定。

科学是为科学而存在的，就像艺术是为艺术而存在的一样，它既不从事自我表白，也不从事荒谬的证明。

规律绝不会是精确的，因为我们是借助于概念来表达规律的，而即使概念会发展，在将来仍然会被证明是不充分的。在任何论题和任何证明的底层都留着绝对正确的教条的痕迹。

每一个自然科学工作者都应当具有特殊的宗教感情，因为他不能表达他所了解的而且正好是由他首先想出来的那些相互关系。他觉得自己是个孩子，要由成年人中某个人来领导。

除了我们的宇宙以外，没有别的宇宙。宇宙不是我们的表象的一部分。当然不应当从字面上去理解用地球仪所作的比喻。我曾用这些比喻作为符号。哲学上和逻辑上的大多数错误是由于人类理智倾向于把符号当作某种实在的东西而发生的。

我看图画，可是我的想象力不能描述它的创作者的外貌。我看表，可是我也不能想象创造它们的钟表匠的外貌是怎样的。人类理智不能接受四维。他怎么能理解上帝呢？对于上帝来说，一千年和一千维都呈现为一。

你看这只在地球表面生存过的完全压扁了的臭虫。这只臭虫也许被赋予分析的理智，能研究物理学，甚至写书。它的世界将是二维的。在思想上和数学上，它甚至能理解第三维，可是它不能把第三维直觉地想象出来。人就同这只不幸的臭虫完全一样，处在这样的情况中，只有一点区别，那就是人是三维的。在数学上，人能想象第四维，可是在物理上，人不能看到和直觉地想象第四维。对于他来说第四维只是在数学上存在着。他的理智不能理解第四维。

(选自《爱因斯坦文集》第3卷，爱因斯坦著，商务印书馆1979年版)

5. 数学与文化

[美] 克莱因

[阅读提示]

莫里斯·克莱因（1908~1992），美国数学教育家、应用数学家、数学史家。克莱因认为，进行数学创造的最主要的驱策力就是对美的追求。数学的完善的结构美，必不可少的想象和直觉，对称性和简洁，都给创造者提供了高度的美学上的满足。

数学是一棵富有生命力的树，它随着文明的兴衰而枯荣。

……

数学不仅是一种方法、一门艺术或一种语言。数学更主要的是一门有着丰富内容的知识体系，其内容对自然科学家、社会科学家、哲学家、逻辑学家和艺术家十分有用，同时影响着政治家和神学家的学说；满足了人类探索宇宙的好奇心和对美妙音乐的冥想；甚至可能有时以难以察觉到的方式但无可置疑地影响着现代历史的进程。

数学是一门知识体系，但是它却不包含任何真理。与之相反的观点却认为数学是无可辩驳的真理的汇集，认为数学就像是信仰《圣经》的教徒们从上帝那儿获得最后的启示录一样，这是一个难以消除的、流传甚广的谬论。直到1850年为止，甚至数学家们也赞同这种谬论。幸运的是，19世纪发生的一些数学事件（这些我们随后将进行讨论）向这些数学家表明，这种看法是错误的。在这门学科中没有真理，而且在它的一些分支中的定理与另外一些分支中的定理是矛盾的。例如，上个世纪创立的几何中所确定的一些定理，与欧几里得在他的几何学中所证明的定理就是矛盾的。尽管没有真理，数学却一直给予了人类征服自然的神奇的力量。解决人类思想史上这个最大的悖论将是我们所关注的课题之一。

由于20世纪必须将数学知识与真理区分开，因此也必须将数学与科学区分开，因为科学确在寻求关于物质世界的真理。然而数学却无疑地是科学的灯塔，而且还继续帮助科学获得在现代文明中所占的位置。我们甚至可以正确地宣称，正是由于有了数学，现代科学才取得了辉煌的成就。但是我们将会看到，这两个领域有着明显的区别。

在最广泛的意义上说，数学是一种精神，一种理性的精神。正是这种精神，使得人类的思维得以运用到最完善的程度，亦正是这种精神，试图决定性地影响人类的物质、道德和社会生活；试图回答有关人类自身存在提出的问题；努力去理解和控制自然；尽力去探求和确立已经获得知识的最深刻的和最完美的内涵。在本书中，我们最为关心的将是这种精神的作用。

数学还有一个更加典型的特征与我们的论述密切相关。数学是一棵富有生命力的树，它随着文明的兴衰而荣枯。它从史前诞生之时起，就为自己的生存而斗争，这场斗争经历了史前的几个世纪和随后有文字记载历史的几个世纪，最后终于在肥沃的希腊土壤中扎稳了生存的根基，并且在一个较短的时期里茁壮成长起来了。在这个时期，它绽出了一朵美丽的花——欧氏几何。其他的花蕾也含苞欲放。如果你仔细观察，还可以看到三角和代数学的雏形；但是这些花朵随着希腊文明的衰亡而枯萎了。这棵树也沉睡了一千年之久。

这就是数学那时的状况。后来这棵树被移植到了欧洲本土，又一次很好地扎根在肥沃的土壤中。到公元1600年，它又获得了在古希腊顶峰时期曾有过的旺盛的生命力，而且准备开创史无前例的光辉灿烂的前景。如果我们将17世纪以前所了解的数学称为初等数学，那么我们能说，初等数学与从那以后创造出的数学相比是微不足道的。事实上，一个人拥有牛顿处于顶峰时期所掌握的知识，在今天不会被认为是一位数学家。因为与普通的观点相反，现在应该说数学是从微积分开始，而不是以之为结束。在我们这个世纪，这门学科已具有非常广泛的内容，以致没有任何数学家能够宣称他已贯通全部数学。

数学发展的这幅素描，尽管简略，但却表明数学的生命力正是根植于养育它的文明的社会生活之中。事实上，数学一直是文明和文化的重要组成部分，因此许多历史学家通过数学这面镜子，了解了古代其他主要文化的特征。以古典时期的古希腊文化为例，它大约从公元前600年延续到公元前300年。由于古希腊数学家强调严密的推理以及由此得出的结论，因此他们所关心的并不是这些成果的实用性，而是教育人们去进行抽象的推理，和激发人们对理想与美的追求。因此，看到这个时代具有很难为后世超越的优美文学，极端理性化的哲学，以及理想化的建筑与雕刻，也就不足为奇了。

数学创造力的缺乏也表现在一个时代文明的文化里，这一点也是真实的。看看罗马的情况吧。在数学史上，罗马人在一定时期内曾作出过贡献，但从那以后他们就开始停滞不前了。阿基米德，最伟大的古希腊数学家和科学家，在公元前221年被突然闯入的罗马士兵杀害了，当时他正在研究画在沙盘中的几何图形。对此，A. N. 怀特海（Alfred North Whitehead）说过：

> 阿基米德死于一个罗马士兵之手，是一个世界发生头等重要变化的标志：爱好抽象数学、擅长推理的古希腊在欧洲的霸主地位，被重实用的罗马取代了。洛德·比肯斯菲尔德（Lord Beaconsfield），在他的一部小说中，曾把重实用的人称为是重复其先辈错误的人。罗马是一个伟大的民族，但是他们却由于只重实用而导致了创造性的缺乏。他们没有发展其祖先的知识，他们所有的进步都局限于工程技术的细枝末叶。他们并不是那种能够提出新观点的梦想家，这些新观点能给人以更好地主宰自然界的力量。没有一个罗马人因为沉湎于数学图形而丧命。

事实上，西塞罗（Cicero）夸耀自己的同胞——感谢上帝——不是像希腊人一样的梦想家，而是把他们的数学研究派上实际用场的人。

注重实用的罗马帝国，将其精力用于权术和征服外邦。为迎接军队胜利归来的拱形的凯旋门，也许是罗马帝国的最好象征，但它们不是显得得体优雅，而是显得毫无生气。罗马最突出的特征也许是麻木不仁，罗马人几乎没有真正的独创精神。简言之，罗马文化是外来的，罗马时期的大多数成就主要渊源于小亚细亚的希腊，此时小亚细亚的希腊正处于罗马政权统治之下。

这几个例子告诉我们，一个时代的总的特征在很大程度上与这个时代的数学活动密切相关。这种关系在我们这个时代尤为明显。在不抹煞历史学家、经济学家、哲学家、作家、诗人、画家和政治家功绩的前提下，我们可以这样说：其他文明已经产生了在能力和成就方面同等的效果。另一方面，尽管欧几里得和阿基米德无疑地是极其卓越的思想家，尽管我们的数学家得以达到最高的水平，这仅仅是因为像牛顿所说的那样，他们是站在巨人的肩膀上。然而，正是在我们这个时代，数学才达到了它应该达到的范围，而且有着不同寻常的用途。这样，由于数学已经广泛地影响着现代生活和思想，今天的西方文明与以往任何历史上的文明都有着明显的区别。也许，在这本书中，我们会看到现在这个时代是如何受惠于数学的。

（节选自《百年人文随笔·外国卷》黎光耀主编，张祖贵译，吉林人民出版社2003年版）

6. 精密科学中的美的含义

[德] 海森堡

[阅读提示]

维尔纳·海森堡（1901～1976），德国物理学家，量子力学的创立人。海森堡认为，数学关系也是美的源泉。美是部分与部分彼此之间以及部分与整体之间固有的协调一致。部分是个别的音符，整体则是和谐的声音。数学关系因而能把两个原本彼此独立的部分配合成一个整体，这样就产生了美。

美是部分同部分，部分同整体的固有的协调。

虽然"美的"（或"精巧的"）这个表示性质的形容词在这里确实是用来表征艺术的特性的，但美的王国却远远延伸到艺术领域之外。它无疑也包括精神生活中的其他领域：自然美也反映在自然科学的美之中。

如果一开头不去对"美"这个概念进行哲学分析，而只是问在精密科学的领域中哪里可以碰到美的东西，这大概是最适合的。这里或许可以允许我从个人的亲身经历开始说起。当我还是个小孩子的时候，在慕尼黑马克斯文科中学上低年级，我对数学就开始感兴趣。使我感到有一种相当直接的美，有些东西很美的这种印象完全是直接的，这无需任何辩护和解释。

但是在这里什么是美的呢？甚至在古代美也有两种定义，它们在某种程度上是彼此对立的。特别是在文艺复兴时期，它们之间的争论曾起过很大的作用。一方说，美是部分同部分，部分同整体的固有的协调。另一方，起源于普罗替诺，说美根本不涉及到部分，而把美说成是"一"的永恒光辉透过物质现象的朦胧的显现。在我们的数学实例中，我们开始将不得不暂且停留在第一个定义上。这里，部分是整数的性质和几何结构的定律，而整体显然是算术和欧几里得几何所隶属的基本的数学公理系统——是由公理系统的自洽性所保证的互相联系的巨大结构。我们察觉到个别的部分配合在一起，作为部分它们的确属于这个整体，不用想我们就感觉到这个公理系统的完备性和简单性是美的。因此美涉及到"一"和"多"这个古老的问题，它——同"存在"与"生成"密切相联——在早期希腊哲学中占据了中心地位。

既然正是在这一点上，还可以找到精密科学的根源，那么也应该概略地追溯一下那个古代的思潮。希腊自然哲学的出发点是丰富多彩的现象能藉以得到解释的本原问题。不管我们可能感到多么不可思议，按照尼采的说法，众所周知的泰勒斯的答案——"水是万物的物质本源"——包含着三项在随后的发展中日益变得重要的基本要求：第一，必须寻求这样一个统一的本原；第二，这个答案必须只用理性来给出，也就是说，不涉及到神话；第三，也是最后的要求，在这一范围内，世界的物质方面必须起决定性的作用。在这些要求的背后，当然坚持着没有说出来的认识：理解永远不可能比联系的知觉有更多的含义，这些联系也就是在多样性中相似性的统一的特征或标志。

但是，如果这样一种万物的统一本源存在的话，那么——这是沿着这条思路的下一步——人们直接面临这样的问题：它怎样才能用来说明变化这个事实。这种困难在著名的巴门尼德悖论中是特别显明的。只有存在，没有不存在。但是如果只有存在，那就不可能有任何东西在此存在之外，与它相连接，或者能够引起变化。因此存在必须设想为是永恒的，均匀的，并在空间和时间上是无限的。于是，我们体验到的这些变化只能是一种幻觉。

希腊思想不可能同这个悖论长期并存。表象的永恒的变化是直接呈现的，问题是（怎样）解释它。在企图克服这个困难时，形形色色的哲学家沿着不同的方向奋力前进。一条路导致德谟克里特的原子论。除了"存在"之外，仍然可以存在着"不存在"，它作为一种可能性，即作为运动的形式和可能性，或者换句话说，作为空虚的空间而存在。"存在"是可重复的，于是我们得到了虚空中的原子图像——这个图像以后作为自然科学基础而有无限的成效。但是关于这条路我们现在不想再多说什么了。我们的目的倒是要更细致地描述另一条路，它曾导致柏拉图的理念，而现在则直接把我们引入美的问题。

这条路起始于毕达哥拉斯学派。数学，数学的秩序，是能用来说明现象的多样性的基本原则。他的门徒之中——而且这是关系到后来的事——专心致力于音乐与数学起了重要的作用。据说，毕达哥拉斯曾经作出了著名的发现：一些长度处于一种简单的数值比的振动的弦，如果在同样的张力之下就会一起发出和谐的声音。这种数值比作为和谐与安全的数学结构在人类历史上无疑是最重大的发现之一。两根弦的和谐一致产生出优美的声音。由于敲打效果产生的不谐和音的干扰，人耳感到不愉快，但是对于谐音，谐调的平和，它就感到美。因此数学关系也是美的源泉。

美，如我们的第一个古代定义所说的，是部分与部分彼此之间以及部分与整体之间固有的协调一致。在这里，部分是个别的音符，整体则是和谐的声音。数学关系因而能把两个原来是彼此独立的部分配合成一个整体，这样就产生了美。在毕达哥拉斯学说中，这个发现促进了一种向全新的思维形式的突破，并且使得万物的终极基础不再被设想为一种感性的物质——比如泰勒斯学说中的水——而是设想为一种理想的形式原则。这就表述了一种后来为一切精密科学提供了基础的基本思想。

于是，对于现象的丰富多彩的多样性的理解，就出现于在其中认出可以用数学语言来表示的统一的形式原则。据此，在可理解的东西和美的东西之间也就建立起一种密切的联系。因为，如果美的东西被理解为部分与部分彼此之间的以及部分与整体之间的协调一致，而且，在另一方面，如果一切理解只有借助于这种形式上的联系才开始可能做到，那么，对美的东西的体验事实上就等同于对联系的体验，不管这些联系是理解到的或者至少是猜测到的。

沿着这条路，下一步是柏拉图表述了他的理念理论。柏拉图把感觉的物质世界之不完美的模样同数学之完美的形式加以对比；比如说，把星体的不完美的圆周轨道同数学上定义的圆周的完美性加以对比。物质的东西都是理想模样在实在世界中的复本和幻象。此外，正如我们现今一定会被诱惑去继续那样看的，这些理想模样是真实的，因为它们在物质事件中是"主动"的，而且也只限于如此范围内。就这样，柏拉图在这里十分明确地把感官所能接收的物质存在同不能由感官而只能通过心灵的作用才能理解的纯粹理想的存在区别开来了。这个理想存在，为了显现在人的面前，根本不需要人的思想。恰恰相反，它是真实的存在，物质世界和人的思维都不过是它的摹本，正如它们的名称已经表明的那样，人的心灵对于理念的领悟宁可说是一种艺术直觉，一种半直觉的指示而不是理解（力）所传达的一种知识。这是形式的一种回忆，这些形式在这个灵魂存在于地球之前就已经安放于其中了。中心理念是关于美的东西和善的东西的理念，在这个理念之中，神圣的东西变得可见了，一见到它，灵魂的羽翼就开始生长起来。斐德罗篇中有一段话表达了如下思想：灵魂一见到美的东西就感到敬畏而战栗，因为它感到有某种东西在其中被唤起。那不是感官从外部曾经给予它的，而是早已一直安放在深沉的无意识的境域之中。

那就回过头来再谈谈理解，从而回到自然科学上来。遵照毕达哥拉斯和柏拉图的意见，现象的丰富多彩的多样性是可以理解的，只要它是以能用数学表示出来的统一的形式原则为基础的。这个假说已经构成对于当代精密科学全部纲领的一种期望，不过，在古代它是不可能完成的，因为在那时关于自然过程细节的经验知识基本上是短缺的。

我们知道，首先想要深入到这些细节中去的是亚里士多德哲学。但是，鉴于最初呈现在这个观察自然界的学者面前的是无限丰富的多样性，而又完全缺乏任何可以用来辨别（它们的）秩序的观点，毕达哥拉斯和柏拉图所寻求的统一形式原则就只好让位于对细节的描述。因此引起了今天仍在争论中的冲突，比如，实验物理和理论物理之间的冲突，实验工作者和理论工作者之间的矛盾。前者以细心审慎的细节观察首先为理解自然提供了先决条件，后者创造数学图像藉以探索秩序和理解自然——数学图像，不仅由于它们正确地描述了经验，而且更主要地由于它们的简单性和美，证明它们本身就是作为自然过程基础的真实理念。

亚里士多德本人作为一个经验主义者。曾经对毕达哥拉斯学派有过批评。他说，这些人"不是寻求说明被观察事实的理论和原因，反而倒要把他们的观察结果强行纳入他们自己的某些理论和见解之中"，从而可以说，他们正在开始成为宇宙的共同组织者。如果我们回顾一下精密科学的历史，大概可以断言，对自然现象的正确表述正是从这两种对立观点的紧张关系中发展形成的。纯粹数学的思辨不会有什么成效，因为它玩弄着大量可能的形式，就不再去寻找回溯到少数几个实际上藉以构造自然界的形式了。而纯粹的经验主义也不会有什么成效，因为它最终陷入无止境地制造无内在联系的表格的困境之中。只有通过这种紧张关系，通过大量事实和可能适合它们的那些数学形式之间的相互作用，才能够涌现出决定性的进展。

但是，在古代，这种紧张关系是无法接受的，由此通向知识的道路长期地偏离通向美的道路。只是在现代时期开始之际，一旦发现了从亚里士多德回到柏拉图的道路，美的东西对于理解自然的重要意义才再度变得明晰可见。只有通过这种路线的变化，由毕达哥拉斯和柏拉图开创的思想方式才显现出它的全部成效。

这一点最明确地表现在著名的落体实验上，实际上伽利略也许并没有从比萨斜塔上做过这个实验。他不顾及亚里士多德的权威，而是遵循毕达哥拉斯和柏拉图的教导，从细致的观察结果开始，力求找到同这些由实验得到的事实相对应的数学形式，于是获得他的落体定律。然而，这一点是关键，他为了认识现象中数学形式的美，不得不把这些事实理想化，或者如亚里士多德所非难的，强制它们。亚里士多德曾经讲过，一切正在运动的物体，不受外力作用，最终会静止的，而且这曾经是普遍经验。相反，伽利略认为，没有外力，物体继续处于匀速运动状态。伽利略能够这样贸然强制这些事实，因为他能指出，运动的物体自然总是受到摩擦阻力的影响，而且，实际上愈是能够有效地去掉摩擦力，运动就能继续得愈久。代之以这种强制事实并使其理想化的方式，他得到一个简单的数学定律，而这就是近代精密科学的开端。

几年之后，开普勒在他关于行星轨道的十分细致的观察数据中成功地发现了新的数学形式，并提出三条以他的名字命名的定律。在这些发现中开普勒觉得自己同古老的毕达哥拉斯论据是多么的接近，这种联系的美是多么有效地引导他提出这些定律，这可以从下述事实中看得很清楚：他把行星绕日运行同弦的振动相比较,并说到不同的行星轨道的和谐一致。说到这些星球的和谐,在他关于宇宙和谐的著作结尾的地方,他突然欢呼起来:"感谢我主上帝,我们的创造者,您让我在您的作品中看见了美。"开普勒在这里碰巧发现一种中心的联系——一种至高无比的美的联系,这种联系以前并未为人所知,一直保留着让他首先来认出,这个事实深切地感动了他。几十年之后,牛顿在英国以最完备的方式提出了这个联系,并且在他的伟大著作《数学原理》中详细地加以叙述。精密科学的道路就这样在将近两个世纪之前被指明了。

但是,我们在这里只是讨论知识,还是也涉及到美的东西呢?如果美的东西也包括在内,那么它在发现这些联系中起什么作用呢?让我们再次回忆古代给出的第一种定义:"美是部分与部分彼此之间和部分与整体之间固有的协调。"这一判别准则完全适用于像牛顿力学这样一种结构,那几乎是不需要加以说明的事。部分就是个别的力学过程——我们用仪器小心地加以隔离的那些过程并不比那些无法分割地发生在我们眼前的色彩缤纷的现象的过程要少。整体则是统一的形式原则,所有这些过程都遵守这个原则,牛顿以简单的公理系统从数学角度建立起这个原则。确实,严格地说,统一性和简单性并不就是一回事。可是,在这样一个理论中,"多"面对着"一",在其中"多"被统一了,这个事实本身具有无可置疑的后果:我们同时也感到它是既简单又美的。美对于发现真的重要意义在一切时代都得到承认和重视。拉丁格言"简单是真的印记"以大字刻在哥廷根大学的物理学报告厅里,作为对于那些将发现新事物的人们的一种告诫。另一句拉丁格言"美是真理的光辉"——其含意也可解释为,探索者最初是借助于这种光辉,借助于它的照耀来认识真理的。

在精密科学的历史中,伟大联系的这种灿烂光芒不止两次成为重大进展的决定性的信号。这里,我想到我们这个世纪物理学中的两件事,相对论和量子论的出现。这两种情况都是经过多年努力但仍不能理解之后,一大堆杂乱无章的细节由于出现了一种联系而几乎马上变得井然有序了,这个联系基本上是非直觉的,但就它的本质来说仍然极其简单,凭借它的完备性和抽象的美，它立即就令人感到信服——那就是说，使得所有一切能够懂得并说出这样一种抽象语言的人都心悦诚服。

……

（原载海森堡《跨越界限》，曹南燕译，选自《美学文摘》(3)，重庆出版社1983年版）

7. 美与科学对美的追求

[美] 钱德拉塞卡

[阅读提示]

苏布拉马尼扬·钱德拉塞卡（1910～1995），印度裔美国籍物理学家和天体物理学家。钱德拉塞卡认为，数学天才有时没有明显的理由就能感受到真理。一个具有极强美学敏感性的科学家，他所提出的理论即使开始不那么真，但最终可能是真的。

一个具有极强美学敏感性的科学家，他所提出的理论即使开始不那么真，但最终可能是真的。

……

弗里曼·戴森（Freeman Dyson）曾经引用魏尔的话："我的工作总是尽力把真和美统一起来；但当我必须在两者挑选一个时，我通常选择美。"我问戴森，魏尔是否有具体例子说明他的这种选择？戴森说：有。引力规范理论是例子之一。这个理论是魏尔在《空间、时间和物质》一书中提出来的。显然，魏尔曾经承认这个理论作为一个引力理论是不真的；但它显示出的美又使他不愿放弃它，于是为了美的缘故，魏尔没有抛弃这个理论。多年之后，当规范不变性被应用于量子电动力学时，魏尔的直觉被证明是完全正确的。

另一个例子魏尔本人没有提到，但戴森注意到了。二分量中微子相对论性波动方程是魏尔发现的，但由于它破坏了宇称守恒，物理学界有30多年没有重视它。结果，魏尔的直觉再一次被证明是正确的。

因此，我们有根据说，一个具有极强美学敏感性的科学家，他所提出的理论即使开始不那么真，但最终可能是真的。正如济慈很久前所说的那样："想象力认为是美的东西必定是真的，不论它原先是否存在。"

确实，人类心灵最深处感到美的东西能在自然界得以成为现实，这是一个不可思议的事实。

凡是可以理解的也是美的。

我们也许会问：精密科学中的美在它被人们很好地了解和合理地阐明之前，怎么被认识到？阐明这种美的动力来自哪里？

这个问题自古以来就使许多思想家感到迷惑。正是在这一点上，海森堡注意到柏拉图在《斐德罗》中表述的下述思想：

> 灵魂对美的光芒感到震惊，因为它感到灵魂深处有某些东西被唤醒了，这些被唤醒的东西并不是从外部输入的，而是一直潜藏在无意识领域的深处。

休谟在一句名言中表达了同样的思想："事物的美存在于思考它们的心灵之中。"

开普勒发现了行星运动定律，他被这一发现所显示的和谐深深感动，在《世界的和谐》一书中，他写道：

> 人们可以追问，灵魂既不参加概念思维，又不可能预先知道和谐关系，它怎么有能力认识外部世界已有的那些关系？……对于这个问题我的看法是，所有纯粹的理念，或如我们所说的和谐的原型，是那些能够领悟它们的人本身固有的。它们不是通过概念过程被接纳，相反，它们产生于一种先天性直觉。

最近，泡利（Pauli）更精确地表达了开普勒的这一思想：

> 从最初无序的经验材料通向理念的桥梁，是某种早就存在于灵魂中的原始意象（images）——开普勒的原型。这些原始的意象并不处于意识中，或者说，它们不与某种特定的、可以合理形式化的观念相联系。相反，它们存在于人类灵魂中无意识领域里，是一些具有强烈感情色彩的意象；它们不是被思考出来的，而是像图形一样被感知到的。发现新知识时所感到的欢欣，正是来自这种早就存在的意象与外部客体行为的协调一致。

泡利的结论是：

> 千万不要断言理性认识所建立的东西，是人类理性唯一可能的推测。

泡利所说的早就存在的意象与外部客体行为的协调一致，一旦被强烈地感受到，就会导致感受者对自己的判断及其价值坚信不移。否则，我们就无法理解一些伟大科学家下述的言辞：

"热力学疯狂了。"热力学创建者之一开尔文勋爵（Lord Kelvin）在评论玻耳兹曼推导出维恩——斯忒藩定律时说。

"你从恒星的观点看；而我从大自然的观点看。"爱丁顿在和我的一次争论中说。

"正是在这一点上我不同意当今大多数物理学家的观点。"狄拉克在谈到量子电动力学中的重整化方法时说。

"确实，我们好像第一次有了一个巨大的框架，它足以包罗整个的基本粒子和它们之间的相互作用。我在1933年就有过的梦想由此得以实现。"1957年海森堡在谈到他与泡利合作研究统一场论时说（不过，这次合作的结果很不幸）。

"上帝不掷骰子。"这是爱因斯坦说的；他甚至还说过一句更带刺激性的话："在评论一个物理理论时，我常问自己：如果我是上帝，我会不会这样来安排宇宙？"

爱因斯坦的后一句话，使人想起玻尔的劝告："我们的责任不是规定上帝如何安排这个世界。"

也许我们正是应该从这些高度的自信中看出，有些伟大的人物也会有思想浅薄的表现。克劳德·贝尔纳（Claude Bernard）曾经说过："过于自信的人不适于从事发现的工作。"显然，我踏入了一个危险地带，但这将使我有机会注意到一个曾使我极感迷惑的事实：它关系到两种非常不同的成长和成熟的方式，一种是伟大的作家、诗人、音乐家的方式，另一种是伟大的科学家的方式。至少在我看来，这两种方式有极大的差别。

当我们研究一个伟大作家或伟大作曲家的作品时，我们通常将它们分为早期、中期和晚期。而且，从早期、中期到晚期，这些作品总是经历一个日趋深刻和完美的过程。例如，莎士比亚和贝多芬，他们最后的作品是最伟大的。J. 威尔逊（J. Dover Wilson）在叙述莎士比亚伟大的悲剧艺术时，曾非常精彩地描述了它的发展。

从 1601 年到 1608 年，莎士比亚沉浸在悲剧创作中；这八年中他走的路恰如一条山路，从平川开始，缓缓走上山坡，越往上路越窄，到了顶峰，山脊如利刃，再往前则面临无底深渊。然后，立足不那么难了，再往下走，路又逐渐宽阔，最终落入另一侧的谷地。

八个剧本构成了这种悲剧的历程。首先是《裘力斯·恺撒》，它比悲剧期真正形成时期稍早一点写成。这是一出并不邪恶但却软弱的悲剧。在《汉姆雷特》一剧中，邪恶势力出场了，它阴险、凶狠，但人性的软弱仍然占上风。在《奥塞罗》中，莎士比亚创造了第一个十足邪恶的人物形象伊阿古，同时，伊阿古的牺牲品是无罪的；莎士比亚不再让人性的软弱与上帝一同承担责任。《李尔王》把我们带到了万丈深渊之边，无穷尽的恐惧、无穷尽的遗恨，它终于铸就了世界文学史上最伟大的悲剧。

但莎士比亚并没有到此为止，他接着又写出了《麦克白》、《安东尼与克莉奥佩特拉》（莎剧中最伟大的戏剧之一）和《科利奥兰纳斯》。威尔逊问道："在这些人类精神所承担的最艰险和最可怕的历险中，莎士比亚怎么解救自己的灵魂呢？"莎士比亚最终挣扎出来了，他的得救是由于他创作出伟大而绝妙的悲剧：《冬天的故事》、《暴风雨》。

我不厌其烦地给你们讲莎士比亚的艺术发展历程，恐怕有些离题。但我之所以如此，的确是想向你们强调这一发展的重大意义。我相信，这种历程也适合于贝多芬的后期作品，其中包括《哈默克拉弗奏鸣曲》、《庄严弥撒曲》，特别是最后的几首四重奏。

也许只有莎士比亚和贝多芬在他们的生命快结束时踏上了艺术的顶峰，并因此得救；也有一些人经历了相似的历程，他们由于坚持不懈的努力而逐渐攀上较高的山峰，只不过与莎士比亚和贝多芬相比较起来，不那么突出、显著。但对于科学家，我可就找不出有相似发展历程的例子。科学家最早的成就常常就是他们最后的成就。

……

（节选自《莎士比亚、牛顿和贝多芬：不同的创造模式》，钱德拉塞卡著，杨建邺译，湖南科学技术出版社 1995 年版）

8. 音乐在儿童生活中的重要性

陈鹤琴

[阅读提示]

陈鹤琴（1892~1982），我国近现代教育家。主要著作有《儿童心理之研究》、《家庭教育》等。陈鹤琴提出活教育理论，主张中国儿童教育的发展要适合国情，符合儿童身心发展规律；呼吁建立儿童教育师资培养体系。陈鹤琴认为，音乐教育不仅在于培养歌唱技术，更是一种从内心而发的精神活动，使儿童情感通过音乐的洗练，而得到至精至纯的陶冶，感受音乐的节奏旋律之美，并凭着音乐的生气和兴味，渗透到儿童生活里去，以引导儿童用快活的精神来创造自己的生活。

音乐是儿童生活中的灵魂。

音乐是儿童生活中的灵魂。生后几个月的小孩子，他会听母亲哼着催眠曲，而恬静地入睡。再大一点，他喜欢听各种优美动听的声音。到二三岁的时候，他能用手和腿，做节奏的动作，如拍手跳跃等。等到进幼稚园的时候，他对于音乐的需求，范围更来得广大，他听见人家唱歌，看见他人奏乐，已由扰攘混浊空气里，走到优美悦耳的音乐世界来。再见到黄鸟儿在树枝上吱喳吱喳的叫着，听见微风把叶儿吹得哗啦哗啦的响，更是充满了乐的动律，歌的抑扬的曲调。不由地他常常模仿，而不停地叫着唱着，还爱哼着不成调的曲子。到小学阶段的儿童，他更知道怎样利用他那天赋歌喉和节奏的能力，而参加各种音乐活动。不单儿童如此，就是中年人老年人对于音乐，还是一样的喜欢。譬如码头上的工人，他一面抬着东西，一面发出"杭育杭育"的歌声；深山的樵夫，也常常在夕阳西斜、群雀归巢的时候，高唱着山歌归来；就是劳心的人，也是如此，每当他工作完毕的时候，也常常以轻松的愉快的心情，来唱着自己爱唱的歌。所以，音乐是人生不可缺少的一种发抒情感的活动，不管年龄性别，都有热烈的爱好和自发的需要。

我们知道，大凡健康的儿童，无论是游戏、散步或是工作，他们本能地都爱唱着歌，表现出音乐的律动。因此，我们在教育上，就利用音乐来改善儿童的意志，陶冶儿童的情感，使儿童表现真实的自己，导向于创造性的发展。

反观我国音乐教育，就目前实施的情形来说，大都以音乐作为娱乐科。固然，音乐是个人生活中的一种娱乐，然而实施音乐教学的目的却不在此，还有更伟大的意义在。兹就儿童音乐教学，提出两点意见来跟大家谈谈。

一、我觉得目前一般学校的音乐教学，大都以"唱"为主，着重在技术的陶冶。其实，所谓唱歌，有二方面的意义：一是肌肉运动的歌唱技术；一是从内心而发的精神活动。我们就儿童实际唱歌的情形来观察，好像唱歌的技术是次要的，而所谓从内心而歌的精神活动是第一要义。所以，以儿童为中心来说，所谓唱歌，不单是技术。再以着重个性发展的教育观点来看，对于许多环境不同、素质不同的儿童，用同一方式，强制他们去学习关于音乐的特殊技术，这是很不合理的。所以，以"唱"为主的教学法，很显然是一种谬见。

由于技术陶冶不能达到音乐教育的目的，所以我们进而谈到欣赏指导。欣赏指导是让儿童由听觉所感到音乐的节奏、和声、旋律等，而引起儿童对歌曲有自发的要求的一个教学过程；再由歌曲来表现儿童的情感，并使儿童的情感通过音乐的洗炼，而得到至精至纯的陶冶，以至于引导儿童以快活的精神来创造自己的生活。

二、我觉得现在一般学校实施音乐教育与生活脱节了。学校音乐仅仅是音乐教室里面的"唱歌"和舞台上的"演奏"。殊不知音乐的真正价值，在于我们和音乐接触，可由节奏的美，使肉体和精神起共鸣共感，而表现节度的行动；由和声的美，使人感到调和统一，而养成调和性；再由旋律的美，使人感到永久的统一，而养成统一性。因此，我们要凭着音乐的生气和兴味，渗透到儿童生活里面去，使儿童无论在工作、游戏或劳动的时候，都能有意志统一，行为合拍，精神愉快的表现，使儿童生活音乐化。那么，我们接下去要追问，怎样才能使有生气、充满欢乐的儿童生活音乐化呢？首先，我们要注意教材的选用，最优良的材料是取自儿童的生活经验，与他所学的各项科目取得联系。譬如说国语科，我们可以取课文中的诗歌而配以曲谱；再如地理科，我们可以依课文讲述的地域，而选用当地的民歌；其他如劳美，体育，更是非与音乐取得联系不可。此外，便是家庭和大众生活的材料，也是不可忽视的。不然音乐又陷于学校的圈圈中，而一出校门，便失去了生命，所以我们一定要使家庭音乐、学校音乐、社会音乐熔于一炉，而使儿童整个生活，达于音乐的境界。

总括一句话，音乐在儿童生活中占有极重要的地位，而音乐教育发达到今天，还有待于大家的努力。

(选自《陈鹤琴教育论著选》，吕静、周谷平编，人民教育出版社1994年版)

9. 音乐是精神的食粮

丰子恺

[阅读提示]

丰子恺(1898~1975),我国现代著名画家、文学家、美术和音乐教育家。出版画册《子恺漫画选》、散文集《缘缘堂随笔》等。丰子恺认为,艺术对于人心有很大的感化力,音乐对于人生的潜移默化之力最大。

高尚的音乐能把人心潜移默化,养成健全的人格;反之,不良的音乐也会把人潜移默化,使他不知不觉地堕落。

"音乐是精神食粮"

一定有多数的学生感到:上音乐课——唱歌——比上别的课更为可亲,音乐教室里的空气比别处的空气更为温暖。即此一点,已可窥见音乐与人生关系的深切。艺术对于人心都有很大的感化力。音乐为最微妙而神秘的艺术。故其对人生的潜移默化之力也最大。对于个人,音乐好像益友而兼良师;对于团体生活,音乐是一个无形而有力的向导者。

个人所受于音乐的惠赐,主要的是慰安与陶冶。

我们的生活,无论求学、办事、做工,都要天天运用理智,不但身体勤劳,精神上也是很辛苦的。给我们以舒展感情生活的机会的,只有艺术。而艺术中最流动的、活泼的音乐,给我们精神上的慰安尤大,故生活辛劳的人,都自然地要求音乐。像农夫有田歌,舟人有棹歌,做母亲的有摇篮歌,一般劳动者都喜唱山歌,便是其实例。他们一日间生活的辛苦,可因这音乐的慰安而解除。故外国的音乐论者说:"音乐是精神的食粮(Music as food)。"

音乐既是精神的食粮,其影响于人生的力当然很大。故音乐性质的良否,必须审慎选择。高尚的音乐能把人心潜移默化,养成健全的人格;反之,不良的音乐也会把心潜移默化，使他不知不觉地堕落。所以我们必须慎选良好的音乐。古人说，"作乐崇德"。就是因为良好的音乐，不仅慰安，又能陶冶人心，而崇高人的道德。学校中定音乐为必修科，其主旨也在此。所以说，音乐对于个人是益友而兼良师。

团体所受于音乐的支配力更大。吾人听着或唱着一种音乐时，其感情同化于音乐的曲趣中。故大众同听或同唱一种音乐时，大众的感情就融洽，团结的精神便一致。爱国歌可使万民慷慨激昂，军歌可使三军勇往直前，追悼歌可使大众感慨流泪，便是音乐神秘的支配力的显示。古人有"乐以教和"的话，其意思就是说，音乐能使大众的心一致和恰。

故自来音乐的发达与否，常与民族的盛衰相关，其例证很多；我国古时周公制礼作乐，而周朝国势全盛，罗马查理大帝（Charlemagne，768～814）的统一欧洲，正是"格列高里式歌谣"发达的时代。普法战争以前的德国，国势非常强盛。当时国内音乐也非常发达，贝多芬，舒柏特，舒曼，勃拉姆斯等大音乐家辈出，把握世界音乐的霸权。凡此诸例，虽然不能确定音乐的盛衰是民族盛衰的原因，但至少是两者相为因果的。春秋战国时期郑卫的音乐被称为"亡国之音"。可知音乐可以兴国，也可以亡国。所以说，音乐对于团体是有力的向导者。

有生即有情，有情即有艺术。

艺术乃人人所本能：艺术无专家，人人都生而知之。

要知道，事事皆可成艺术，而人人皆得为艺术家。音乐固然有其难学之处，其实亦然。

"音语"与我们的生活

音乐上有"音语"（Music language）这个名词。其意是说：高低长短强弱不同的诸音所造成的音乐，虽然不能具体地告诉人一番说话，但能因其构造形式在人心中惹起一种感情，仿佛告诉人一番说话。这种微妙的作用叫做"音语"。

作曲者必须熟通音语，方能创作；鉴赏者也必须具有理解音语的敏感，方能圆满其欣赏。

虽然不能用言语翻译，但可用日常生活中的种种经验，来旁证音语的存在。德国音乐家奥芬巴赫（Offenbach）嫌其仆人拂拭衣服的声音不合拍子，曾把仆人斥逐。现代都市对于音语太不关念了。我每初入都市，常常头痛脑胀。推求其故，知乃为嘈杂之音所致。

"艺术的人生"与"人生的艺术"

有人把艺术分为"为艺术的艺术"与"为人生的艺术"，不是妥善的说法。凡及格的艺术，都是为人生的。且在我们这世间，能欣赏纯粹美的艺术的人少，能欣赏含有实用分子的艺术的人多。所以多数的艺术品，兼有艺术味与人生味。对于这种艺术，我们所要求的，是最好两者调和适可，不要偏重一方。

我们不欢迎"为艺术的艺术"，也不欢迎"为人生的艺术"。

我们要求"艺术的人生"与"人生的艺术"。

（节选自《丰子恺音乐夜谭》，丰子恺著，上海人民美术出版社 2004 年版）

10. 物理之美

［美］杨振宁

[阅读提示]

杨振宁（1922～　），美籍华裔物理学家。杨振宁在本文提出，理论物理学中的美有现象之美、理论描述之美、理论结构之美。有时候，如果你遵循你的本能提供的通向美的向导而前进，你会获得深刻的真理，即使这种真理与实验室相矛盾。

什么是美的最终标准？在自然科学中我认为最终的判断是，它是否可用于自然界。

……

在最近的物理学中，数学化正在加速进行，狭义相对论和基础是四维连续时空概念，如李泼斯肯教授已经指出的那样，广义相对论是建立在黎曼几何的基础上的。量子力学的概念的数学基础是称之为希尔伯特空间的漂亮而抽象的数学理论，非阿贝尔规范物理理论是令人惊奇地建立在纤维丛几何上的，而纤维丛几何与20年代和30年代产生的物理学没有任何关系，是由数学家们独立讨论的。所有这些数学发展对20世纪的物理学是非常重要的，它们相当抽象又非常美丽。

也许现在我们可以开始去了解，为什么物理学数学化的加速，导致了理论物理学中美的概念的变化。考虑到这一点，我建议存在三种美：现象之美、理论描述之美、理论结构之美。当然，像所有这一类讨论一样，它们之间没有截然明确的分界线，它们之间有重叠，还有一些美的发展，人们发现很难把它们归入哪一类。但我倾向于认为，一般来说，在理论物理学中有不同类型的美，而我们对这些美的鉴赏稍有不同，这取决于我们已在讨论的是哪一类美。而且，随着时间的推移，我们对于不同类型的美的欣赏也随着变化。

我说的"现象之美"是什么意思呢？这很容易解释，就我们的直感来说，有许多物理现象是美的。早在童年时，看到虹我们会脱口而出"美极了"。当然，有许多美丽的实验现象只有训练有素的人才能观测到。例如，行星的轨道都是椭圆的，这是非常美的现象。当第一次发现这些轨道是完美的椭圆时，人们感到极大的喜悦。再举一个例子——谱线。原子的谱线是非常独特的，有严格的光学性质。麦克斯韦发现它们是美的，因为它们似乎与发光原子所处的外界条件无关。正如19世纪科学家所发现的那样，如果你把发光原子置于高压下，光谱毫无变化，这似乎揭示了原子的一些内在性质，当然这是一个非常美的想法。

再比如：超导性现象。当发现电流在一个通有电流而不带电池的线圈中成年累月地流动而不停下来，可以想象，发现这一现象的人将会多么惊讶。所以，物理现象中显然存在着美。

我所说的"理论描述之美"是什么意思呢？关于库仑力的定律是一个漂亮的描述；它描述了先前不服从任何特殊定律的现象，而现在它们却服从了。热力学的第一、第二定律是对自然界某些基本性质的很美的理论描述。第一、第二定律的结论和对这些定律精确的观察是每一位学热力学的学生都很欣赏的课题。

再举一个例子，本世纪初发现了放射性，并很快地测定到放射性将导致放射性元素的蜕变，但正是卢瑟福（Lord Rutherford）给了我们一个精确的定律。这是一个有很高精确度的指数衰变定律，直到今天，我们也没有发现对它的偏差。

最后，什么是"理论结构之美"？当一个理论公式化时，特别是在20世纪，它趋向于有一个漂亮的结构，这通常是指它本身的数学结构。自然界为它的物理定律选择这样的数学结构是一件神奇的事，没有人能真正解释这一点。显然，这些数学思想的美是另一种美，它与我们前面讨论的美很不相同，物理的日趋数学化意味着在我们的领域内这最后一种美越来越重要。

在这个问题上，也许另一个例子将有助于说明问题：对周期表之美的深入认识。众所周知，周期表最初是在上个世纪构造出来的，那时发现，如果把性质相似的元素按纵列放在一起，可以得到一个美妙的表——但表中有一些空缺。这促使人们去寻找那些空缺的元素。这些元素一个接一个地被找到了。这是一个很美妙的并具有重大实用意义的结果。然而，我认为这属于现象之美。但是后来出现了玻尔原子和量子力学，这些发展给周期表的结构提供了一个更基本的理论理解，即一个元素在周期表中应占的位置与该元素的原子结构中所拥有的电子数目有关。这的确是一个深刻的发现。

这样，在量子力学之后，我们的理解又进一步深化了。正如李泼斯肯教授所阐述的，周期表包含了长度为2、2、6的周期，这些数字与数学中称之为"群论"的概念紧密有关，群论描述了物理定律的基本对称性。奇妙的是，当用群论的深刻数学语言去描述基本对称概念时，就能以毫不含糊的、确切的方式得到这些数。通过这些发展，科学家们懂得了自然界有人们先前没有想象到的，但可以立志去了解的模式。

在最近的物理学中，我们常常发现我们是先导出一个方程，然后讨论它的物理含义。这与早期的发展方式有很大差别。前面我们说过电学和磁学的那些重要定律是先从实验中发现，然后用数学形式表达出来。写出这些方程之后，人们再用它去寻找它们所表示的电学和磁学的基本对称性。而在最近的物理学中，人们先从对称性出发，然后再得到方程。

从历史的观点看，对早期发展模式的偏离是以下列方式产生的。当初麦克斯韦刚写下他的那些方程时，人们认为这些方程非常晦涩难懂，根本不理解它们。在一本纪念洛伦兹的文集中，福克教授（A. D. Fokker）说：

> 麦克斯韦的著作是晦涩难懂而神秘的，对不得不消化这些著作的那代人来说，他那些电学和磁学方面的一系列论文正如埃伦费斯特（Ehrenfest）所说的那样，成了一种理智的混乱，它的毫无约束的想象力几乎无法理解。洛伦兹自己说："麦克斯韦的思想并不总是容易理解的，他的书中确凿地表明了他从旧思想到新思想的逐渐变化，因而人们认为在他的书中缺乏一致性。"洛伦兹、海因里希·赫兹（Hein－rich Hertz）和奥立佛·亥维赛德（Oliver Heaviside）是麦克斯韦的科学遗

产的主要注解者。这里洛伦兹开始了一系列的回忆。

福克指的是什么呢？麦克斯韦的确是伟大的，但他没能摆脱那个时代的偏见。问题是，是否存在一种传播电磁场的媒介物质。如果你阅读麦克斯韦的著作，你会发现他有两种思想，有时他似乎说这种介质是不必要的，但有时他似乎说这种介质是真实存在的。他自己思想中的这种含糊不清也反映在他的著作中，由此产生了很大的混乱。

实际上这种混乱如已经知道的那样，直到1905年才由爱因斯坦彻底地澄清。这位26岁的物理学家告诉人们，不存在这种介质，人们所设想的，其实是一种数学游戏。最重要的是，爱因斯坦有勇气对"同时性"这个概念提出疑义，也许这是在他之前所有物理学家的最大绊脚石，因为每一个人都深信他懂得同时性概念。

两年后，爱因斯坦决定倒转他的做法。如洛伦兹和爱因斯坦两位指出的那样，这是因为与爱因斯坦的相对同时性概念密切相关的对称性是麦克斯韦方程的一个结果。这是一个如此令人难忘的发展，爱因斯坦决定将正常的模式颠倒过来。首先从一个大的对称性出发，然后再问为了保持这个对称性可以导出什么样的方程来。20世纪物理学的第二次革命就是这样发生的。

狄拉克在1963年的《科学美国人》（Scientific American）写道："使一个方程具有美感比使它去符合实验更重要。"狄拉克是健在的最伟大的物理学家。他有感知美的奇异本领，没有人能及得上他。今天，对许多物理学家来说，狄拉克的话包含有伟大的真理。令人惊讶的是，有时候，如果你遵循你的本能提供的通向美的向导前进，你会获得深刻的真理，即使这种真理与实验是相矛盾的。狄拉克本人就是沿着这条路得到了关于反物质的理论。

我将向你提供另一个例子，数学方程预测了物理现象。这是一个比爱因斯坦的狭义相对论更复杂的故事，经历了更长时间的奋斗，但它也是一个伟大的发展。到19世纪末，在物理学界有一场关于热力学的大辩论。热力学在19世纪中叶已经建立，辩论的焦点是热力学是否建立在物质的原子和分子理论的基础上。在今天这种疑问是完全不可思议的，但是甚至直到19世纪末仍然有人不相信必须要有原子和分子。有许多年，一些伟大的物理学家持有这种观点，即原子和分子理论都是错误的。例如玻尔兹曼在他 1898 年的伟大著作《气体理论讲义》中写道：

> 按照我的意见，如果由于对气体理论一时不喜欢而把它埋没，对科学将是一场大悲剧。例如，由于牛顿的权威而使波动理论受到的待遇就是一个教训。我意识到我只是一个以微弱的斗争反对潮流的孤独的个人。但我将以我的能力继续在这一方面努力，以便当气体理论再次复活时，不需要去重新发现什么东西了。

什么是他所说的潮流呢？这是指这样一种看法，即认为气体的分子理论和热力学的统计基础是完全错误的。当时，许多卓越的物理学家和化学家，包括 1909 年诺贝尔奖获得者奥斯特瓦尔德（Ostwald）也死硬地反对分子理论，这引起了玻尔兹曼的深深失望，加上他的另一些困难，使玻尔兹曼非常消沉，最后于 1906 年在意大利自杀。

不只是玻尔兹曼一个人在这方面遭受这样的痛苦。19 世纪伟大的美国物理学家吉布斯（Gibbs）也不得不为这同样的问题而斗争。当时有各种各样的实验结果与分子理论矛盾，这也是为什么反对这个理论的力量占上风的部分原因。然而吉布斯继续对他所谓的"热力学的合理基础"进行研究，1902 年吉布斯写了一本书，题为《由热力学的合理基础发展出来的统计力学基本原理》，这本书与玻尔兹曼的思想一起奠定了统计力学这门科学。他在这本书中写道：

> 此外，当我们放弃了构成关于物体构造的假说的尝试时，我们便避免了最严重的困难。我们把统计研究作为理论力学的一个分支进行研究。在目前的科学状况下，似乎很难去构造一个分子运动的动力学理论，这个理论将包括热力学现象，辐射和与原子体系有关的电的现象。至今，没有一个理论是明显合适的，它们都没有考虑所有这些现象。即使我们把注意力限制在特殊的热力学现象上，我们也不能克服在处理自由度的数目与双原子气体那样简单的物质时所遇到的困难。众所周知，虽然理论可以赋予气体以每个分子有 6 个自由度，但在关于比热的实验中，我们能处理的自由度数不超过 5。显然使工作依赖于关于物质结构的假说，

就会建立在一个靠不住的基础上。

我们当然知道后来发生了什么。到了1925年量子力学创立时，这一点变得很清楚了，与实验不符并不是玻尔兹曼和吉布斯的错，而是理论的缺陷。只要用量子力学来代替原来的理论，按照吉布斯的"合理基础"，量子统计力学就诞生了，他的发现就与全部实验结果完全符合了。

由于在理论物理学中这样强调美，你会毫不奇怪地发现现代许多大物理学家反复地强调美对物理学中将来的工作的重要性。1933年爱因斯坦说："创造性的原则寓于数学之中，因此在一定意义上，我以为正如古人所梦想的那样，纯粹的思想能够把握实在。这是真的。"还有他1934年所说的："理论科学家越来越不得不服从纯数学的形式考虑的支配。"我前面已经引证过，狄拉克说如果他必须在美和与实验符合二者之中选择的话，他将选择美。对爱因斯坦和狄拉克来说，这种强调并不奇怪，如果你注意一下他们研究物理学的风格，美始终是一个指导原则。

海森伯也采取了同样的观点，这多少有点奇怪，在1973年，即他逝世前几年，海森伯说："我们将不得不放弃德谟克利特的哲学和基本粒子的概念，而应当接受基本对称性的概念。"

从海森伯那里说出这种话也许是令人惊讶的，他的工作很难区分是追求美多还是坚持与事实和实验的关联多。我们大家都知道，海森伯对20世纪物理学作了一个最大的贡献，当时他是最早创建量子力学这门科学的人之一，后来第一个提出测不准原理。但我仍然认为以下说法是正确的：在海森伯的工作中看不到美是他的工作指导原则，而这种指导原则不论在狄拉克的工作中或是在爱因斯坦的工作中都可以看到。那么怎样来理解上面引用的这段话呢？我想实际上也不难理解。在同一本书中海森伯也提到了量子力学在1925年的发展："新的数学方案与老的完全不同，令人惊奇的是这样的方案确实存在。在这之前玻尔（Bohr）有这样的感觉，即我们知道牛顿力学不适用了，这也许意味着自然界是如此不合理，以至于我们永远找不到任何一致的数学结构来描述。"换言之，在1925年量子力学发明之前，事情是那样难以捉摸，是那样奇怪，以至于玻尔这位高大的人物担心自然界也许是无理性的。在主张遵循实验的指导思想下，海森伯写下了一些方程。那时他还年轻，他不懂得这些方程的数学结构，他从来没有学过矩阵理论，所以他写下这些方程时，是他的导师玻尔辨认出了那是矩阵乘法。了解到这点你就会理解海森伯所说的"我们看到数学家做了我们自己做不到的事"。所以我要说海森伯是经由一条不同的道路而获得了对理论物理学的美的鉴赏。他没有遵循由美的观念所指导的直觉去进行工作，他被自己的发现搞糊涂了，最后结果是他的数学完全预言了这些事实，从那以后他变成了数学美的皈依者。

最后，什么是美的最终标准？我想答案与研究的具体领域有关。在自然科学中我认为最终的判断是，它是否可用于自然界。在这一方面，科学中的美与数学的美不相同，在数学中，最终标准必定是美是否与数学的其他部分有关。在前几个世纪里，这也许不是数学的标准，但今天它是正确的。最后，除了自然科学和数学，在其他领域内，如艺术、文学、音乐中，美也是重要的。在这些领域内我主张美的最终标准是人是否与它有关。

（节选自《科技美学原理》，陈忘衡主编，张美曼译，上海科技出版社1992年版）

三、激发和唤醒生命

教育是科学，也是艺术。

如果再作打破沙锅问到底式的追问：教育在多大程度上是科学，多大程度上是艺术？哪些地方是科学，哪些地方是艺术，哪些地方既是科学又是艺术？这怕永远是一个亘古之谜。

这不是教育的卑微，恰恰是教育的高贵；这不是教育的羞耻，恰恰是教育的光荣！因为，教育从事的是人的工作，是世界上最复杂的关于人的成长发展的一门科学。希腊神庙上刻着这么一句话：认识你自己吧！是的，人是复杂的，不管是自己还是别人。人有多么复杂，教育就有多么复杂，教育规律就有多么复杂。教育规律的复杂之处，正是教育艺术的用武之地。因为人的个性是那么的异彩纷呈，因为人的成长有那么多的不确定因素，教育过程中的创造空间也就格外辽阔，创造契机也就格外丰富，教育活动双方被激发出来的创造力也就应该格外丰盈。这正是教育之所以成为艺术的机缘和理据。

1. 教学的境界

[德] 赫尔巴特

[阅读提示]

约翰·弗里德里希·赫尔巴特（1776～1841），德国著名教育家。主要著作有《论世界的美的启示为教育的主要工作》、《普通教育学》等。赫尔巴特是近代资产阶级教育家中第一个努力把教育学建立为一门科学的人。在本文中，赫尔巴特指出，经验与交际是人们生活的重要内容，教学应该成为对经验与交际的补充。教学应该能够从充满希望的心灵中产生出教学内容的丰富性，产生出超越经验和交际的东西，教育者本身对于学生来说应该是一种丰富而直接的经验对象。

教学的特权就是掠过草地和沼泽，不能总是让人在舒适的山谷中游荡，相反却让人练习登山，并使人在获得广阔视野中得到补偿。

把人交给自然，或者甚至把人引向自然并让自然来训练，那是愚蠢的。因为，什么是人的自然本性呢？自然本性对于斯多噶派和伊壁鸠鲁派来说同样都是他们体系中得意的支撑点。人类的天性似乎适宜于最不同的各种条件，具有这样的普遍性，以致进一步确定其发展与促使其完善地工作完全应当留给人类去做。用最高手艺建造得能够使其经受一切风浪颠簸的船，期待着这样的舵手，他将按照各种情况操纵它的航程，指引它到达彼岸的目标。

我们知道我们的目的。大自然有一些可以帮助我们的地方，人类在业已经历过的旅程中已经积累了许多知识，我们的使命是把它们一个个连接起来。

一、教学作为经验与交际的补充

人通过经验从自然中获得认识，通过交际获得同情。经验虽然是我们整个一生中的老师，但它仅仅赋予我们庞大整体中的极小的一个片断。无限的时间与空间阻碍了我们获得无限多的经验的可能。也许交际相应地没有这样贫乏,因为我们对熟人的知觉一般地说与对所有人的知觉是一样的。但是,同情基于极细微的差别,所以片面的同情比片面的知识更糟得多。所以交际在小小的感情范围中留下的缺陷与经验在巨大的知识范围中留下的缺陷,对于我们来说几乎是同样重大的;无论是这方面还是那方面都必须同样地欢迎通过教学来加以补充。

  但是,单就弥补这样重大的缺陷来说已并非是小事了。在我们赋予教学这种使命之前,但愿我们看到,教学能胜任什么,不能胜任什么!教学将织出一根纤长、细弱、柔软的线,时钟打点将它扯断,而又将它联结;教学按照其时间节拍进行,通过扰乱学生自己的智力活动速度,不依随这种活动的跳跃,不给这种活动以休息的时间,从而使教师织出来的线在每时每刻系住这种智力活动。交际却是多么不同!它一下子可以展现广阔的场面,目光从猝然惊愕中收回、分散、合并、往返、凝视、停留、重新升起,然后出现触动,其他感觉参与进来,思想集合起来,开始,从中产生新的形态和激发起新的思想,到处是自由而丰满的生活,到处是提供人们享受的丰富内容!这种丰富的内容以及在没有要求和强迫的情况下提供这种内容,这是教学多么希望能达到的境地啊!教学如何才能充分地与交际进行竞争呢?交际不时地要求表达其自身的力量,作为完全灵活而可塑的因素以使人可以接受的方式显示出来,就像它灵活地、有力地触及心灵深处,以使各种感受得到改造并融合起来一样。它不仅丰富着对别人的感情产生的同情,而且使自己的感情在别人心中增殖起来,以使这种感情强有力地、纯洁地反馈给我们自己,假如后一种优点是个人直接接触所特有的,那么通过信件的交际与此相比就显得弱了,比如在纯粹描述那遥远的地方和时间的不熟悉的人的陌生感情时,这种优点必然会丧失殆尽。可是教学却可以通过描述来扩大交际范围。

  ……

  经验与交际确实常常使我们感到厌倦,而有时候我们必须忍受。但是,学生却决没有必要一定得遭受教师带来的厌倦!使人厌倦就是教学的最大罪恶。教学的特权就是掠过草地与沼泽,不能总是让人在舒适的山谷中游荡,相反却让人练习登山,并使人在获得广阔视野中得到补偿。

经验似乎考虑到教学将随之而来，以分析经验所积累的东西，使那些没有定型的分散的片段得到组合与条理化。在一个没有受过教学的人的头脑中，这一切究竟会是怎么样的呢？那里没有确定的上下之分，根本没有次序，一切都是杂乱无章的。其思想还没有学会等待，一有机会一切思绪便都涌现出来；联想的线索刺激起何等多的思绪，有何等多的思绪一下子在其意识中找到位置。大多数通过频繁重复的印象得到强化的思想将会发生作用。这些思想吸收适合它们的一切，排斥不适合它们的一切。新的东西将使人惊讶，或者不受注意，或者被怀旧心理所否定。凡不能与这些思想协调的，就会被分离出去。要点在这些儿童的思想中将得不到重视。或者，即使天性良好的儿童可能具有出色的目光，但却仍然缺少手段去追踪已发现的足迹。假如我们开始对一个10岁到15岁的粗野孩子进行教学的话，那么我们就可以看到这一点。起初也许不可能将其注意力引到单调的进程中去。因为缺乏具有支配作用的主要思想来维持秩序，因为缺乏观念的约束，所以心灵就一直不安地徘徊。随着好奇而来的是注意力分散与单纯的嬉戏。假如将这种孩子与受过教养的青少年比较，那么对于后者来说，有条不紊地在同一时期掌握一系列带有科学性的讲述并对它们进行加工，显得并不难。

人们同样不能满足于单纯交际的结果。假如把同情始终作为交际的灵魂，那么其中所缺少的就太多了。人们相互观望、揣测并试探。儿童在他们游戏时已经会相互利用和相互阻碍了。甚至从一方发出的善意和爱，不一定能够引起另一方的类似感受。人们不能够用服务来传递仁爱。虽然仅仅施以好意而不加关切能引起快乐，而快乐则能引起追求更多快乐的欲望，但不能引起感激。这种情况存在于儿童之间的交际中，也存在于儿童与成人的交际中。试图从儿童那里获得爱的教育者都亲身经验过这种情况。教育者必须对好意补充一些可以说明其意图的东西，其感情的流露必须激发起儿童本人与其相一致的感情。这种流露是教学范围内应当出现的，甚至应当在各种特定的课上出现。无疑没有人经常迫使教育者流露自己的感情，然而作为同情的准备，其对感染儿童来说却是无比重要的，所以对同情的关切应当丝毫不亚于对认识的关切。

……

因此，我们精神生活的核心不能卓有成效地通过经验与交际来培养。而教学一定能较深入地渗透到思维工场中去。想一想每一种宗教教义的威力！想一想一种哲学讲演的支配力，它是这样轻而易举地，甚至不知不觉地掌握一个聚精会神的听众的！此外，还可想一想小说读物的惊人力量，因为这一切都属于教学，不管是好的，还是坏的教学。

教育的兴趣仅仅是我们对世界与人的全部兴趣的一种表现，而教学把这种兴趣的一切对象集中于青年的心胸中，即未来成人的心胸中——在这种兴趣中我们不敢想到的希望终于可以得救了。没有这种兴趣，教学无疑是空洞乏味的。任何人都切不要说，他是全心全意在执教！因为这是一种空谈。他或者可能在教育中无所作为，或者他的大半思考属于告诉孩子什么和使孩子能够了解什么，属于他的期望，即期望那种受过比较细心教养的人将能在我们人类迄今已有的一切现象以外有所作为。但如果是后一种情况，那么便会从充满希望的心灵中产生出教学内容的丰富性，这种丰富性可以与经验的丰富性相比拟。于是，激动的心情也造成听众的自然的感动。在这种教学的宽广而富有折纹的墙布上具有足够的空间，使讲述的实质内容在不失其纯洁形式的情况下引出许许多多附带思想。教育者本身对于学生来说也将是一种丰富而直接的经验对象。的确，他们在课堂上相互进行交际，在这种交际中至少包含着与太古时代伟人或者与诗人所清晰描写的人物之间进行交际的想像。那些已故的历史人物、诗歌中的人物，可以从教师生活中获得生命。只要他一开始教学，那么青年，甚至孩子也很快会随着他的想像而想像。教师与学生两者，往往不需要第三者的参与，而相互成为伟大的、精选的伙伴。

最后，只有教学才能满足平衡地培养广泛的多方面性的要求。我们应当设想出一种教学方案，一开始仅以认识与同情的成分来安排，完全不考虑我们科学材料的各种分类，因为这些材料本身对于人格各个方面是没有区别的，对多方面性的平衡发展是毫不相关的。通过对这种方案进行比较，我们不难发现，就某一个主体与已知的情况而言，教学的哪些地方应当具有经验与交际的作用，哪些地方（这无疑要比前者多得多）却不会有什么作用。例如可以发现，学生往往更容易被环境引导到对社会的兴趣（如爱国的兴趣）上去，而不易被引导到对个人的同情上去，或者更容易引起他对鉴赏的事物而不是对推想的事物的注意，或者相反。在这两种情况中，缺点是同样大的。这里就有双重做法可供参考，首先应当在材料有所偏重的地方对它们作出分析、补充与调整；其次应当部分地通过材料彼此间的联系，部分地直接通过教学，使平衡得到恢复。但绝不可以在可塑的年龄阶段把儿童偶然突出的表现看作通过教育能更大地发挥出来的标志。这种保护畸形者的做法是从宠爱发展到放任的产物，是低级趣味所推崇的。自然，光怪陆离与荒诞无稽的爱好者准会欣赏一群驼子与各种残废者发狂地相互嬉闹，而不愿观看发育良好与匀称的人行列整齐的行动。这就好像发生在这样一个社会中，这个社会由那些具有彼此不同的思想方式的人组成，这些人中的每一个都以他的个性来炫耀自己，而且没有一个人能理解别人。

（节选自《普通教育学·教育学讲授纲要》，赫尔巴特著，李其龙译，浙江教育出版社2002年版）

2. 教育在于激励、唤醒和鼓舞

[德] 第斯多惠

[阅读提示]

第斯多惠（1790～1866），德国著名教育家，主要著作有《德国教师教育指南》、《教育的理想和可能性》等。第斯多惠主张教学必须符合人的天性及其发展的规律；在教学中要遵循成长着的人的自然的发展阶段……第斯多惠在本文中提出了与教学效果密切相关的教师专业素养，指出教学的艺术不在于传授的本领，而在于激励、唤醒、鼓舞。教师要有生气，要热爱自己的学科，要有坚定的性格和充沛的精力，要努力进取，要能在自己的工作和学生的发展中找到满足。

我们认为教学的艺术不在于传授本领，而在于激励、唤醒和鼓舞。

这里所谈的不是教师的整个生活和意向，也不是教师和教育者的一般品质：他的忠诚、德行等等，而只谈那些使教学具有教养意义和丰富成果的教师的品质，因为这些品质是以教者主体的人格为转移的。

1. 力求使教学引人入胜（有兴趣）！

我们把那种特别吸引我们的注意力和同情心，自然地激发和提高我们的生活精力的东西，称为引人入胜的和有兴趣的。当然，我们甘愿从事我们所感兴趣的事，因为满意的感觉在人身上是和激发他的内在的精神力量联系着的。所以如果我们想要集中地掌握集合着的人群的注意力，把他们的注意力吸引到自己身上来，我们就必须引起他们生动的兴趣，以自己的人格或讲述问题的方式来使他们发生兴趣，而且还是出于个人的意愿来引发兴趣或者成为有兴趣的人。

有兴趣的事不是激发平凡的兴趣，而是激发高尚的、自由的或纯洁的兴趣，这种兴趣只能为有教养的人所熟悉，它本身也有助于教育。而对一个教师来说，使教学变得有兴趣的能力还具有特别重要的意义，因为学生由此而获得对真、善、美的自由的爱好，并且甘愿去研究这些高深的学科。因此我们要问，如何使教学有兴趣，我们回答说：（1）借助于多样性；（2）教师的生动活泼；（3）一般地说，教师的整个人格。有一个著名的谚语说："变化多样乃是生活的乐趣。"同一门本身通常枯燥无味而又死气沉沉的学科，少年人不理解它对生活有何意义，他们怎么会感觉到人要从各种各样的情况和形式来看看它呢？教师要寻求多样性，一般地不应在不同的科目中，而应在讲述的形式和风格中去寻找。一个儿童学会写最简单的字母以前，必须写成千上万次。教师们，请想一想，对此要求什么！所以要注意多样性、变化和更换！

但是多样性并不就是一切，甚至并不是最主要的东西。更重要得多的是教师的生动活泼、机警善变、精神奋发，他对教学、对儿童教育的自然的热爱，在即使小小的一点尝试得到了成功的情况下他表示的欢欣等等。我们认为教学的艺术不在于传授本领，而在于激励、唤醒、鼓舞。而没有兴奋的情绪怎么能激励鼓舞人呢？只有生气才能产生生气；死气只能从死气而来。所以你要尽可能多地使自己习惯于蓬勃的生气！生动活泼不在于手忙脚乱，不在于慌张摇手，也不在于装怪相、作鬼脸。这是一种精神生活，当然会反映在面貌上，在一切外貌上和姿势上。

简言之，要努力以自己的整个人格来使教学有兴趣！如果你在这方面不属于那些富有天赋的人之列，那末你就努力尽可能地在这方面臻于完善！借助于善良的意志和愿望虽然不能到达这一切，但是可能得到很多。谁能吸引听众的注意到自己身上来，谁就是他们的主宰者。哪里开始有烦闷无聊，那里就停止了注意，而因此教育也中止了。

我们再一次提出一个问题：怎样才能使学生愿意学习，怎样使他在学习一门学科时引起愉快的感觉？第一，对学科要有热爱的态度：教师对学科的热爱会传导给学生；第二，你先要使学生在学习时有向学的愿望；第三，不言而喻，讲述学科要合乎教学论的原理；第四，这是主要的，激发学生的情感和意识，使他感到知道一些东西并且会做一些东西，感到他是在前进。意识到自己有知识和本领是乐事。是否意味着这样做会使学生自高自大呢？真是又可怜又可笑的教师！人类和青年人的伟大的鉴识家！你们这些成年人，如果不承认有成就，对成功没有信心，也就绝不会愉快地行动，顺利地前进，满意地享受现实生活之乐，难道儿童、少年、青年就不要这点吗？何况他还是一个未成年的人，一个没有意识到他应当学习的东西有何用处的人，一个抱有无限的自由行动的愿望的人，难道一定要他放弃自己最强烈的意向，天天被关在空洞的教室里，而把自己青年时代最美好而一去不复返的时光轻易地在学校的硬板凳上度过，以至体验不到自己的进步和由于获得知识与本领所引起的那种酬劳的感觉吗？谁这样要求，谁就不了解人类的本性，谁就是一个野蛮人。人类的鉴赏家和年轻人的朋友会引起学生学习的愿望。他经常不断地回复到已学会了的东西上，重新迫使学生练习这些东西，把前一阶段所学会的东西运用到后一阶段上去，使学生在每一段落的终点站上概览已经学过的东西，因为这对他来说比学习新的东西还更重要些。他就是这样唤起学生对他所获得的能力的生气勃勃的感觉的。谁有这种感觉，谁就不需要使他勤奋的任何其他刺激了。他就会热爱教师、热爱学校、热爱学科，而当离开学校时，他就会保持着在那里所得到的刺激。深入学科中去，全神贯注在学科上，这就意味着他重新找到了自己。

2. 要精力充沛地教学！

我曾多次地考虑过，有些具有这些特性的教师，他们在教学中维持纪律的能力实在可能是怎么回事，为什么在许多学校会缺乏这种能力。我发现这种能力的来源在于教师的充沛的精力和意志的坚定性，一句话，在于教师的性格的力量。在没有坚定性、没有严整性、缺乏刚毅性的情况下，就不能在任何领域中创造出值得同时代人注意的任何东西。因此，要是认为在信念动摇、情感模糊和意志薄弱的情况下，而能使青少年的糊涂胡闹转变为审慎明理，使行动拙笨转变为技能精巧，使漫不经心变为注意，使无知转变为有教育，那就是最大的错误。

只有坚决的，精力充沛的，有坚定的性格，知道自己想要什么，为什么想要和用什么手段来实现自己的意志的人——只有这样的人才能教育出坚决的、精力充沛的和性格坚强的人来。

请到那些教师表露出充沛精力的学校里去走上一趟吧，看一看他在做什么！他的活动的结果是稳定而紧张的注意力，这种注意力表现在学生的神色中，表现在一切事情中。但是要知道，这些品质在生活的激流中对人是特别需要的，任何人都不能躲避开这个激流，即使他拥有一个大财阀的财富也不能防护自己而不受影响。教师的这些品质是真正的、唯一有效的品质，有了这种品质就使千百种作为纪律手段的戏法和诡计都成为多余的事。这些品质体现在教师具有维持纪律作用的教学能力上，这种能力是坚强性格的产物。

3. 迫使学生正确地口述教材！

要经常留心良好的发音、明晰的重音、清楚的叙述和语言的逻辑结构！

这个规则可以推广到一切教学上去，即是推广到必须用头脑来学会和掌握的一切东西上去。学生必须毫无例外地用自己的话口述一切所领会的东西。

必须充分强调这个原则的重要性，因为这个原则特别常常被违反。为什么？

比如说话：独白式地讲话（也就是读功课）比强使他习惯于正确而流畅地讲话，要容易得多。这要求无穷的耐心，对学生的经常注意；不仅要注意他的言语内容，也要注意叙述的形式和方法。迫使学生听得多说得少是一种有害的习惯。我们要求教师自愿地参加这种艰难的事业，同时要求不可避免地放弃个人利益和自我牺牲精神。我们很知道，这并不是小事；这也不是容易的事。这一点对于好动的、活泼的、富有热情的教师特别困难。这种教师常为他们的不正确的行为方式说明理由：要不然，事情的进展将会太慢；他们借口说，当教师说话时，学生就听到良好的语言了。但是如果学生只是听，是否真正前进了呢？而且学生是为学校而学习还是为生活而学习呢？其实，类似的借口甚至是不值一驳的。下面的原理对我们来说是不可动摇的真理：

（1）学生了解得好的只是他所能正确地表达出来的东西。

（2）学生掌握得正确的只是迫使他叙述过的东西。

（3）哪里说的是学生正确的活动，那里优秀的教育者是言简意赅的。同样，优良的教师如果不是言简意赅的，那么无论如何也得沉默寡言和不爱多说话。多嘴多话的毛病是最坏的事。

必须养成学生一种习惯，对他所听到的和学到的一切东西，纵然不要求他出声地转达出来，也应当自己在心里用正确的句子加以表达。

必须迫使学生用有联系的、连贯的顺序而不是用任何其他次序来叙述思想的进程。在任何情况下都不能容忍有相反的做法；要不然，绝对不会表现出知识的明晰性和巩固性，判断的精确性和结论的一贯性。这样，就像飞鸟学会歌唱那样，学生也一定学会讲话。

4. 在任何时候不要停止不进！

"不进则退"，只是记到这个谚语是不够的。对此还必须加以补充：只有当你继续努力进修，并且在自己学校里，在和儿童交往中认识到教学是主要的教育手段的时候，你才是一个有能力给别人以教育的人。

教育在任何时候和任何地方都不是什么已经完成的和完善的东西。它是处在形成和变化之中，它本身不可能设想是没有活动、没有运动、没有生长的。如果认为对别人的教育主要在于给他们以刺激，而这种刺激则有赖于刺激者的自动精神这个思想是正确的话，那么，由此可见，这样的教学对教师本人来说乃是一种最高意义的、自我教育的学校。因为教师一天的大部分时间是在从事教学，如果他的教学对别人真正是一种刺激同时又是一种自我刺激，在这种条件下，他本身的进一步教育，要比其余的人容易些。在没有这种刺激的地方，的确，别人从他所受的那种教育也就情况不好了。所以要经常地加强进修：作为一个人，一个公民来说，要加强普通教育，作为一个教师来说，要加强专业教育！

5. 要在你自身和在你的学生的发展中找到满足！

（选自《西方资产阶级教育论著选》，张焕庭主编，人民教育出版社1979年版）

3. 教育学是一种学艺

［俄］乌申斯基

[阅读提示]

乌申斯基（1823～1870），俄国著名教育家。主要著作《人是教育的对象》。乌申斯基指出，教育学不是一门科学，而是一种学艺，它追求一个完人的理想，教育这种学艺越来越受到人们的重视。乌申斯基还论述了教育机智、教育心理在教育中的重要作用，从而使教育尽可能地成为一种有理性的和自觉性的事业。

教育学——不是科学而是一种艺术——是一切艺术中最广泛、最复杂、最崇高和最必要的一种。

我们可以根据上述一切做出以下结论：教育学——不是科学而是一种艺术——是一切艺术中最广泛、最复杂、最崇高和最必要的一种。教育艺术是以科学为依据的。作为一种复杂而又广泛的艺术，它依靠着许多广泛而复杂的科学；作为艺术，它除了知识以外，还要求从事教育的人具有才能和爱好。同样，作为艺术，它追求一个永久要达到而从来不能充分达到的理想，即完人的理想。只有在教育者中间推广教育艺术所依据的那些多种多样的人类科学的知识，才有可能促进教育艺术的发展。为了做到这一点，就要合理地设立一些专门的系；当然，不是为了培养一个国家所需要的一切教师，而是为了发展教育艺术本身和培养教育学者，使他们或者以自己的著作，或者从事直接领导工作，在广大教师群众中推广教育者所必需的那些知识，并且在教育者和教师中间以及在社会上对形成正确的教育信念给予影响。但是因为我们在很长的时间里还不能指望会有教育系，所以为了发展教育艺术的这些正确的思想，就只有一条路可走了——这就是著作的道路，在这里每个人都会从自己所研究的科学领域促进伟大的教育事业。

但是如果不可能要求一个教育者是教育学原则所据以取得根据的那一切科学的专家，那么，就可以而且也应当要求他对这些科学的任何一门都不是完全陌生的，要求他关于每一门至少能理解一些通俗的著作，并且力图尽可能多地获得关于他所从事培养的人的本性的全面的知识。

一个教育者应当力求了解人，了解他实际上是什么样，了解他的一切弱点和伟大之处，他的一切日常琐细的需要以及他的一切伟大的精神上的要求。一个教育者应当了解在家庭中、在社会上、在人民中间、在人类世界中的人，以及在暗中具有自己的良心的人；应当从各方面来了解人，这包括一切年龄、一切阶级、一切境遇，在忧与乐时，在贵与贱时，在精力充沛或生病时，在抱着无限希望时和在临终榻前，当人的安慰的话已经无效时。他应当了解最卑劣和最崇高的事迹的引起的原因，了解各种罪恶的和伟大的思想产生的历史，了解各种激情和性格的发展历史。只有这样做时，他才能从人的本性中吸取教育影响的手段，而这些手段都是些极大的手段！

我们抱着一个坚定的信念：教育这一门伟大的艺术刚刚才开始，我们站在这门艺术的门口，尚未升堂入室，并且一直到现在人们对于教育还没有给予应有的注意。把自己的天才献给教育事业的伟大的思想家和学者多不多呢？看来，除了教育以外，人们是什么都想到了，他们到处寻找达到尊贵和幸福的手段，但却没有在可能最快找到这些东西的教育领域里来找。但是现在已经很清楚，科学已经成熟到这样一种程度，使人的眼光将不得不转到教育艺术这上面来了。

正当科学的种种事实指出教育有光辉未来的可能性时，在教育的一切领域内，我们只处在这一伟大艺术的开始阶段，我们可以指望，人类最后将对追求生活的外表舒适厌倦起来，而将在人自己身上建立更可靠得多的舒适，人类将不仅在口头上而且在实际上相信，我们的幸福和伟大的主要源泉，不在于我们周围的物质享受和人的等级上而在我们本身。

需要不需要谈一谈心理学对教育学者的意义呢？如果在我国注意研究心理学的教育学者是这样少的话，大概是需要的。当然，没有人怀疑，教育的主要活动是在心理和心理—生理现象的领域内进行的；但是在这种情况下，人们通常指望的是每一个人或多或少掌握的那种心理学机智，并且以为，为了评价这种和那种教育措施、规则和指示，只要有这种机智就够了。

不论教育者对教育学理论研究得怎样，如果他没有那种所谓的教育机智，他就不可能成为一个良好的教育实践者，这种所谓教育机智在本质上不是什么别的东西，无非是文学家、诗人、演说家、演员、政治家、传教者所需要的那种心理学机智，总之，就是一切想跟教育学者一样对别人的心灵发挥某些影响的那些人所需要的那种心理学机智。教育机智只不过是心理学机智的特殊应用，不过是它在教育学概念领域内的特殊发展。但是，这种心理学机智本身究竟是什么呢？这不是什么别的东西，只是我们自己所体验过的各种各样的心理行为的比较模糊不清的和半意识的一种回忆而已。人就根据心灵对自己的历史的这种回忆认为他能够影响别人的心灵，并且为了这件事而选择那些他自身体验过的有效手段。我们不想看轻这种心理机智的重要性……任何心理学也不能代替人的心理机智，这种机智在实践中是特别需要的，因为它很快就起作用，在顷刻之间就起作用，而科学原理的回忆、思索和考量都是来得很慢的。能不能设想有一个演说家，当他想要在听众的精神上引起同情、恐怖或忿怒时就去回忆心理学的某一章节呢？同样，在教育活动中也没有任何可能让教师根据心理学的某些章节去行动，不管他对这些章节研究得有多透。但是，无疑地，心理机智不是什么天生的东西，它是在人身上逐渐形成起来的。一个人的机智较快、较博、较完整，而另一个人的机智则较慢、较狭、较片断，这取决于精神上的其他性能——这是随着人如何生活，如何对自己心灵中发生的东西进行有意或无意的观察而形成起来的。人的心灵只有在自己的活动中才能看清自己，而心灵对自己的认识正如它对外在自然现象的认识一样是从许多观察中形成起来的。心灵对自己的活动的观察越多，观察力就越坚强越精确，人的心理机智的发展就越多越好，而这种机智也就将越充分、越可靠、越完整。由此显然可见，研究心理学和阅读心理学著作能指导人去思考他自己的精神过程，并能对人的心理机智的发展有很大的帮助。

不管是讲教育学的人也好,听教育学的人也好,首先一定要在理解心理的和心理—生理的现象上意见一致,以求达到教育的目的。

但是不仅是为了有根据地讨论所要采取的或已经采取的教育措施和理解教育规则的依据,才需要科学地了解心理现象,同样为了评价某种教育措施的结果,换言之,为了评价教育经验也需要心理学。

我们看到了,不论是教育机智也好,教育经验也好,单只是这些东西还不够用来使我们从中引申出某种切实可靠的教育规则来;我们也看到了,用科学方法,即用我们研究其他一切现象的同样的方法来研究心理现象,是一个十分必要的条件,以便使我们的教育能尽可能地不再是成规惯例,或偶然情节的玩意,使它们同样尽可能地成为一种有理性的和自觉的事情。

(节选自《人是教育的对象——教育人类学初探(上卷)》,
乌申斯基著,张佩珍译,人民教育出版社 2007 年版)

4. 欣赏在思维中的地位

[美] 杜威

[阅读提示]

约翰·杜威（1859～1952），美国哲学家、教育家，实用主义哲学的创始人之一，美国进步主义教育运动的代表。从实用主义经验论和机能心理学出发，杜威批评了传统的学校教育，并就教育本质提出了他的基本观点"教育即生活"和"学校即社会"。在本文中杜威提出，教师教学的重要任务，就是要唤起孩子对自己学科的喜爱，激发学生对自己学科的欣赏感情。这关系着对学科的理解和把握。

对任何学科教学的检验，最后要以学生对该学科生动的欣赏程度为依据。

1. 对价值的真正认识

对一件事物的充分经验，用熟悉的成语来说，就是对这件事物已经"心领神会"了；或者用同义词来表示，这件事物打动了人心，抓住了人心。当这种情况发生时，人是"兴奋的"，就好像是儿童在探索性的游戏中所表现的那样。先前在心智和某些对象、事实或情境之间的壁垒和障碍，便荡然无存了。心智和事物似乎是联成了一体。这种状态，可用"欣赏"一词来表述。有时，我们说起"欣赏的"事物是有价值的。相反地，当事物变得陈腐、过时、不为人所追求的时候，它又"贬值"了。当理智彻底地欣赏一种事物时，它的价值就增高了。思维、知识和欣赏之间没有内在的对立。

然而，单纯从理智上掌握了观念和事实，和在情绪上加以渲染的观念和事实之间，却有着明显的对立。因为这是与个人的需要和满足的感觉相联系的。在后一种情形里，就有直接的价值：就是说，它是被欣赏的。

2. 欣赏在思维中的地位

本书一再说到情境和问题的必要性，这对学生来说是生动的现实，不言而喻，思维与现实，理智活动与欣赏，是不可分的。现在，把这种含蓄的观念简要地加以研究，其目的是把欣赏在思维中的基本的重要性搞得更加明确。

　　现在，学校中有一种倾向，要摆脱传统的常规训练和复述教材的方法，而把科目明显地划分为一方面是掌握事实和原则的学科（像算术、文法、物理学、地理学的大部分等），另一方面是文学、音乐、美术等。后一类是为了个人欣赏所需要的学科。按照这种观点，后一类科目就成为感情的和想象的（仅是指假想的、不现实的意义），而"自我表现"的自由也就多半成为所谓的"自我暴露"了。

　　然而，对我们来说更为有害的是，这一观点没有看到，像在文学和美术等学科一样，在所谓"知识性的"和"理智性的"学科中，如历史、算术、自然科学等，生动的欣赏也是基本的（就是说，也会有情感反应和想象的推测）。一般说来，不能把人类分成一部分是感情的，另一部分是冷静的、理智的；一部分是事实的，另一部分是想象的。实际上，常常有这样的划分，但往往是错误的教育方法造成的。人在本性上和在常态中是一个整体。只有理智与情绪、意义与价值、事实与想象融合在一起，才能形成品行和智慧的整体。对任何学科教学的检验，最后要以学生对该学科生动的欣赏程度为依据。否则，种种问题和疑问，只是反省思维的真正刺激物，它们或多或少只是一种外部的强调，而不能一心一意地去加以感受和对待。

　　　　　　　　（节选自《我们怎样思维》，杜威著，姜文闵译，人民教育出版社2001年版）

5. 培养独立思考的教育

[美] 爱因斯坦

[阅读提示]

爱因斯坦（1879～1955），德裔美国科学家，现代物理学的开创者和奠基人。爱因斯坦提出，仅仅用专业知识教育人是不够的，要让学生成为一个和谐发展的人；教育应当使所提供的东西让学生当作一种宝贵的礼物来领受，而不是作为一种艰苦的任务去完成；学校的目标应当是培养有独立行动和独立思考的个人，不过他们要把为社会服务看作是自己人生的最高目的。

如果一个人忘掉了他在学校里所学到的每一样东西，那么留下来的就是教育。

在纪念的日子里，通常首先是追溯往事，尤其是要怀念那些由于发展文化生活而得到特殊荣誉的人们。这种对于我们先辈的亲切的纪念仪式确实是不可少的，尤其是因为这样一种对过去最美好事物的回忆适宜于鼓励今天的善良的人们去勇敢奋斗。但这种怀念应当由那些从青年时代起就同这个州联系在一起，并且熟悉它的过去的人来做；而不应当由一个像吉卜赛人那样到处流浪把各种各样国家的经验兼收并蓄起来的人来做。

这样，就没有什么东西可留给我讲了，除了讲一些同空间和时间无关的，而过去和将来始终同教育事业联系在一起的问题。在作这一尝试时，我不能以权威自居，特别是因为各个时代的有才智的和善意的人们，都已讨论过教育这个问题，并且无疑已清楚地反复讲明了他们在这些问题上的见解。在教育学领域中，我是个半外行人，除却个人经验和个人信念以外，我的见解就别无基础。那么我究竟凭什么有胆量来大发议论呢？如果它真是一个科学的问题，人们也许会被这样一些考虑弄得哑口无言了。

可是，对于能动的人类事务来说，情况是不同的。在这里，单靠真理的知识是不够的，相反，如果要不失掉这种知识，就必须以不断的努力来使它经常更新。它像一座矗立在沙漠上的大理石像，随时都有被流沙掩埋的危险。为了使这座石像永远照耀在阳光之下，必须挥手不停地为它工作。我也要出一臂之力。

学校向来是把传统的财富从一代传到下一代的最重要手段。与过去相比，这种情况更加适合于今天。由于经济生活现代化的发展，作为传统的教育的传递者的家庭已经削弱了。因此，比起以前来，人类社会的延续和健康，要在更高程度上依靠学校。

有时，人们把学校简单地看作是一种工具，靠它来把最大量的知识传授给成长中的一代。但这种看法是不正确的。知识是死的；而学校却要为活人服务。它应当发展青年人中那些有益于公共福利的品质和才能。但这并不是意味着个性应当消灭，而个人只变成象一只蜜蜂或蚂蚁那样仅仅是社会的一种工具。因为一个由没有个人独创性和个人志愿的规格统一的个人所组成的社会，将是一个没有发展可能的不幸的社会。相反地，学校的目标应当是培养有独立行动和独立思考的个人，不过他们要把为社会服务看作是自己人生的最高目的。就我所能判断的范围来说，英国学校制度是最接近于实现这种理想的。

但是人们应当怎样来努力达到这种理想呢？是不是要用道德说教来实现这个目标呢？完全不是。言词是并且永远是空洞的，而且通向地狱的道路总是伴随着理想的空谈。但是人格决不是靠所听到的和所说出的言语，而是靠劳动和行动来形成的。

因此，最重要的教育方法总是鼓励学生去实际行动。这对于初学的儿童第一次学写字是如此，对于大学里写博士学位论文也是如此，就是在简单地默记一首诗，写一篇作文，解释和翻译一段课文，解一道数学题目，或者进行体育运动锻炼，也都无不如此。

但是在每项成绩背后都有着一种推动力，它是成绩的基础，反过来，这种推动力也通过任务的完成而得到加强和滋养。在这里存在着非常大的差别，这种差别同学校的教育准则的关系极为重大。做同样的工作，它的出发点，可以是恐怖和强制，可以是追求威信和荣誉的好胜心，也可以是对于对象的诚挚的兴趣和追求真理与理解的愿望，因而也可以是每个健康儿童都具有的天赋的好奇心，只不过这种好奇心往往很早就衰退了。同样一件工作的完成，对于学生所产生的教育影响可以很不相同，这要看推动这项工作的主因究竟是怕受到损害的恐惧，是自私的欲望，还是对快乐和满足的追求。没有人会认为学校的管理和教师的态度对塑造学生的心理基础会没有影响。

我以为，对于学校来说，最坏的事是，主要靠恐吓、暴力和人为的权威这些办法来进行工作。这种做法摧残学生的健康的感情、诚实和自信；它制造出来的是顺从的人。这样的学校在德国和俄国成为惯例，那是没有什么可奇怪的。我知道在美国这个国家里，学校中不存在这种最坏的祸害；在瑞士，以及差不多在一切民主管理的国家里也都如此。要使学校不受到这种一切祸害中最坏的祸害的侵袭，那是比较简单的。教师使用的强制手段要尽可能地少，学生对教师的尊敬的唯一源泉在于教师的德和才。

第二项动机是好胜心，或者说得婉转点，是期望得到赞许和尊重，它根深蒂固地存在于人的本性中。要是没有这种精神刺激，人类合作就完全不可能；一个人希望得到它的同类赞许的愿望，肯定是社会对他的最大约束力之一。但在这种复杂的感情中，建设性的力量同破坏性的力量密切地交织在一起。想要得到赞许和表扬的愿望，本来是一种健康的动机；但如果要求别人承认自己比同伴或者同学更高明、更强，或者更有才智，那就容易在心理上产生唯我独尊的态度，这无论对个人和对社会都是有害的。因此，学校和教师必须防范使用那种容易产生个人野心的简单办法去引导学生从事辛勤的工作。

达尔文的生存竞争以及同它有关的选择的理论，被很多人引证来作为鼓励竞争精神的根据。有些人还以这样的办法试图伪科学地证明个人竞争这种破坏性经济斗争的必然性。但这是错误的，因为人在生存竞争中的力量全在于他是一个过着社会生活的动物。正像在一个蚂蚁窝里的个别蚂蚁之间的交战说不上什么是为生存所必需的，人类社会中各个成员之间的情况也是这样。

因此，人们应当防止向青年人鼓吹那种以习俗意义上的成功作为人生的目标。因为一个获得成功的人，从他的同胞那里所取得的，总是无可比拟地超过他对他们所做的贡献。然而看一个人的价值，应当看他贡献什么，而不应当看他取得什么。

在学校里和在生活中，工作的最重要动机是工作中的乐趣，是工作获得结果时的乐趣，以及对这个结果的社会价值的认识。启发并且加强青年人的这些心理力量，我看这该是学校的最重要任务。只有这样的心理基础才能导致一种愉快的愿望，去追求人的最高财产知识和艺术技能。

要启发这种创造性的心理能力，当然不像使用强力或者唤起个人好胜心那样容易，但它是更有价值的。关键在于发展孩子对游戏的天真爱好和获得赞许的天真愿望，并且把孩子引向对于社会很重要的领域；这种教育主要是建立在希望得到有成效的活动能力和社会认可的愿望之上的。如果学校从这样的观点出发，工作很成功，那么它就会受到成长中的一代的高度尊敬，学校所规定的作业就会被当作一种礼物来领受。我知道有些儿童就对在学校时间比对假期还要喜爱。

这样一种学校要求教师在他的本职工作上成为一种艺术家。为着要在学校中得到这种精神，我们能够做些什么呢？对于这个问题，正像无法使人永葆健康一样，并不存在包医百病的万灵丹。但是还有某些必要的条件是可以满足的。首先，教师应当在这样的学校里成长起来。其次，在选择教材和使用教学方法上，应当给教师以广泛的自由，因为强制和外界压力无疑也会扼杀他在安排他的工作时的乐趣。

如果你们是一直在用心地听取我的想法，有一件事也许你们会觉得奇怪。我所讲的完全是，依照我的见解，应当以怎样的精神来教导青少年。但是我既没有讲到课程设置，也没有讲到教学方法。究竟应当以文科为主，还是应当以理科专业教育为主呢？

对这个问题，我的回答是：照我的见解，这一切都是次要的。如果青年人通过体操和走路训练了他的肌肉和体力的耐劳性，以后他就会适合任何体力劳动。思想的训练以及智力和手艺方面的技能锻炼也类似这样。因此，有个才子讲得不错，他对教育下这样一个定义："如果一个人忘掉了他在学校里所学到的每一样东西,那么留下来的就是教育。"就由于这个理由,对于古典文史教育的拥护者同注重自然科学教育的人之间的抗争,我一点也不想偏袒哪一方。

另一方面,我也要反对认为学校必须直接教授那些在以后生活中要直接用到的专业知识和技能这种观点。生活所要求的东西太多种多样了,不大可能允许学校采取这样的专门训练。除开这一点,我还认为应当反对把个人当作死的工具来对待。学校的目标始终应当是:青年人在离开学校时,是作为一个和谐的人,而不是作为一个专家。照我的见解,在某种意义上,即使对技术学校来说,这也是正确的,尽管技术学校的学生将要从事的是一种完全确定的专门职业。发展独立思考和独立判断的一般能力,应当始终放在首位,而不应当把获得专业知识放在首位。如果一个人掌握了他的学科的基础理论,并且学会了独立地思考和工作,他必定会找到他自己的道路,而且比起那种主要以获得细节知识为其培训内容的人来,他一定会更好地适应进步和变化。

最后,我要再一次强调一下,这里所讲的虽然多少带点绝对肯定的样子,却并不要求它比一个人的个人见解具有更多的意义,这种见解所根据的只不过是他自己在做学生和当教师时所积累起来的个人经验而已。

(选自《爱因斯坦文集》(第3卷),爱因斯坦著,许良英等编,商务印书馆1979年版)

6. 教师的语气和声调

[苏] 马卡连柯

[阅读提示]

马卡连柯（1888～1939），前苏联教育家、作家。主要作品有《教育诗》等。马卡连柯主张学校应该培育有责任感和荣誉感、遵守纪律的社会成员。在本文中他提出，教师要学会使用自己的语气和声调，知道什么时候不要生气，什么时候应该生气，一味和和气气未必就是好的。

如果在需要生气的时候，生气甚至比和颜悦色更有效力。

……

其次，我还有一个不同的意见。我并不是说我没有技巧。我是说我没有才干，技巧我是获得了。技巧是可以获得的东西，正像可以做一个有名的旋工，可以做一个出色的医师一样，教师也应当成为一个呱呱叫的能手。

我相信我和你们，都是一样的人。我已经作了32年的教育工作。每个某种程度上长期做过教师的人，如果不是懒汉的话，就会成为教育能手。你们都是青年教师，如果不抛弃我们这一行事业的话，将来一定会成为能手。至于那时候究竟对技巧能掌握到如何的程度，那就全靠个人本身的努力了。

现在来谈一谈关于教师动怒的问题。请不要以为我在号召大家不要用温和平静的声调，而要用拳头使劲打桌子，大声喊叫等。这种做法，是不会得到什么效果的。

什么是动怒呢？一切事情都应当辩证地来理解。在掌握了技巧的条件下，动怒的意义自然是不同的。如果你是一个能手，那你就能体验到生气是怎么一回事，但你的动怒并不能采取任何违反教育学的方式。这是你的真正的人的情感的真诚表现，但这并不是一般人的情感表现，而是出色的教师的情感表现。

不仅动怒跟温和平静的声调是对立的,而且,我认为人的一般的真实体验跟温和平静的声调也是对立的。应当了解到由单纯的不满到动怒的整个过程。我应该说,我在这里也是不得不学习的。我知道用冷静沉着的口气说"你好"和用安详温和的口气说"你好"究竟是表示什么意思;我知道用严厉冷淡的口气说"没事了,可以走了"和用稳重而柔和的口气说"没事了,可以走了"究竟表示什么意思。所有这些,都是实践问题。如果你们向自己提出这样的若干有趣的问题并进行练习的话,这样做并不是不好的。我常常教我的同事们做这样的练习。我有时候说:"我是校长,你是学生,你犯了过失。因此,我要和你细谈一番,而其他的人来听我们谈话。"

请回答我,你们将怎样发问呢?

你们是说:"说吧,这是你干的吗?"还是说:"这是你干的,我知道!"就请试一试吧!要知道,正是无关紧要的普通问题,才随时能够遇到。这里,没有适当的声调的运用,没有适当的脸部表情,是什么也做不好的。

你们这样巧妙地运用声调,绝不只是表现在极端的动怒和喜悦中。

这里给你们举个例证。雷日科夫问诺日克:

"你为什么要努力呢?"

"我喜欢……"

"你也喜欢查哈罗夫吗?"

"噢!非常喜欢查哈罗夫!"

"你为什么这样喜欢他?"

"为了那个……为了一件事情。"

诺日克的机敏的大眼睛眯成细缝,他微微地摇了摇圆圆的头说:

"有过这样的一件事情,简直是奇迹,不像是事实。从那时候起,我就喜欢他了。有一次我们的电灯灭了,全工学团的电灯都灭了,甚至于整个城市的电灯都灭了,发电站出了什么事。我们都走到办公室里,大家都坐下来,有许多孩子们,所有的沙发上都坐满了人,有的坐在地板上。大家都谈论战争的事。查哈罗夫也谈起来,还有一个人……马连基也说话了。以后,阿列克赛·斯捷潘诺维奇说：'这多么讨厌！需要工作，但没有亮！真是岂有此理！'"

"然后，他坐了一坐，又说：'我需要电灯，真糟糕！'"

"我们都笑了，而查哈罗夫忽然这样地高声抢着说："马上就要有电！看！一、二、三！'"

"'三'字刚说出口，就立刻有了电，周围都亮了！我们当时又笑又鼓掌，查哈罗夫也笑了，他说：'这要有本事，而你们，孩子们，你们就不会！'"

诺日克说话时的表情是很机灵的，他接着又张大了眼睛，添了一句："你明白了吗？"

"有什么明白不明白的？"雷日科夫轻蔑地说，"怎么啦？你以为他能指挥电灯吗？"

"不是。"诺日克愉快地拉长了声音，"为什么要指挥？不过凑巧罢了。但只是……换了别人就不会这样做。"

"别人也会这样做。"

"不行，不会做。别人就要担心害怕。他会这样想：他说一、二、三，而电灯不亮，那时候该怎么办呢？那孩子们就要笑了。而你看，查哈罗夫，就说了，他是运气好的人，还能给你说什么？他走运了，电立刻来了。如果一个人能走运，我就喜欢他。"

雷日科夫惊奇地听着这一个难以理解的含糊说法，他判断不清楚诺日克是在开玩笑呢还是在说正经话。雷日科夫对这种谈话是很不满意的，他说：

"你以为他走运了？走运不走运与你有什么关系？"

"他走运了，这就与我有关系，我跟着他就也走运了。好极啦！我喜欢这样。"

到底是怎么回事呢？这不过是巧合：没有电了，有一个人说："马上就会来电。"于是，电果然一下子就来了。像这样的偶然的小事情，都能够为你们树立起长久的威信。已经过去三年了，而关于这件事情，还有人在继续谈论着。这是什么缘故呢？这就是因为声调语气的关系，因为有力肯定的说法的关系。

这就是不需要温和平静语调的原因。如果你们是能手的话，你们就能知道什么时候该克制自己，不要生气，什么时候应该生气。如果在需要生气的时候，生气甚至比和颜悦色更有效力。因为，你们在生气中所表现出来的是公民，是机关的代表，是思想方面的代表，是权力方面的代表，你们是在坚持着某种更重大的事情。当你们一味和和气气地对待儿童的时候，你们运用的是什么样的"教育思想"，这是连你们自己也不明白的。

（节选自《马卡连柯教育文集》，马卡连柯著，吴式颖编，人民教育出版社2001年版）

7. 学习是一种过程

[美] 布鲁纳

[阅读提示]

杰罗姆·布鲁纳（1915～　），美国心理学家和教育家。主要著作有《教育过程》等。布鲁纳认为，学习是一种过程，而不是结果。布鲁纳研究并提出了促进发现学习的方法，他认为，儿童是发现学习的主体，应鼓励儿童相信并依靠"自己的头脑"去思考、发现和解决问题；内在动机是儿童学习的推动力，应启发儿童把学习与日后的生活联系起来，自主地学习，逐步培养和形成学习的行为和习惯。

不论我们教授什么学科，都务必要使学生理解该学科的基本结构。

每一代人都赋予塑造那一代人的教育愿望以一种新的形式。可能正在涌现作为我们这一代人标志的，是广泛地重新出现的对教育质量和智育目标的关切；但是并不放弃这样的理想，即教育应作为训练民主社会里平衡发展的公民的手段。……

我们也许可以把"获得优异成绩"作为教育的最一般的目标；但是，应该弄清楚"获得优异成绩"这句话指什么意思，它在这里指的是，不仅要教育成绩优良的学生，而且也要帮助每个学生得到最好的智力发展。如果能促使所有学生充分利用他们的智力，就将使我们这个处于工艺和社会异常复杂的时代的民主国家，有更好的生存的机会。

不论我们教授什么学科，都务必要使学生理解该学科的基本结构。这是在运用知识方面的最低要求，它有助于解决学生在课堂外所遇到的问题和事件，或者解决在日后课堂上所遇到的问题。经典的迁移问题的中心，与其说是单纯地掌握事实和技巧，不如说是教授和学习结构。有许多事情都属于这种学习类型。其中不少是对使人有可能主动地运用他终于理解的材料的习惯和技能的支持，如果先前的学习使往后的学习更为容易的话，那就得提供一个一般的图景，按照这个图景，使先前与往后所遇到的事物之间的关系尽可能弄得清楚。机灵的推测、丰富的假设和大胆迅速地作出实验性结论——这些是从事任何一项工作的思想家极其珍贵的财富。

……

儿童智慧发展的研究突出了这个事实：在发展的每个阶段，儿童都有他自己的观察世界和解释世界的独特方式。给任何特定年龄的儿童教某门学科的任务，就是按照这个儿童观察事物的方式去表现那门学科的结构。……刚才所说的一般假设是以下面这个考虑过的判断为前提的，即任何观念都能够用学龄儿童的思想方式忠实地和有效地表现出来；这些初次的表现，由于这种早期的学习，学起来会比较容易，在日后也比较有效和精确。

可是，儿童的智慧发展不是像时钟装置那样是一连串事件相继出现的；相反，儿童对环境，特别对学校环境的影响，也发出反应。因此，教授科学概念，即使是小学水平，也不必奴性地跟随儿童认知发展的自然过程。向儿童提供具有挑战性但合适的机会使其步步向前，也可以引导智慧发展。经验已经表明：向成长中的儿童提示难题，激励他向下一阶段发展，这样的努力是值得的，正像初等数学界最有经验的教师之一——戴伟·佩奇曾经评论过："从幼儿园到研究院的教学中，使我感到惊愕的是各种年龄的人在智慧方面的相似性；而且，跟成人相比，儿童也许更有自发性、创造性和更生气勃勃。"就我个人的经验而论，只要根据年轻儿童的理解力给以任务，那么他们学习任何东西几乎都比成人快。

选择一定的教学法，有可能把自然科学和数学的基本概念教给比传统年龄轻得多的儿童。在这样的早年，有条不紊的教学能够为儿童铺下基本概念的基础，日后可以利用并在中学阶段大有好处。

新知识，往往同一个人以前模模糊糊地或清清楚楚地知道的知识相违背，或者是它的一种替代。至少可以说，是先前知识的重新提炼。

一个学习节目，时间可长可短，包含的观念可多可少。学习者愿意一个节目持续多久，取决于此人期望从他的努力中获得什么。有个方法议论得最少，即带领学生通过艰难的材料单元，鞭策学生竭尽全力得以发现圆满和有效地完成任务的愉快。好教师懂得这种诱惑的力量，学生应该领会专心致志地研究问题是什么感觉。他们在学校里应该体验到这种感觉。……在课堂上专心致志，有些学生就能把这样的感觉带到他独立进行的工作中去。

……由竞争计划培育出来的狂热活动，可能不容许学生有喘息的时间去思索，去评价，去进行概括；相反，让每个学生被动地等候着轮到他自己的这种过分的秩序性，也会使人讨厌，会引起极度的淡漠。这里有一个具有重大意义的日常课题，即短期地唤起兴趣，同在更为广博的意义上长期地建立兴趣不同。

在学龄儿童中，多半长有混杂的学习动机。父母和教师，他要讨好；有些同伴，他要打交道；他的精通事物的感官需要发展。同时，兴趣在发展，视界开阔了。学校作业只是成长中的儿童活跃生活的一部分。对不同的儿童来说，学校作业意味着不同的事情。对一些儿童来说，是取得父母赞赏的道路；对另一些儿童来说，则是闯进同辈的社交世界，只要用最小的努力来处理就"过得去"。

几个实验性的建议已经以显示需要进行研究的精神提出来了，其中主要的是增加教材本身的趣味，使学生有新发现的感觉，把我们必须要说的东西转化成适应儿童的思想形式。……可是，如果教学工作做得好，我们教的东西值得学，那么在我们现代社会中就会有一些力量在起作用，它将提供外来的刺激，使儿童比他们过去更多地卷入学习过程之中。

……

教师不仅是传播者，而且还是模范。看不到教学的妙处及其威力的教师，就不见得会促使别人感到这门学科的内在刺激力。不愿或不能表现他自己的直觉能力的教师，要他在学生中鼓励直觉，不大可能有效。他如果是这样的不牢靠，不敢犯错误，那就不能使他成为一个有希望的勇敢的模范。倘若教师不愿冒作出不肯定假设的风险，那学生为什么应该冒这种风险呢？

为了传播知识和作为胜任工作的模范，教师必须自由地教，自由地学，……教师也是教育过程中的直接个人象征，是学生可以视为同自己一样，并拿来同自己作比较的人物。

（节选自《中外教育名著选读》，刘新科、栗洪武主编，中国人民大学出版社2008年版）

8. 夫子循循然善诱人

孔子

[阅读提示]

孔子（前551～前479），名丘，字仲尼。中国古代伟大的思想家、教育家、政治家，儒家学派创始人。孔子非常看中文学艺术的社会功能和文化意义，从教育的角度出发倡导文学艺术的教化作用。孔子非常重视启发诱导，因材施教，强调要在学生学习思考的基础上开展教学。

不愤不启，不悱不发，举一隅不以三隅反，则不复也。

诗、书、礼、乐

子曰："兴于《诗》，立于礼，成于乐。" （《泰伯篇》）

子曰："小子何莫学夫《诗》？《诗》，可以兴，可以观，可以群，可以怨。迩之事父，远之事君；多识于鸟兽草木之名。" （《阳货篇》）

陈亢问于伯鱼曰："子亦有异闻乎？"对曰："未也。尝独立，鲤趋而过庭。曰：'学《诗》乎？'对曰：'未也。''不学《诗》，无以言。'鲤退而学《诗》。他日，又独立，鲤趋而过庭。曰：'学礼乎？'对曰：'未也。''不学礼，无以立。'鲤退而学礼。闻斯二者。"陈亢退而喜曰："问一得三，闻诗，闻礼，又闻君子之远其子也。" （《季氏篇》）

子以四教：文，行，忠，信。 （《述而篇》）

子曰："知者乐水，仁者乐山。知者动，仁者静。知者乐，仁者寿。"
（《雍也篇》）

子曰:"质胜文则野,文胜质则史。文质彬彬,然后君子。"(《雍也篇》)

启发、诱导

子曰:"不愤不启,不悱不发,举一隅不以三隅反,则不复也。"

(《述而篇》)

子谓子贡曰:"女与回也孰愈?"对曰:"赐也何敢望回?回也闻一以知十,赐也闻一以知二。"子曰:"弗如也!吾与女弗如也。" (《公冶长篇》)

子贡曰:"贫而无谄,富而无骄,何如?"子曰:"可也。未若贫而乐,富而好礼者也。"子贡曰:"《诗》云,'如切如磋!如琢如磨',其斯之谓与?"子曰:"赐也!始可与言《诗》已矣,告诸往而知来者。" (《学而篇》)

颜渊喟然叹曰:"仰之弥高,钻之弥坚;瞻之在前,忽焉在后。夫子循循然善诱人,博我以文,约我以礼,欲罢不能。既竭吾才,如有所立卓尔。虽欲从之,末由也已。"

(《子罕篇》)

子路问:"闻斯行诸?"子曰:"有父兄在,如之何其闻斯行之?"冉有问:"闻斯行诸?"子曰:"闻斯行之。"公西华曰:"由也问闻斯行诸,子曰,'有父兄在';求也问闻斯行诸,子曰,'闻斯行之'。赤也惑,敢问。"子曰:"求也退,故进之;由也兼人,故退之。"

(《先进篇》)

(选自《论语集释》,程树德撰,中华书局1990年版,题目为编者所加)

【译文】

孔子说:"在《诗经》中开始人生,在礼制中建立人生,在音乐中完成人生。"

孔子说:"弟子们为什么不学习《诗经》呢?《诗经》可以启发想象,可以观察事物,可以会合群体,可以表达哀怨。近用来侍奉父母,远用来侍奉国君,还可以认识许多动物植物的名称。

陈亢问孔鲤(孔子之子)说:"你从你父亲那里听到什么特别的教诲了吗?"孔鲤回答说:"没有。有一次他一个人站在庭院中,我轻步走过庭院。他问我:'学习《诗经》了吗?'我说:'没有。'他说:'不学《诗经》,没法说话。'我下来就学《诗经》。有一天,他又一个人站在那里,我走过这庭院。他问:'学习礼制了吗?'我说:'没有。'他说:'不学礼制,无法立身。'我下来就学礼制,就这两件。"陈亢回去后,非常高兴地说:"我问一件事,却知道了三件事:知道《诗经》很重要,知道礼很重要,还知道君子不特殊对待自己的儿子。"

孔子在四个方面教育学生:文章,行为,忠实,诚信。

孔子说:"智慧的人喜欢水,仁爱的人喜欢山。智慧的人活跃,仁爱的人安静。智慧的人常快乐,仁爱的人能长寿。"

孔子说:"质朴超过文采就粗俗,文采超过质朴就虚浮。文采和质朴搭配得当,才是君子。"

孔子说:"不到他苦思冥想而仍领会不了的时候,不去开导他;不到他内心有所表达而又不会表达时,不去启发他。告诉他一个方位,他不能因此推知另外三个方位,便不去教他了。"

孔子对子贡说:"你与颜回相比,谁强?"子贡回答说:"我哪里敢跟颜回比呢？他听到一件事便推知十件事；我听了一件事，才推知两件。"孔子说："是不如他，我与你都不如他。"

子贡说："贫穷而不逢迎谄媚，富裕而不骄矜傲慢，怎么样？"孔子说："好。但不如虽贫穷但快乐，虽富裕却爱好礼制。"子贡说："《诗经》说：（美好的道德情操）要'如切割，如锉刻，如雕削，如磨光'，（才能得到修身养心的效果）是不是这个意思呢？"孔子说："子贡呀，现在可以和你讨论《诗经》了。告诉你已知的事，你便能推知未知的。"

颜渊深深感叹说："老师的道，越仰望，就越感到高大；越钻研，就越感到坚实。看它好像在前面，忽然又到了后面。老师善于一步步地引导，以广博的知识丰富我，以严肃的礼制规范我，使我想停止不学都不可能。我已经竭尽我的才力了，好像立在我面前的东西十分高大，虽然想要继续跟着前进，又感到不知如何走了。"

子路问："听到了道理就行动吗？"孔子说："有父亲和兄长在世，怎么能听到了道理就行动呢？"冉有问："听到了道理就行动吗？"孔子说："听到了道理就行动。"公西华说："仲由问听到了道理就行动吗？您说'有父亲和兄长在世（怎么能听到了道理就行动呢）'；冉求问听到了道理就行动吗？您却说'听到了道理就行动'。我不理解您为什么这样，所以冒昧地请教。"孔子说："冉求平时做事退缩，所以我鼓励他勇进；仲由平时好勇过人，所以我教导他要谦退。"

9.《学记》十则

乐正克

[阅读提示]

《学记》是《礼记》中的一篇,是我国古代第一篇教育论著,据郭沫若考证,其作者为孟子的学生乐正克。《学记》总结和概括了先秦儒家的教育经验和理论,比较系统地阐述了一些重要的教育理论问题,如教育的作用、教育目的、教育和教学原则、教学方法等。《学记》第一次明确提出"教学相长"、"启发诱导"等名言,至今仍脍炙人口。

道而弗牵则和,强而弗抑则易,开而弗达则思。

玉不琢,不成器;人不学,不知道。是故古之王者建国君民,教学为先。《兑命》曰:"念终始典于学。"其此之谓乎!

虽有佳肴,弗食不知其旨也;虽有至道,弗学不知其善也。是故学然后知不足,教然后知困。知不足然后能自反,知困然后能自强也。故曰:教学相长也。《兑命》曰:"学学半。"其此之谓乎!

大学之法:禁于未发之谓豫,当其可之谓时,不凌节而施之谓孙,相观而善之谓摩。此四者,教之所由兴也。

学者有四失,教者必知之。人之学也,或失则多,或失则寡,或失则易,或失则止。此四者,心之莫同也。知其心,然后能救其失也。教也者,长善而救其失者也。

良冶之子，必学为裘；良弓之子，必学为箕；始驾马者反之，车在马前。君子察于此三者，可以有志于学矣。

大学之教也，时教必有正业，退息必有居学。不学操缦，不能安弦；不学博依，不能安诗；不学杂服，不能安礼。不兴其艺，不能乐学。故君子之于学也，藏焉修焉，息焉游焉。夫然，故安其学而亲其师，乐其友而信其道，是以虽离师辅而不反也。《兑命》曰："敬孙务时敏，厥修乃来。"其此之谓乎！

今之教者，呻其占毕，多其讯，言及于数，进而不顾其安，使人不由其诚，教人不尽其材，其施之也悖，其求之也佛。夫然，故隐其学而疾其师，苦其难而不知其益也。虽终其业，其去之必速，教之不刑，其此之由乎！

君子既知教之所由兴，又知教之所由废，然后可以为人师也。故君子之教，喻也。道而弗牵，强而弗抑，开而弗达。道而弗牵则和，强而弗抑则易，开而弗达则思。和易以思，可谓善喻矣。

善歌者，使人继其声；善教者，使人继其志。其言也，约而达，微而臧，罕譬而喻，可谓继志矣。

善学者，师逸而功倍，又从而庸之。不善学者，师勤而功半，又从而怨之。善问者如攻坚木，先其易者，后其节目，及其久也，相说以解。不善问者反此。善待问者如撞钟，叩之以小者则小鸣，叩之以大者则大鸣，待其从容，然后尽其声。不善答问者反此。此皆进学之道也。

（节选自《学记研究》，高时良著，人民教育出版社2006年版）

【译文】

玉石不经雕琢，就不能变成精美的器物；人不经过学习，就不会明白

（做人的）道理。所以古代的君王，建立国家，统治人民，首先要设学施教。《尚书·兑命》篇中说："（国家和人民的）始终要以设学施教为主"，谈的就是这个道理啊！

尽管有味美可口的菜肴，不吃是不会知道它的美味的；尽管有高深完善的道理，不学习也不会了解它的好处。所以，通过学习才能知道自己的不足，通过教人才会知道自己的困惑。知道自己学业的不足，才能反过来严格要求自己；感到困惑然后才能不倦地钻研。所以说，教与学是互相促进的。《兑命》篇说："（在教学过程中）教与学是一个事情的两个方面。"说的就是这个道理啊！

大学施教的方法：在学生的错误没有发生时就加以防止，叫做预防；在适当的时机进行教育，叫做适时；不超越受教育者的才能和年龄特征而进行教育，叫做合乎顺序；互相观摩学习取长补短，叫做观摩。这四点，是教学成功的经验。

学生在学习上有四种过失，是施教的人必须要了解的：人们学习失败的原因，或者是因为贪多，或者是知识面偏窄，或者是态度轻率，或者是畏难中止。这四点，是由于学生的心理特点不同所引起的。教师懂得受教育者的不同心理特点，才能帮助学生克服缺点。教育的作用，就是使受教育者不断地培养和发挥特长，纠正和弥补学生的不足。

（若要学到父亲高超的手艺）高明的冶金匠的儿子，一定要先去学缝皮袄；高明的弓匠的儿子，一定要先去学编簸箕；刚学拉车的小马，要放在车后跟着走。君子懂得了这三个例子（是通过先易后难、由浅入深、反复练习、循序渐进）使事业成功的道理，就可以搞好教学工作了。

大学的教育活动，按时令进行，各有正式课业；休息的时候，也有课外作业。课外不练习好缦乐，课内就不可能把琴弹好；课外不学习音律，课内就不能学好诗文；课外不学好洒扫应对的知识，课内就学不好礼仪。可见，不学习各种杂艺，就不可能乐于对待所学的正课。所以，君子对待学习，要藏之于心，表现在外，不论休息或是游戏的时候，都能念念不忘。唯其这样，才能安心学习，亲近师长，乐于与同学交朋友，并深信所学之道，将来即使离开师长辅导，也不会违背所学的道理。《兑命》中说："尊重师长，谦逊修业，务必时时刻刻勤奋努力，只有勤学苦练，才能有所成就。"说的就是这个道理啊！

今天的教师，单靠朗诵课文，大量灌输，一味赶进度，而不考虑学生学习能否巩固。不调动学生学习的自觉性，也不能因材施教。教学方法违背了教学的原则，提出的要求不合学生的实际。这样，学生就会厌恶他的学业，并怨恨他的老师，苦于学业的艰难，而不懂得它的好处。即使学习结业，他所学的东西必然很快忘掉，教学的目的也就达不到，其原因就在这里啊！

学识好的人，既知道教学成功的因素，也明白教学失败的原因，这样就可以称得上是好教师了。所以说优秀的教师施教，就要善于启发诱导。注重引导（学生）主动学习，而不是强迫（学生）学习；注重发现和强化学生的优点，而不是一味地批评责备学生；注重启发诱导学生自己动脑筋，而不是直接给学生明确答案。（教师对学生）诱导而不强制，师生关系就会融洽；劝勉而不责备，就会使学生感到学习容易；启发而不包办，学生就会自己钻研思考。能做到师生融洽，使学生感到学习容易，并能独立思考，这就可以说是令人满意的教学了。

会唱歌的人（不仅声音悦耳，动人心弦），还要使人情不自禁地跟着唱。会教人的人（不仅给人以知识），还要诱导学生自觉地跟着他学。教师讲课要简单明确，精练而完善，举例不多，但能说明问题。这样，才可以达到使学生自觉地跟着他学的目的。

会学习的人，能使教师费力不大而效果好，并能把功劳归诸于老师教导有方。不会学习的人，即使老师很勤苦而自己收效甚少，还要埋怨教师。会提问的人，像木工砍木头，先从容易的地方着手，再砍坚硬的节疤一样（先问容易的问题，再问难题），时间久了，木头自然分解脱落。不会提问题的人却与此相反。会对待提问的人，要回答得有针对性，像撞钟一样，用力小，钟声则小，用力大，钟声则大，并且要从容地等待，等到钟声的余音一直消失为止（让别人把问题说完再慢慢回答）。不会回答问题的正好与此相反。以上这些，讲的是有关增进学问的方法。

10. 如果我当教师

叶圣陶

[阅读提示]

叶圣陶（1894～1988），中国现代文学家、教育家。叶圣陶认为教育就是要养成终生受益的良好习惯，让学生能做人，能做事，能成为健全的公民。因此，他理解的教师责任是"帮助学生得到做人做事的经验"，而决不仅仅是"教书"。

若有人问我干什么，我的回答将是"帮助学生得到做人做事的经验"，我决不说"教书"。

我现在不当教师。如果当教师的话，在"教师节"的今日，我想把以下的话告诉自己，策励自己。这无非"以后种种，譬如今日生"的意旨。"以前种种"是过去了，追不回来的了；惭愧是徒然，悔恨也无补于事；愿它过去吧，像一个不愉快的恶梦一样。

我如果当小学教师，决不将投到学校里来的儿童认作讨厌的小家伙、惹得人心烦的小魔王；无论聪明的、愚蠢的、干净的、肮脏的，我都要称他们为"小朋友"。那不是假意殷勤，仅仅浮在嘴唇边，油腔滑调地喊一声，而是出于忠诚，真心认他们作朋友，真心愿意作他们的朋友的亲切表示。小朋友的长成和进步是我的欢快；小朋友的羸弱和拙钝是我的忧虑。有了欢快，我将永远保持它；有了忧虑，我将设法消除它。对朋友的忠诚，本该如此；不然，我就够不上作他们的朋友，我只好辞职。

我将特别注意，养成小朋友的好习惯。我想"教育"这个词儿，往精深的方面说，一些专家可以写成巨大的著作；可是，往粗浅的方面说，"养成好习惯"一句话也就说明了它的含义。无论怎样好的行为，如果只表演一回两回，而不能终生以之，那是扮戏；无论怎样有价值的知识，如果只挂在口头说说，而不能彻底消化，举一反三，那是语言的游戏；都必须化为习惯，才可以一辈子受用。养成小朋友的好习惯，我将从最细微最切近的事物入手；但硬是要养成，决不马虎了事。譬如门窗的开关，我要教他们轻轻的，"砰"的一声固然要不得，足以扰动人家心思的"咿呀"声也不宜发出；直到他们随时随地开关门窗总是轻轻的，才认为一种好习惯养成了。又如菜蔬的种植，我要教他们当心着意的，根的入土要多少深，两棵之间的距离要多少宽，灌溉该怎么调节，害虫该怎样防御，这些都得由知识化为实践；直到他们随时随地种植植物总是当心着意的，才认为又一种好习惯养成了。这种好习惯，不仅对于某事物本身是好习惯，更可以推到其他事物方面去。对于开关门窗那样细微的事，尚且不愿意扰动人家的心思，还肯作奸犯科，干那扰动社会安宁的事吗？对于种植菜蔬那样切近的事，既因工夫到家，收到成效，对于其他切近生活的事，抽象的如自然原理的认识，具体的如社会现象的剖析，还肯节省工夫，贪图省事，让那马虎过去吗？

我当然要教小朋友识字读书，可是我不把教识字、教读书认为终极的目的。我要从这方面养成小朋友语言的好习惯。有一派心理学者说，思想是不出声的语言，所以语言的好习惯也就是思想的好习惯。一个词儿，不但使他们知道怎么念，怎么写，更要使他们知道它的含义和限度，该怎样使用它才得当。一句句子，不但使他们知道怎么说，怎么讲，更要使他们知道它的语气和情调，该用在什么场合才合适。一篇故事，不但使他们明白说的什么，更要借此发展他们的意识。一首诗歌，不但使他们明白咏的什么，更要借此培养他们的情绪。教识字、教读书只是手段，养成他们语言的好习惯也就是思想的好习惯，才是终极的目的。

我决不教小朋友像和尚念经一样，把各科课文齐声合唱。这样唱的时候，完全失掉语言之自然，只成为发声部分的机械运动，与理解和感受很少关系。既与理解和感受很少关系，那么，随口唱熟一些文句，又有什么意思？

现当抗战时期，书本的供给很成问题，也许临到开学买不到一本书，可是我决不说"没有书本，怎么能开学呢"！我相信书本是一种工具或凭藉，但不是惟一的工具或凭藉。许多功课都是不一定要利用书本的；也可以说，文字的书本以外还有非文字的书本，非文字的书本罗列在我们的周围，随时可以取来利用，利用得适当时，比较利用文字的书本更为有效，因为其间省略了一段文字的桥梁。公民、社会、自然、劳作，关于这些非文字的书本，真是取之不尽，用之不竭；书铺子里卖不出书，又有什么要紧？只有国语，是非有书本不可的；然而我有黑板和粉笔，小朋友还买得到纸和笔，也就没有什么关系。

  小朋友顽皮的时候，或是做功课显得很愚笨的时候，我决不举起手来，在他们身体上打一下。打了一下，那痛的感觉，至多几分钟就消失了；就是打重了，使他们身体上起了红肿，隔一两天也没有痕迹；骂似乎并没有多大关系。然而这一下不只是打了他们的身体，同时也打了他们的自尊心；身体上的痛感或红肿，固然不久便会消失，而自尊心所受的损伤，却是永远不会磨灭的。我有什么权利损伤他们的自尊心呢？并且，当我打伤他们的时候，我的面目一定显得很难看，我的举动一定显得很粗暴，如果有一面镜子在前面，也许自己看了也会嫌得可厌。我是一个好好的人，怎么能有这种可厌的表现？我既要作他们的忠诚的朋友，要养成他们的好习惯，又怎么能对着他们有这种可厌的表现？一有这种可厌的表现，以前的努力不将根本白费吗？以后的努力不将不生效果吗？这样想的时候，我的手再也不敢举起来了。他们顽皮和愚笨，总有一个或多个的原因；我根据我的经验，从观察与剖析找出顽皮的原由，再从原由上加以对症的治疗，那还会有一个顽皮的愚笨的小朋友在我周围吗？这样想的时候，我即使感情冲动到怒不可遏的程度，也就立刻转到心平气和，再不想用打一下的手段来出气了。

  我还要作小朋友的家属的朋友，对他们的亲切与忠诚，和对小朋友一般无二。小朋友在家庭里，时间比在学校里来得多；我要养成他们的好习惯，必须与他们的家属取得一致才行。我要他们往东，家属却要他们往西，我教他们这样，家属却教他们不要这样，他们必将徘徊歧途，而我的心力也就白费。作家属的亲切真诚的朋友，我想并不难；拿出真心来，从行为、言语、态度上表示我要小朋友好，也就是要他们的子女弟妹好；谁不爱自己的子女弟妹，谁还肯故意与我不一致？

我如果当中学教师，决不将我的行业叫做"教书"，犹如我决不将学生入学校的事情叫做"读书"一样。书中积蓄着古人和今人的经验，固然是学生所需要的；但就学生方面说，重要在消化那些经验成为自身的经验，尤其重要在能够随时随地就事事物物得到新经验——不限于书中的经验。说了"读书"，便把这个意思抹杀了，好像入学校只须做一些书本上的工夫。因此，说了"教书"，也便把我当教师的意义抹杀了，好像与从前书房里的老先生，并没有什么分别。我与从前书房里的老先生，其实是大有分别的。他们只须教学生把书读通，能够去应考、取功名，此外没有他们的事儿了；而我呢，却要使学生能做人、能做事，成为健全的公民。这里我不敢用一个"教"字。因为用了"教"字，便表示我有这么一套完整的本领，双手授予学生的意思；而我的做人做事的本领，能够说已经完整无缺了吗？我能够肯定地说我就是一个标准的健全的公民吗？我比学生，不过年纪长一点，经验多一点罢了；他们要得到他们所需要的经验，我就凭年纪长一点，经验多一点的份儿，指示给他们一些方法，提供给他们一些实例，以免他们在迷茫之中摸索，或是走了许多冤枉道路才达到目的——不过如此而已。所以，若有人问我干什么，我的回答将是"帮助学生得到做人做事的经验"，我决不说"教书"。

我不想把"忠"、"孝"、"仁"、"爱"等等抽象道德向学生的头脑里死灌。我认为这样的办法毫无用处，与教授"蛋白质"、"脂肪质"等名词不会使身体得到营养一样。忠于国、忠于家、忠于朋友、忠于自己的人，他只是顺着习惯之自然，存于内心，发于外面，无不恰如分寸；他决不想到德目之中有个"忠"字，他要实做那个"忠"字，才这样存心，这样表现。关于"孝"、"仁"、"爱"，也是如此。进一步说，想到了"忠"字而行"忠"，那不一定是"至忠"；想到了"孝"字而行"孝"，那不一定是"纯孝"；因为那是"有所为"，并不是听从良心的第一个命令。为要使学生的存心和表现切合着某种德目，而且切合得纯任自然，毫不勉强，我的办法是：在一件件的事情上，使学生养成好习惯。譬如，当升旗降旗的时候，我自己凝心一志地唱国歌，对国旗行礼，同样使学生也要凝心一志地唱国歌，对国旗行礼；当劝飞机献金的时候，我自己量力地捐一点，同时使学生也要量力地捐一点；当学校里需要人力的时候，如大扫除或筹备什么会之类，我自己奋力地参加，同时使学生也要奋力地参加；当社会间发生了什么问题的时候，我自己看作切身的事，竭心尽力地图谋最好的解决，同时使学生也要看作切身的事，竭知尽力地图谋取最好的解决；在诸如此类的事情上，养成学生的好习惯，综合起来，他们便实做了"忠"字。为什么我要和他们一样地做呢？第一，我是一个公民，我听从良心的第一命令，本应当"忠"；第二，这样才算是指示方法、提供说例，对学生尽了帮助他们的责任。

我认为自己是与学生同样的人，我所过的是与学生同样的生活；凡希望学生去实践的，我自己一定实践；凡劝诫学生不要做的，我自己一定不做。譬如，我希望学生整洁、勤快，我一定把自己的仪容、服装、办事室、寝室弄得十分整洁，我处理各种公事私事一定做得十分勤快；我希望学生出言必信、待人以诚，我每说一句话，一定算一句话，我对学生同事，一定掬诚相示，毫不掩饰；我劝诫学生不要抽烟卷，我一定不抽烟卷，决不说"你们抽不得，到了我的年纪才不妨抽"的话；我劝诫学生不要破坏秩序，我一定不破坏秩序，决不做那树党分派、磨擦倾轧的勾当。为什么要如此？无非实做两句老话，叫做"有诸己而后求诸人；无诸己而后非诸人"。必须"有诸己"、"无诸己"，表示出愿望来，吐露出话语来，才有真气、才有力量，人家也易于受感动。如果不能"有诸己"、"无诸己"，表示和吐露的时候，自己先就赧赧然了，哪里还有真气？哪里还有力量？人家看穿了你的矛盾，至多报答你一个会心的微笑罢了，哪里还会受你的感动？无论学校行不行导师制，无论我当不当导师，我都准备如此；因为我的名义是教师，凡负着教师的名义的人，谁都有帮助学生的责任。

我不想教学生做有名无实的事。设立学生自治会了，组织学艺研究社了，通过了章程，推举了职员，以后就别无下文，与没有那些会和社的时候一样；这便是有名无实。创办图书馆了，经营种植园了，一阵高兴之后，图书馆里只有七零八落的几本书，一天工夫没有一两个读者，种植园里蔓草丛生，蛛网处处，找不到一棵像样的菜蔬，看不见一朵有劲的花朵，这便是有名无实。

做这种有名无实的事,比不做还要糟糕;如果学生习惯了,终其一生,无论做什么事总是这样有名无实,种种实际事务还有逐渐推进和圆满成功的希望吗?我说比不做还要糟糕,并不是抱着多一事不如少一事的心思,主张不要有那些会和社,不要有图书馆种植园之类的设备。我只是说干那些事必须认真地干,必须名副其实。自治会硬是要"自治",研究社硬是要"研究"。项目不妨简单,作业不妨浅易,但凡是提了出来的,必须样样实做,一毫也不放松;有了图书馆硬是要去阅读和参考,有了种植园硬是要去管理和灌种,规模不妨狭小,门类不妨稀少,但既已有了这种设备,必须切实利用,每一个机会都不放过。而且,那些决不是一时乘兴的事,既已干了起来,便须一直干下去,与学校同其寿命。如果这学期干得起劲,下学期却烟消云散了;今年名副其实,明年却徒有其名了,这从整段的过程说起来,还是个有名无实,还是不足以养成学生的好习惯。

我无论担任哪一门功课,自然要认清那门功课的目标,如国文科在训练思想,养成语言文字的好习惯;理化科在懂得自然,进而操纵自然之匙。同时,我不忘记各种功课有个总目标,那就是"教育"——造成健全的公民。每种功课犹如车轮上的一根"辐",许多根辐必须集中在"教育"的"轴"上,才成为推进国家民族的整个轮子。这个观念虽近抽象,可是很关重要。有了这个观念,我才不会自顾自地教自己的功课,而与别的教师取得联络;有了这个观念,我才不会贪图省事,把功课教得太松太浅,或者过分要好,把功课教得太紧太深。关于做人做事,原是分不来科目的;比如,一个学生是世代做庄稼的,他帮同父兄做庄稼,你说这该属于公民科、生物科,还是数学科?又如,一位学生出去旅行,他接触了许多的人,访问了许多的古迹,游历了许多的山川城镇,你说这该属于史地科、体育科,还是艺术科?学校里分科,是由于不得已;要会开方小数,不能不懂得加减乘除;知道了唐朝,不能不知道唐朝的前后又是什么朝代;由于这种不得已,才有分科教学的办法。可是,学生现在和将来做人做事,还要与前面所举的帮做庄稼和出去旅行一样,是综合而不可分的;那么,我能只顾分科而不顾综合,只认清自己和那门功课的目标而忘记了造成健全的公民那个总目标吗?

我无论担任哪一门功课，决不专作讲解的工作，从跑进教室开始，直到下课铃响，只是念一句讲一句。我想，就是国文课，也得让学生自己试读试讲，求知文章的意义，揣摩文章的法则。因为他们一辈子要读书看报，必须单枪匹马，无所依傍才行。国文教师决不能一辈子伴着他们，给他们读解书报。国文教师的工作，是待他们自己尝试之后，领导他们共同讨论；他们如有错误，给他们纠正；他们如有遗漏，给他们补充；他们不能分析、综合，替他们分析或综合。这样，他们才像学步的幼孩一样，渐渐地能够自己走路，不需要他人搀扶。国文课尚且如此，其他功课可想而知。教师捧着理化课本或史地课本，学生对着理化课本或史地课本，一边是念一句讲一句，一边是看一句听一句；这种情景，如果仔细想一想的话，多么滑稽、多么残酷啊！怎样说滑稽？因为这样之后，任何功课都变做国文课了，而且是教学不得其法的国文课。怎么说残酷？因为学生除了听讲以外再没有工作，这样听讲要连续到四五个钟头，实在是一种难受的刑罚。我说刑罚，决不是夸张；试想我们在什么会场中听人演讲，演讲者的话，如果无多意义，很少趣味，听了十分二十分钟便感觉厌倦了；即使演讲者的话颇有意义，富有趣味，如果延长到两三个钟头，我们也要移动椅子，拖擦鞋底，作希望离座的表示；还由于听讲到底是被动的事情，被动的事情做得太久了，便不免有受了刑罚似的感觉。在听得厌倦了而还是不得不听的时候，最自然的倾向是：外貌表示在那里听而心思并不在听；这当儿，也许是游心外骛，一心以为有鸿鹄将至，也许是什么都不想，像老僧入了禅定。教学生一味听讲，实际上无异于要他们游心外骛或是什么都不想，无异于摧残他们心思活动的机能，岂不是残酷？

　　我不怕多费学生的心力；我要教他们试读、试讲、试做探讨、试做实习，做许多的工作，比仅仅听讲多得多；我要教他们处于主动的地位。他们没有尝试过的事物，我决不滔滔汩汩地一口气讲给他们听。他们尝试过了，我才讲。可是我并不逐句逐句地讲书，我只是给他们纠正，给他们补充，替他们分析或综合。

　　我如果当大学教师，还是不将我的行业叫做"教书"。依理说，大学生该比中学生更能够自己看书了；我或是自己编了讲义发给他们，或是采用商务印书馆的《大学丛书》或别的书给他们做课本，他们都可以逐章逐节地看下去，不待我教。如果我跑进教室去，按照着讲义上、课本上所说的复述一遍，直到下课铃响又跑出来，那在我是徒费唇舌，在他们是徒费时间，太无聊了；我不想干那样无聊的勾当。我开一门课程，对于那门课程的整个系统或研究方法，至少要有一点儿是我自己的东西，依通常说法就是所谓"心得"，我才敢于跑进教室去，向学生口讲手画。我不但把我的一点儿给与他们，还要训导他们、帮助他们，各自得到他们的一点儿。惟有如此，文化的总和才会越积越多，文化的质地才会今胜于古，明日超过今日。这就不是"教书"了。若有人问我这叫什么，我的回答将是："帮助学生为学"。

据说以前的拳教师教徒弟，往往藏过一手，不肯尽其所有地拿出来；其意在保持自己的优势，徒弟无论如何高明，总之比我少一手。我不想效学那种拳教师，决不藏过我的一手。我的探讨走的什么途径，我的研究用的什么方法，我将把途径和方法在学生面前尽量公开。那途径即使是我独自开辟的，那方法即使是我独自发现的，我所以能够开辟和发现，也由于种种的"势"，因缘凑合，刚刚给我把捉住了；我又有什么可以矜夸的？我又怎么能自以为独得之秘？我如果看见了冷僻的书，或是收集了难得的材料，我决不讳莫如深，绝不提起，只是偷偷地写我的学术论文。别的人，包括学生在内，倘若得到了那些书或材料，写出学术论文来，不将和我一样的好，或许比我更好吗？将书或材料认为私有的东西，侥幸于自己的"有"，欣幸于别人的"没有"，这实在是一种卑劣心理；我的心理，自问还不至于这么卑劣。

我不想用禁遏的办法，板起脸来对学生说，什么思想不许接触，什么书籍不许阅读。不许接触，偏要接触，不许阅读，偏要阅读，这是人之常情，尤其在青年。禁遏终于不能禁遏，何必多此一举？并且，大学里的工夫既是"为学"，既是"研究"，作为研究对象的材料该是越多越好；如果排斥其中的一部分，岂不是舍广博而趋狭小？在化学实验室里，不排斥含有毒性的原素；明知它含有毒性，一样地要教学生加以分析，得到真切的认识。什么思想什么书籍如果认为要不得的话，岂不也可以与含有毒性的原素一样看待，还是要加以研究？学生在研究之中锻炼他们的辨别力和判断力，从而得到结论，凡真是要不得的,他们必将会直指其要不得。这就不禁遏而自禁遏了,其效果比一味禁遏来得切实。

我要作学生的朋友,我要学生作我的朋友。凡是在我班上的学生,我至少要知道他们的性情和习惯,同时也要使他们知道我的性情和习惯。派与我的课程,假定是宋词研究或工程设计,似乎没有关系,可是谁能断言确实没有关系?我不仅在教室内与学生见面,当休闲时候也要与他们接触,称心而谈,绝无矜饰,像会见一个知心的老朋友一样。他们如果到我家里来,我决不冷然地问:"你们来作什么?"他们如果有什么疑问,问得深一点的时候,我决不摇头地说:"你们要懂得这个,还早呢!"问得浅一点的时候,我决不带笑地说:"这个还要问吗?我正要考你们呢!"他们听了"你们来作什么"的问话,自己就想,说不出来作什么,以后就再也不来了。他们见到问得深也不好,问得浅也不好,不知道怎样的问才不深不浅正合适,以后就再也不问了。这种拒之千里的语言与态度,对于不相识的人也不应该有,何况对于该是相亲的朋友?

我还是不忘记"教育"那个总目标;无论我教什么课程,总得对那个总目标负责。假定我的课程是宋词研究或工程设计,我决不作如是想:教了宋词研究或工程设计之外,再没有我的事儿了,我不妨纵情任意,或去嫖妓,或去赌博,或作其他不正当的事。我要勉为健全的公民,本来不该作这些事;我要作为合格的大学教授,尤其不该作这些事。一个教宋词研究与工程设计的教师,他的行为如果不正当的话,其给与学生的影响虽是无形的,却是深刻的;我不能不估计它的深刻的程度。我无法教学生一定要敬重我,因为敬重不敬重,在学生方面而不在我的方面;可是我总得在课程方面同时在行为方面,尽力取得他们的敬重,因为我是他们的教师。取得他们的敬重,并不为满足我的虚荣心,只因为如此才证明我对课程同时对那个总目标负了责。

无论当小学、中学或大学的教师,我要时时记着,在我面前的学生都是准备参加建国事业的人。建国事业有大有小,但样样都是必需的;在必需这个条件上,大事业小事业彼此平等。而要建国成功,必须使参加建设各种事业的人个个够格。因此,当一班学生毕业的时候,我要逐个逐个地审量一下:

甲够格吗？乙够格吗？丙够格吗？……如果答案全是肯定的，我才对自己感到满意；因为我帮助学生总算没有错儿，我对于建国事业也贡献了我的心力。

我决不"外慕徙业"，可是我也希望精神和物质的环境能使我安于其业。安排这样的环境，虽不能说全不是我所能为力，但大部分属于社会国家方面，因此我就不说了。

(选自《叶圣陶教育名篇》，叶圣陶著，教育科学出版社 2007 年版)

四、把鸟放在林子里

课堂之外，教育还有辽远的天空！

教育的生命在于活动。课外教育活动在人的成长过程中意义重大。作为一个人，孩子不仅需要知识，他还有意志、信仰、交往、行为规范等等方面需要培养和发展。只关注文化知识而没有课外活动的教育，是不顾孩子灵魂的教育，也常常变成没有灵魂的教育。

课外活动的主要目标就是意志、信仰、交往、行为规范等方面的教育，是灵魂和生活态度的教育。社团、游戏、集会、劳动、军训、野营、郊游……无不包含着丰富的教育内容，它们带给学生的教益和营养是课堂上永远学不到的，也是孩子成长过程中必不可少的精神乳汁。

不是所有的活动都一定要有教育性。即使纯粹意义上的游戏和娱乐对孩子的成长也必不可少，它们是欢乐童年的重要组成部分。而有无一个斑斓多彩的学生时代，对孩子一生的成长和幸福感的形成关系重大。

1. 大自然之美

[美] 爱默生

[阅读提示]

爱默生（1803～1880），美国思想家。代表作《自然论》等。爱默生认为，大自然在供给人衣食之需之外，还满足了一种更高贵的要求——人类的爱美之心。他指出人一旦回到自然界去，自然就可以发挥它医疗的妙用，恢复身心的健康状态。人的心胸和自然同其伟大，自然就可以将人援引高升，使他"德参天地"。自然界的美还可促进人的艺术创造。

大自然还满足了一种更高贵的要求——那就是满足了人类的爱美之心。

大自然除供给人类衣食之需之外，还满足了一种更高贵的要求——那就是满足了人类的爱美之心。

古希腊称"宇宙"为"科士谟士"，意思就是"美"。万物之本性果真奇妙，或者可以说，人类独具适应性的慧眼，能够构形绘影，因此，自然界一切基本形体，如天空、如山丘、如树木、如鸟兽，看了都叫人觉得可喜；此种可喜并不凭借外物，也不因其有任何实用目的，只是就万物的线条、色彩、运动与排列看来，都可使人怡情悦性。此事部分的原因，大约是由于我们的眼睛。眼睛者，世界第一号画家也。眼睛特殊的结构，配合了光学的法则，相互为用，乃产生了所谓"透视"，因此任何一组物体，不论其为何种物体，我们一眼望去，都觉得色彩分明，明暗之层次井然有序，前前后后，全部似乎成为一个球体；个别的物体也许形态恶劣而毫无动人之处，但一经组合，就成为对称而完整的景致。故构图之巧，莫过于人目；而设色敷彩之妙，则尤赖光线。不论任何丑恶物体，在强烈光线之下，都成美景。光线不但刺激视觉，而且光线同空间时间一样，有一种弥盖一切的性质，所以光明使得任何东西都显得赏心悦目。即使丑恶如死尸，也有其美的一方面。自然界全体都在"美"笼罩之下；但以个别物体而论，几乎没有一样不是悦目赏心的，如橡实、如葡萄、如松果、如麦穗、如蛋、如大多数鸟类的翅膀和形体，如狮爪、如蛇、如蝴蝶、贝壳、火焰、云朵、蓓蕾、树叶以及像棕榈树等许多树的树干，我们的艺术创作，不断地以它们为模仿，把它们认作"美"的模型。

为更进一步认识起见，我们可以把自然之美，分作三方面来讨论：

一、自然万物的形体，以无我的直觉观之，都是可喜的。自然界的种种形体和种种活动的影响，对于人生都是必需的，就其最低级的作用说来，似乎只限于实用的和审美的两者之间的范围。人假如朝夕营营，为俗务所累，或者惯与俗人交游，觉得身心受到束缚，一旦回到自然界去，自然就可以发挥它医疗的妙用，恢复身心的健康状态。商人和律师走出纷扰的市街，搁下处世的机心，抬头看见天空树木，就会觉得他的人性又恢复了。在自然界永恒的寂静之中，他悟到了自己的本来面目。我们如要保持眼睛健康，视野一定要广阔。只要我们的眼睛能看得远，我们就永远不会疲倦。

但是即使在我们并不觉得疲倦的时候，自然也总是悦目赏心的；我们之喜欢自然，和我们身体所受的实惠无关。从我家外面的山顶上向外眺望早晨的景色，从拂晓到日出，心头激情澎湃，大约天使感觉到的也不过如此。条条纤云在绛色霞光中飘扬，如海中游鱼一般。我从地上望去，好像是从岸上遥望寂静的大海。天色瞬息变幻，我似乎也参与其事；自然界生动的魔力，接触到我的四肢百骸；我觉得我的生命扩张，同朝风合而为一。自然界用些许简单的风云变幻，竟然就使我们变得超凡入圣！我只要有健康的身体和自由自在的一天光阴，我就可使帝王的赫赫威严为之黯然失色。朝霞灿烂如锦，那就是我的亚述帝国；夕阳西落，明月东升，那就是我的帕福斯和不可思议的仙子之乡；昊昊阳午，那就是我的英国——常识和理智的故乡；黑夜就是我的德国——神秘哲学和梦想的国土。

昨天黄昏，我又观赏了一次日落美景，时值冬令正月，但景物不减春秋，只是下午人的灵智不那么清明罢了。西方云散，纷纷化为绛色碎片，其色调之柔和，非言辞所可表达；空气清新，充满了活力，回到屋子里来，真成了受罪。大自然有什么话要对我说呢？磨坊后面的山谷，安闲中有无限生机，虽荷马或莎士比亚重生，也不能将它化为文字。这里面难道没有意义吗？霞光照处，秃树皆熠熠如尖塔着火，东方一片蔚蓝，成为极妙的背景；花朵谢落，然花萼点点犹如繁星；败枝残干，风霜之迹斑斑——这一切都构成了我面前无声的音乐。久居都市之人，总以为乡间景色，只有半年可观。我独对于冬日风光，亦有癖好；夏日气候温和，风光固然明媚，然而冬天肃杀之气，未尝没有动人之处。对于有心人说来，一年四季无时无刻没有它的美处，乡间一角，景色时时变换；这一个钟头所看见的，以前从未经见，以后再也不会见到的了。天色刻刻变换，其光暗明晦，就反映在下界大地上。四周田亩中的五谷，自萌芽及于成熟，每星期景况不同，大地也因此每星期换一番面目。牧场上，官道旁，野草杂树，四季代谢，宛若替大自然摆下一架无言的大钟，假如观察的人目光锐利，非但可以看见四时更替，而且还可以看出一天的朝夕变化，十二时辰的运行呢。植物兴衰，固然系于时令，鸟群虫群的出没，又何独不然？可是一年四季里头，总有地位给它们安插罢了。水涯河上，变化之迹更为显著：以七月为例，河中水浅之处，丛生的海寿或草蓝花盛开，黄色蛱蝶，蹁跹不断，飞翔其间，与水光相掩映，满眼金紫之色，其富丽堂皇，决非画师所能描绘。清溪一曲，其风光旖旎，四时不辍，每天好像都是令节佳日，每月都有新的点缀。可是凡是耳目所能辨认出来的美，只是自然之美中最卑微的部分。一天阴晴的变化，多露的早晨，虹彩与星星，青山一抹，桃李满园，碧潭疏影等等美景，假如求之过切，反而只成了皮相之美，美景犹如幻景，看者未免扫兴。步出斗室以望月，月亮只像一面铜盘，你不会感觉到征程旅人偶然发现月色照人时的那种快乐。十月下午那种金光闪闪的美，谁能把握得住呢？你若出去找寻，它就化为乌有了，你从公共马车窗外望出去，秋日美景就只成了海市蜃楼。

　　二、完满无缺的美一定有一种更为高贵的精神因素。高尚神圣的美，与纤巧之美不同，它是和人的善恶之念相生相伴的。"美"者乃是"善"的标记，这是上帝所特定的。凡是顺乎自然的行动就是美的，英勇崇高的作为，一定也合乎人情，而使发生那件事情的地点以及旁观者，都蒙受荣耀。圣贤豪杰的所作所为，都是留给后世的一种教训，我们因此知道：宇宙者是人人的产业，每个圆颅方趾之人都可以把六合之内认作自己的祖业，或者自己的嫁妆。他想拥有的话，一伸手就拿得过来。他可以自暴自弃，放弃自己的财富，他可以仓促一隅，丢弃自己的江山。这种不长进的人世界上也很多，但是根据他的素质之优劣，他有权拥有他的那份世界。按照他的思想和意志的能量之高低大小，他把世界拥为己有。萨卢斯脱说："凡人所耕之田，所造之屋，所航之船，皆惟善是从。"吉本说："顺风顺水都是帮助顶能干的航海家的。"日月星辰又何尝不然？一件惊天地泣鬼神的壮烈事迹可能发生在名山大川，莱奥尼达斯和他的三百烈士于一天之内成仁。这一天里，他们在塞莫皮莱陡峭的狭谷里的壮烈牺牲，惊动了太阳，也惊动了月亮。温克尔里德在阿尔卑斯山高峰，冰川崩腾威胁之下，里德身中无数奥军的矛枪，密如刺猬，为的是要替他的袍泽们突破奥军的防线——这些英雄们是不是把壮美的景色引进他们壮烈的事迹里去了呢？哥伦布的帆船驶近美洲海岸的时候——在船的前方是从茅屋里纷纷奔跑出来，排列成行的土人，船后是大海，四周印第安群岛的紫峰环立——我们能不能把哥伦布这个人同活生生的景色分拆开来呢？新世界的棕榈树林和热带草原是不是替他披上一件顶合身的锦袍呢？大自然的美总像空气一样，悄然潜入，和壮烈的为维持英国法律的尊严，被国王判处事迹打成一片。范内爵士为维持英国法律的尊严，被国王判处死罪，当他坐上了雪橇上塔山去慷慨受刑的时候，旁观群众中有一个人对他叫道："你现在乘坐的这辆雪橇是你一生中最光荣的宝座。"英王查理二世为了要杀一儆百，在爱国志士罗素勋爵上法场之前，先叫他坐了敞篷马车在伦敦大街上周游一番。可是据替他写传记的人说："道旁的群众仿佛看见自由之神和正义之神就坐在烈士的身旁。"不论在穷乡陋巷，不论环境如何湫隘，人如有发扬真理的举动，豪迈慷慨的行为，立刻可以化天地为庙堂，引日月为香烛。人的心胸和自然同其伟大，自然就可以将人援引高升，使他"德参天地"。自然为他的脚步布下玫瑰和紫罗兰，并且用宏伟的山水和优美的草木替她的骄子作为装饰品。图画的框架早已存在，人的思想行动就是一幅图画，惟有如许伟大的图画，才能匹配这副伟大的框架。德行高超的人不但和自然万物和谐协调，而且他也是六合之内的中心人物。我们如想起希腊地理风物，也必然会联想到荷马、品达、苏格拉底、福基翁等等人物，而耶稣的人格更是与天同广，与地同厚。且不说这些过去的人物，即使和我们日常相处的人之间，假如有谁性格坚毅，或者才气纵横，我们也会注意到这种人有役使万物之能——他周围的人，当时的舆论，时代的潮流，以及自然界的一切都听命于他。

三、自然界之美还可以从另外一个角度来看，那就是可以用理智来研究自然界。万物同道德固然有关，但是同思想也结有不解之缘。万物在上帝的心灵中自有其固定的秩序，人可以抛弃情感上的好恶，直接用理智来加以探讨。人的思考能力和活动能力似乎是互相交替的，专一的思考产生专一的活动，专一的活动也产生专一的思考。两者微有抵触之处，但是它们同动物的进食和工作两段时间互相交替一样，后者接续前者，但是前者也为后者预作准备。我们前面已经讨论过，美同行动的关系不求而自生，惟其因为不求而自生，行动过后，美仍保留，作为理智方面思考和研究的对象，思考和研究过后，美仍可激发行动。凡是神圣的东西决不死亡，"善"一定是生生不息的。自然界的美在人心中转化为思想，但是思想不是徒然的冥想，思想必有结果——思想是新的创造的准备。

自然界的美，人人多少都能感受；有些人不仅感受而已，甚至还大为喜悦。爱美之情，是谓"趣味"。还有些人爱之不已，觉得单是欣慕，犹有不足，进而创造新的形式，把美纳入其中。美之创造，是谓"艺术"。美术品的创造，实可解释人生之一谜。美术品是宇宙的精华，它是世界的缩影。它是自然界所产，也是自然界具体而微的表现。自然万物，虽然品类众多，参差不一，但是根据它们而产生的艺术，或者它们在艺术上面的表现，却是单纯齐一。自然界形形式式，根本上却别无二致，实际上可以说只是独一无二的形式。一片树叶，一道阳光，山水海洋，虽景物不同，然而它们在我们心灵上产生一个可以相互比拟的印象。它们的共同之处，是完整，是和谐，也就是美。美的标准是自然的全体，也就是自然界各种形式的总汇，意大利人替"美"下的一个定义，最富哲理；他们说"美"就是"一中见多"。单独而论，没有一样东西可以算是美，就全体观之，没有一样东西是不美的。一件物体如能称得上美，一定是小中见大：它可以反映宇宙全体的美。诗人、画家、雕刻家、音乐家、建筑师其道各不同，但是他们只是用不同的方式，将宇宙的光彩集中于一点；他们的创造，是受爱美之情的激发，他们的作品，就是要满足心灵上的爱好。所以艺术者乃是自然之美经过人心提炼而成的产物。人心有感于万物之美，自然界乃借艺术家的灵魂，作第二步的创造，是为艺术。

所以宇宙的存在，是要满足灵魂上爱美的欲望。这是宇宙终极的目的，因为无人能问也无人能解释：灵魂为什么要追求美。从最广和最深的意义上说来，美是宇宙的一种表现。上帝是至美，而真善美三者，只是一个本体的三个方面的表现而已。可是自然界的美并非无上法门。它本身并不是充实圆满的"善"，它只是为内在的永恒"美"作先导而已。我们可以把它看作全体中的一个部分，宇宙另有其根本的原因，其表现的方式众多，自然界的美也不是它终极的或最高的表现。

(节选自《自然论》，爱默生著，夏济安译，文化艺术出版社2001年版)

2. 伙伴的重要性

[英] 罗素

[阅读提示]

伯特兰·罗素（1872～1970），英国哲学家、数学家、社会学家。罗素主张"自由教育"和"爱的教育"。在本文中，罗素提出，只有同龄人才能创造出自由竞争和平等合作的发挥本领的机会。自尊而不蛮横，体贴周到而不卑躬屈膝，也只有在同龄人中方能培养。

尽管大孩子和小孩子在教育中作用很大，但同龄人的作用更为重大。

迄今为止，我们一直在讨论父母和教师如何尽力培养孩子良好的品性的问题。但许多品性的培养只有得到其他孩子的配合才可能实现。孩子越大，这方面要求就越强。因而，在大学里有同龄朋友是非常重要的。婴儿出生后的头几个月，同伴并不重要，但在九个月后，就表现出同伴的轻微好处了。这个年龄段里有用的是稍大点的孩子，家里第一个出生的孩子学习走路和说话通常比后几个孩子晚，因为成人这方面极为完美，他们很难模仿。三岁的孩子是一岁的孩子较好的模仿对象，一是因为大孩子比小孩子的能力大得多；二是因为大孩子并没有达到成人的水平，因而和大人相比，孩子认为其他孩子和他更相近，且更能激起他们学习的热望。只有家庭能给大一些的孩子提供教育小孩子的机会。许多孩子都希望有机会和比他大的孩子"玩"，这样就觉得"升了一级"，但大一点的孩子又希望能和比他更大的孩子玩。结果，无论在学校，贫民区街道，还是任何可以选择的地方，孩子们几乎只好和同龄孩子玩，因为大孩子不愿和小孩子玩。这样小孩向大孩学习多半就只能在家里进行。而每个家庭都有最大的孩子，他就无法在这种方法中获益，这就有了缺点，随着小家庭的比例越来越增多，最大的孩子也随之增多，这种缺点越来越明显，小家庭如果不送孩子上幼儿园，在某种程度上是很不利孩子成长的。当然幼儿园教育问题会在下面章节有专门论述。

　　大孩子、小孩子和同龄人在教育中都有各自的作用，而大孩子和小孩子的作用基于以上原因，大部分只能局限在家庭中进行。大孩子的最大作用是激发起小孩子努力效仿的热情。小孩子总是尽最大努力来求得参与大孩子玩的游戏的资格，较大孩子的举止行为完全是自然放松的，没有大人和小孩玩耍时大人的体谅和假装。同样，大人不做出体谅是令孩子伤心的，原因有二：一是大人本身有能力有权威；二是大人和小孩玩是为了让孩子高兴，而不是取悦自己。小孩总是欣然顺从哥哥姐姐的意志，对大人则不同，当然，受过严格纪律训练的孩子例外。通过充当配角，小孩子能更好地从其他孩子那儿学到共同合作的经验，而大人与孩子共同合作，则会面临两种截然相反的危险——如果要真正合作，大人就会对孩子不体谅；如果大人表面上承认孩子的合作，就显得虚假。我认为，大人和小孩真正的和假装的合作并不是要完全避免，而是缺乏大小孩子之间合作的自发性，因而双方不能得到持久的快乐。

　　在整个青少年阶段，稍大点的孩子在教育上总能保持一种特殊的作用，不是正式的教育，而是功课之外的教育。稍大一点的孩子总是激起小家伙学习的热望，如果教育得好，他会比大人更会分析困难，且他的分析直接来源于他最近克服困难的切身体会。甚至在我的大学时代，我还从高年级那里学到了许多从严肃而威严的先生那里学不到的东西。只要大学里社会生活不过分生硬地按"年级"来分层次，我想这种大学经历普遍都是。当然，如果高年级学生认为与低年级学生交往有失身份，这种经历也就不可能了。

　　小一点的孩子在教育中也起到了他们应起的作用，尤其是三岁至六岁的孩子，主要在关于道德教育方面有作用。只要小孩与大人相处，小孩就没有机会培养一种重要的道德，即强者对弱者所要求的道德。应该教育孩子不要强行从弟弟妹妹那里抢东西；小一点的孩子不小心碰倒他的城楼时，他不要过分发怒；其他孩子想玩他闲置的玩具时，他不要吝啬。应该教育孩子，比他小的孩子很容易被粗暴的行为所伤害，如果他毫不讲理地弄哭了他们，他应感到懊悔。为了保护更小的孩子,大人可以对大孩子突然厉声呵斥,只有在他们意料之外,才可以产生深刻的印象。所有这些都是有效的教育方法,其他方式很难自然地进行教育。对孩子进行抽象的道德训导是愚蠢的,不过是在浪费时间,每个事物都应是具体的,由实际情况决定。在成人的眼光来看,许多东西都是在进行道德教育,而对于小孩来说,成人不过是教他们如何用锯之类具体的事。小孩觉得大人是在教他如何做事,这是示范所以重要的一个原因。看见木匠干活,孩子也跟着模仿,见父母总是和善而体谅周到地待人,他们也会在这方面效仿。威望总与孩子的模仿有关。如果你想郑重其事地教孩子如何用锯子,你自己却总是把锯子当成斧子使,你当然就无法使他成为木匠了。如果你要求他对小妹妹和善,你自己却对她不好,那你所有的教育都是白费。因此,如果你不得不使小孩哭,如擦鼻涕,你就要给大点的孩子细心解释必须这么做的理由,否则他会起来保护婴儿,坚决制止你的行为。如果你不消除他心底里认为你太残忍的印象,你就无法抑制他内在的残暴性冲动。

尽管大孩子和小孩子在教育中作用很大,但同龄人的作用更为重大,尤其是在儿童四岁以后。待人平等的举止行为是他们最需学习的内容。现存世界中许多不平等都是人为的,我们如果不受影响就好了。有钱人总以为他们比厨师高贵,因而对厨师比对他自己阶层的人不同;但觉得自己地位比公爵低,因而在公爵面前缺乏自尊。

这两种情形都是错误的:厨师和公爵都应该平等对待。在少年时期,年龄的不同造成一种自然的等级概念,但正是这个原因,以后养成社会习惯的最佳方法是同龄人中的相互交往。各种游戏在同等人中进行最好,学校比赛也是一样,学校里的孩子的影响力程度依赖他的同学来判断,是受尊敬还是受轻视,取决于他自己的品性和才能。慈悲的父母造成过于娇惯的环境,而缺乏爱心的父母又造成压抑孩子天性的环境,只有同龄人才能创造自由竞争和平等合作的发挥本能的机会。自尊而不蛮横,体贴周到而不卑躬屈膝,也只有在同龄人中方能培养。因此,不管父母付出多少努力,也无法使孩子在家中获得的好处同孩子在一所好学校中获得一样多。

除了上述理由外,关于同伴的作用,还有一点更为重要。孩子的身心健康需要大量的玩耍，一岁以后的孩子如果没有其他孩子合作，将很难满足自己玩耍的需要。没有玩耍，孩子会变得呆板和神经质；失去生活的乐趣，孩子会焦虑不安。当然，培养出像约翰·斯图亚特·密尔那样的人，也是有可能的，他三岁开始学希腊文，从未享受过普通孩子的乐趣，这种方法仅从获得知识的出发点来看，效果还不错，但综观全局，我并不赞同。密尔在他的《自传》中说，他十几岁时，因突然想到所有音符的排列组合终有穷尽的一天，而不再出现新的乐曲，他险些自杀了。显然，这种无法摆脱的想法是精神衰竭的症状。以后只要密尔遇见一个论据表明他父亲的哲学观有错，他会像惊马一样避开，因而大大减退了他的判断推理能力，如果他有一个更为正常的童年，他的智力也许具有更大的活力，使他的思考中有更多的创作冲动。无论怎样，他一定能够享受生活的乐趣。我个人十六岁以前一直实行单独教育——程度可能比密尔轻，但却使我失去了正常少年的快乐。我少年时期也有过自杀的倾向，和密尔描述的情形一样——我的理由是当时我想到，力学定律能控制我身体的各种运动，则也会把我的愿望变成纯粹的空想。我和同龄人开始交往时，我才发现我是个锋芒毕露，自命不凡的人，现在我改掉了多少，自己还很难说。

我认为，有一部分孩子不适宜到普通的学校进行教育，其中有一些是非常重要的优秀人才。如果某个男孩在某方面有非正常的智力，同时体质差和神经极度过敏，他也许不能加入正常的男孩们的行列，不然他会受虐待而发疯。异常能力常常与智力发展不平衡有关，在这种情况下，应采用与正常孩子不相同的方法。应细心护理这些孩子，并找出异常敏感是否有某种确切的原因，且要耐心照料，努力治愈某些病态的东西。但这些努力不要使孩子感到痛苦。我认为这种过度敏感源于婴儿期护理不当，造成婴儿消化不良和神经紊乱。只要护理婴儿的时候多动动脑筋，我想几乎所有的孩子都可以成长为正常的儿童，能与其他孩子共享同伴的快乐。然而，也总有些例外，而某些特殊天才的孩子常出现在这种例外中，在这种罕见的情况下，学校教育是不合适的，孩子应选择受到更多保护的少年生活。

（选自《罗素论幸福人生》，罗素著，欧阳梦云、王晓澜译，世界知识出版社2007年版）

3. 集体生活

[苏] 马卡连柯

[阅读提示]

马卡连柯（1888～1939），前苏联教育家、作家。在本文中，马卡连柯指出，应以整洁培养整洁，以朴素熏陶朴素，以美感染美，以教养影响教养，以人格濡养人格。

儿童集体里的美决不能够重复成年人集体里的美

如果没有也不去培养一定的共同的作风，那么，这一切外部行为的准则就毫无意义了。凡是想具有这种外表的地方，如果确定方向的能力、克制能力、责任心、对工作认真负责的态度、一长制和受保护的观念等都没有培养起来的话，那么，这样的外表形式在这里当然就不会有的了，换句话说，它就完全失掉意义了。只有具有共同的作风，并且这种作风是以经常的集体活动和集体内容为基础的，才能有外表上的有礼貌的形式。当然，这种表面形式也许有点近于军事化，但一般地说，还没有越出少年先锋队活动的原则，这种外表形式是必需的、有益的，特别能美化集体。当表面的礼貌形式美化集体时，它就起着辗转重复的作用，就已经使集体在审美方面具有吸引力量。

儿童愿意生活在这个集体里，并以这个集体而自豪，而这样的集体从外表方面来看却不是美观的，这样的集体我想象不出来。决不能够忽视生活中的审美方面。而正是我们做教师的，在审美方面常常犯一些虚无主义的毛病。

衣服、房间、楼梯和车床的美，其意义一点也不比行为美的意义小。什么是行为美呢？这就是具有某种形式的固定行为。这种形式本身就是具有高度修养的标志。

因此，这里还应该注意另一件事实，我们把美学作为作风的结果、作为作风的表现来看待的时候，我们同时也就开始把这种美学作为本身具有教育能力的一种因素来看待。

我不能够向大家列举美的生活的一切标准，但必须有这种美的生活。同时，儿童的美的生活，又与成年人的不同，儿童有自己的感受形式，有自己的精神活动上所有的表情的程度。因此，儿童集体里的美决不能够重复成年人集体里的美。

例如，拿游戏来说。儿童集体里必然有游戏，不做游戏的儿童集体就不是真正的儿童集体。游戏不应当只限于儿童在操场上跑和踢足球，而应当表现在这些方面：儿童在自己生活的每一分钟里稍微玩玩；他在玩的过程中进行一定的想象和幻想，他扮演某一个角色，感觉到自己高大一些了。想象只有在有游戏的集体里才能得到发展。我是一个教师，我应当与儿童们一起做些游戏。如果我只是教导、要求和强制，那我就会成为一种外部力量，也许这可能是一种有益的力量，但不可能使儿童感到亲近。我必须与儿童们一起做些游戏，同时，我也要求我的所有的同事们都能够这样做。

当然，我现在与大家讲话，完全是一种不同的身份，但我与儿童们在一起的时候，就应当增加一些愉快的情绪，应当机警灵活、满面春风——不是要装出笑容来，纯粹是一种和蔼可亲的笑容，是具有足够的想象的一种笑容。我应当成为集体里的这样的成员：不是仅仅管理指导集体，而且也要使集体愉快起来。我的外表应当能够合乎审美观点，因此，我从来不会穿没有擦干净的皮靴或者不系好皮带就外出的。我的服装应当比较讲究些，当然必须根据我的力量和可能。我也应当像集体一样地愉快。我从来不让自己有忧愁的神色和抑郁的面容。甚至我有不愉快的事情，我生病了，我也不在儿童面前表示出来。

从另一方面说，我又应当善于生气。去年我在你们的教育杂志上读到一篇文章，讨论应当用怎样的声调与学生谈话，文章里这样说：教师跟学生谈话，应当用平静的声调。这是为了什么呢？为什么要用平静的声调呢？我想结果只能使人人都讨厌这个教师。这种观点是不对的，我认为教师应当是快乐的、朝气勃勃的，如果学生不守规则，就应当严加申斥，让学生感觉到教师一旦生了气,那就是真正生气了,而不是又像生气,又像在做教育上的说教。

对所有的教育工作者都应该有这样的要求。我毫不惋惜地解聘了一些很好的教师,只是因为他们经常散发出这种抑郁气氛。成年人在儿童集体里应当善于克制自己,应当善于把自己不愉快的心情隐藏起来。

集体应当在外表上予以装饰,使它美化。因此,甚至当我们的集体还很困难的时候,我仍然把建筑花房作为首要的任务。而且,这并不是随随便便的一个花房,而是能种一公顷地的花的大花房,不管要花多少钱都不计较。这里必须有好的花草,不是平平常常的花,而是菊花和玫瑰。我和我的孩子们对这些花关怀备至。我们确实有一公顷地的花,不是随随便便的什么花,而是真正名贵的花。不仅在寝室里、食堂里、教室里和办公室里有花,甚至在楼梯上也有花。我们用白铁做成特制的花篮,楼梯的两旁都摆着花,这是很重要的事情。各个分队取花,完全不必开什么条子,只要花谢了,就可以直接去花房里再取一盆或两盆。

这些花,整洁的衣服,清洁的房间,干净的鞋子,这就是儿童集体里应该有和应该做到的事情。皮鞋应当经常刷干净,办不到这一点事情,那还能谈到什么教育?不仅牙齿应该刷,皮鞋也一定要刷。衣服上不应当有一点尘土,也要经常理发。头发的样式可以随便,但是必须好好理发。卫生委员会值日员每月拿着推子剪刀到寝室里走一次,谁没有理发,照头就是一剪子:"到理发馆去!"所以,所有的人总是经常把发理得整整齐齐。

对于这种清洁的要求,应当十分严格地执行。在我离开捷尔任斯基公社半年之后,有一次由基辅到那里去视察。当然,所有的人都跑出来了,握手寒暄,大家非常亲热。我走到了寝室,看见情况有点不同了,有了尘土,我的最优秀的队长亚诺夫斯基的手帕丢在一边,柜子敞开了——从这里可以拿出一大堆脏东西来。我当时就完全不用平静的声调说话了,我严肃地说:"禁闭十小时,我再不去任何地方了,明天早上我要亲自来扫除。"第二天早上4:30,他们派车到哈尔科夫来接我,我来了以后,找不到一点灰尘了。我问他们:"你们什么时候收拾好的?"大家说:"没有睡觉。"我明白了,我的要求是这样的,而其他人有其他的要求,只要稍微降低要求,就既没有集体的格调,也没有集体的作风了,这一点应该记住。在教室里上课的时候,卫生委员会的值日员首先就对教师说:"您对我们教室里的清洁满意不满意?"

这样,教师的处境就困难了,说"满意"吧,而卫生委员会的值日员却可以找到上千处的缺点。教师满意了,但有的地方有脏东西,有的学生的指甲没有剪,有的桌面划破了。因此,每一个教师自然而然地就不得不要求班上清洁了。

我不允许教师上课时衣服穿得不整洁,所以,穿着好衣服去工作已经成了我们的习惯。我去工作的时候,总要穿我自己最好的衣服。因此,所有我们的教师、工程师和建筑师的服装都是整洁而且漂亮的。

这一切是非常重要的。例如,拿餐桌来说吧。也许有人认为可以铺上一块漆布,很好看,很卫生,什么都可以随便放,然后一擦洗又干净了。这是不行的,必须用洁白的桌布,只有用洁白的桌布才能养成吃饭当心的习惯。如果用漆布,那就可以漫不经心了。在最初的一些日子里,桌布总是很肮脏,到处有油渍,但经过半年以后,自然就会清洁了。如果你们不用洁白的桌布,你们就不可能培养当心地吃饭的习惯。

因此,对各种各样的小事都应当随时随地提出严格的要求,例如,对书籍、钢笔和铅笔等。铅笔杆用牙齿啃了,这算什么呢?铅笔应当削得好好的。钢笔头锈得不能写了,墨水瓶里有了苍蝇——有了诸如此类的事情,这还像什么话?在你们的教育目的上,加上这样的多得数不清的小事情吧。当然,靠一个人注意这些事情是不行的,只有当集体注意到这些,只有当集体能知道这些小事情的价值时,才能把这些小事情处理得完全得当。

在公社的门口有站岗的,拿着枪,穿着整齐的制服。站岗的要监督每个人擦鞋。不管哪一个人,如果没擦鞋,就不能够进房间去,无论院子是干燥的或是泥泞的,都必须这样做。负责这件事情的站岗的社员,清楚地知道为什么要这样做,因为大家每天都要打扫尘土,如果把鞋擦干净了,那么,房间里就可以完全没有尘土了。因此,对社员是用不着提示这点的,而外来的人往往会吃惊起来:

"我为什么要擦鞋呢？我是从干净的路上走来的。"于是社员就应当向他解释：

"不错，是这样，不过，你还会给我们带来不少的尘土。"

或者，像手帕这样的小事情也是一样的。怎能不给每一个人干净的手帕！怎能不每天都换手帕！我曾看到过有的儿童之家，一个月才换一次手帕，这就是专门要教孩子用脏布来擦鼻子。其实这是很小的事情，一条手帕值不了几文钱。

再拿痰盂来说。每个角落里都放痰盂，这看起来好像就是表示卫生方面的某种成绩。人为什么要经常吐痰呢？孩子们会这样说：

"你想吐痰吗？到医院里去躺着吧，你病了，你害了一种骆驼病（骆驼病比喻流鼻涕口水——译者注），身体好的人是从来不吐痰的。"

"我吸烟。"

"你是什么样的吸烟者？戒烟吧，好的吸烟者是从来不吐痰的。"

如果还有人继续吐痰，大家就会拖着他去找医生：

"这怎么啦？老是吐来吐去？"

医生总是会帮助解释的，让吐痰的人相信这只是一种生理上的习惯反应。

我看到过在有些儿童之家里放着痰盂。痰盂只是表示这是可以吐痰的地方，实际上，痰都吐在靠近痰盂的墙壁上。

在集体生活中，像这样的小事是很多的，集体里所应有的行为美，就包含在这些小事情上。不吐痰的孩子，不用两个指头擤鼻涕的孩子，就已经是有教养的孩子了。并且，这些具有原则意义的小事情，不只应当做得彻底，而且应当经过深思熟虑，使跟一般的原则一致起来。这里不可能列举许多的小事，但是，所有这些小事情，都能跟集体的一般活动结合起来，做得非常漂亮，非常好。

（节选自《马卡连柯教育文集》，马卡连柯著，吴式颖编，人民教育出版社2001年版）

4. 在美的世界里

[苏] 赞科夫

[阅读提示]

列·符·赞科夫（1901～1977），前苏联教育家、心理学家。赞科夫在本文中提出，从儿童入学一开始，就要从他们已有的审美经验出发并且依靠这些审美经验来进行工作，不要丧失任何一个学周，抓紧培养他们的审美情感。在这里，自然界占有重要的地位。自然界对于儿童审美情感的培养，具有重要的作用。

看来，教师本身先要具备这种品质——能够领会和体验生活中和艺术中的美，才能在学生身上培养出这种品质。

——我这里有一篇儿童作文，里面描述的是冬季去野外参观的印象，也许，大家同意听听这篇作文吧？我想，这篇作文会推动我们讨论一些有关儿童对美的感受和引导他们接触美的世界的重要问题。

——这个提议很好。我敢说，大家都会同意这个提议的，我不会说错吧？

——当然！同意！

——这好极了！就请您读读这篇作文吧。

——这是一个三年级的女孩子写的。她给自己的作文标的题目是《冬天的早晨》。"东方的地平线上泛起了红光。积雪闪耀着令人目眩的一片白色。银灰色的霜在树枝上闪闪发亮。树林披着它的雪白的盛装，快乐地朝着太阳微笑。空气又清洁又新鲜。天空没有一片云彩。只要你稍微碰一下松树枝，像金刚石一样的雪块就会纷纷落到你的身上。你再向远处眺望：那里展开了一望无际的雪原。也可以站在林间的空地上，尽情欣赏这冬天的早晨的美景。"（新西伯利亚，第1寄宿学校）

——的确,这篇作文说明许多问题。值得注意的是儿童对美的知觉以及用词句表达自己的印象和感受。……值得注意的是,这女孩子,就是说这篇作文的作者,她都看见了什么。冬季的自然界,看起来好像是沉寂而单调的,可是在这个女孩子的眼睛里,它却是活生生的:"雪闪耀着","雪闪闪发亮"。

——这才真正是对美的知觉和感受。

——对!应当能看到美。它就在这儿,在我们身旁,在我们周围。但是人们也可能对它视而不见,也可能吸收它,感受到它,那样一来,美就会成为精神丰富性的取之不竭的源泉之一。

——女孩子不仅看到了自然现象,而且捕捉到了大自然在晴朗的冬天的早晨里那种快乐的情绪。她还感到了这种快乐的体现者:这就是树林"快乐地朝着太阳微笑"。一个年幼的小学生,能够从这样不显著的甚至乍看起来平淡无奇的现象里感触到美:"只要你稍微碰一下松树枝,像金刚石一样的雪块就会纷纷落到你的身上。"这是写近处,可以碰到的地方。但是到处都有美,远处也有美:"你再向远处眺望:那里展开了一望无际的雪原。"

——通过什么途径才能做到这一点,就是使儿童感到和体会到自然界的美呢?

——美的情感,或者像人们所说的审美情感,是人们所特有的本性。这是人区别于动物的根本差别之一。只要指出这样一点就够了:雕塑的起源可以追溯到原始公社制度时期,也就是说,追溯到人的社会生活的最早阶段。早在那个时候,人们就创造了鸟、兽和人体的塑像。在公元前三千年的末期,即距今约五千年以前,衣服、武器和马具上,就有用青铜、金、银制成的小雕塑品来作装饰了。在古代的花瓶上,就有了动物、人、各种生活场面和战争场面的绘画作为装饰,这是人所共知的。伟大的俄罗斯艺术家符·伊·沙里亚宾说过:"艺术可能经历一些衰落时期,但是它像生活本身一样是永恒的。"人具有一种欣赏美和创造美的深刻而强烈的需要。但是这并不是说,我们可以指望审美情感会自发地形成。必须进行目标明确的工作来培养学生的情感,在这里,教师面前展开了一个广阔的活动天地。

——不应忘记,儿童还在入学以前就看到各种艺术作品,经常听到成年人关于艺术、关于自然美的谈话。学龄前儿童甚至先学龄前儿童，常常被图画的内容和色彩——它的多样性和鲜明性深深地吸引住。儿童自己画的图画也可以说明这一点。由此可见，儿童在入学的时候已经具备了某些审美情感。非常重要的是，从儿童入学一开始，就要从他们已有的审美经验出发并且依靠审美经验来进行工作，不要丧失任何一个学周，抓紧培养他们的审美情感。在这里，自然界占有重要的地位。因为艺术来源于生活，反映生活，反映它的美和壮丽。

不言而喻，美不仅存在于自然界，而且存在于人们的创造性劳动中，存在于人们的英雄业绩和日常的高尚行为中。对于社会生活和人的个人生活中的美，应当在学生的心目中给以高度赞赏。不过对于学龄初期儿童来说，在起初的阶段，还是自然界的美较易理解。

——康·季·乌申斯基认为，自然界的逻辑是对儿童来说最易接受的、直观的、不容置疑的逻辑。自然界在儿童精神成长中的这种特殊作用，也适用于发展审美情感。但是教师须要进行许多工作，而且要进行得细腻、巧妙，才能使自然界提供的可能性为我们所利用。

让我们从学校生活中举一个实例。教师第一次带领一年级学生到野外去参观，结果表明一年级学生还不善于觉察他们周围的美。在参观后的谈话里，教师问他们看到了什么，他们回答说："我们看见了各种树。还看见了各种花。有蘑菇。树叶黄了。"等等。在以后的几次参观中，女教师开始吸引儿童注意树林里的阳光的照明度，注意白桦树的黄叶和绿色的松柏的颜色的配合，等等。在晚秋时节到来以后，女教师鼓励学生们做进一步的观察，建议他们回想早些时候即前几次参观时，树林和天空是什么样的。孩子们已经能自己发觉，自从金色的秋天过去以后到现在，自然界里所发生的变化。就这样，一步一步地，一次比一次丰富着，儿童提高到了比他们入学时作为极限的更高的水平。

女教师阿·恩·谢列布林尼科娃在全苏教育经验交流会上所做的报告中谈道："等到冬季去树林里参观时，我深信孩子们已经开始用另一种眼光来看周围世界了，他们的语言里也开始出现一些有诗意的比喻。丹尼亚说：'你们看，那些小松树，就像幼儿园的小朋友在散步，一个个都穿着白皮袄，戴着白棉帽。'尤拉说：'它们站在那儿，像一群小小的白企鹅。'"

这位女教师还描述了观看日出对儿童留下的印象。"我们在清晨五点钟由学校出发。周围是一片破晓前的寂静，东方的天空开始泛红。我们沿着满是露水的小路，穿过树林来到湖边。湖面上升起一片雾气。大自然在我们的眼前睡醒了。

这次参观给人留下很深的印象。当孩子们最先看到太阳——开始映在湖里，接着缓缓升到松树顶梢上面时，他们是欣喜若狂了！在一平如镜的湖面上徐徐升起的薄雾，倒映在湖水里的松树——真是一幅充满诗意的图画。

下面是孩子们的话：

'太阳先洗个脸，然后开始唤醒所有的生物。'

'松树像照着镜子一样自我欣赏，而太阳把它们打扮得更漂亮了。'

一个学习最差的学生维佳，突然跑到女教师跟前：'您看，多么美！'他指着那穿过松树的枝条——好像光亮刺穿了它们——的斜射的阳光说。"

——我把这种进步比作好像是一个雪球：它越滚越大；到后来它自己就能够粘起越来越多的雪了。

——这里是有相似的地方，您对它的领会是对的。但是也有不同之处，而且差别很大。雪球的长大是顺利的、圆满的（难怪它是一个球形嘛！）。学生的审美发展却具有多方面性：这里有文学，有造型艺术，还有音乐。而寓于一切之中又高于这一切的乃是生活！因此，像生活中常有的情形一样，各个不同方面的增长可能是不平衡的。

——我从事教师工作的经验还相当少。大概，我还没有成长到这样的程度，以至能够在儿童的审美发展方面给予他们较多的东西，但是我感到完成这项任务的困难很大。而就这项任务本身来说，它确实是非常需要的。

——看来，教师本身先要具备这种品质——能够领会和体验生活中和艺术中的美，才能在学生身上培养出这种品质。如果照着教学法指示办事，做得冷冰冰、干巴巴的，缺乏激昂的热情，那是未必会有什么效果的。

——这个想法当然是正确的。我从您的谈话里还感到有另一个没有说出来的想法：如果教师也能在自己对生活的审美知觉上，在对艺术的理解上，一步一步地有所提高，那该是多么好啊。

——您猜得很对。我不准备直接回答问题，而是想给大家读一段札记，这本札记是一位低年级女教师写的，承她的盛意交给我来处理。下面是札记里的二段："在一场重病之后，现在我在疗养所里休养。每天傍晚我都到树林里散步，而且每次都走的是同一条路。当我第一次出去散步时，西南方可以看见带雪的乌云（时间是初冬）。正西方被薄云笼罩着。

我走进树林。火红的落日的余晖穿过年轻的白桦的枝条，就像透过网眼极细的花边一样照落下来。我沿着一条穿过密林的林间小路往前走。西南方的乌云变得更浓了，正西方的云朵却在消散。一种强烈的对照吸引住我的注意：朝西南方向看，是阴沉沉的，连树木（罗汉松、白桦）看起来也像愁眉不展的样子。朝正西方看，落日的火焰却燃烧得更亮；并且沿着地平线扩散开来。它穿过稀疏的树木照过来，给人以特别深刻的印象。……"

也许，对自然美的深刻感受能力并不这么常见。但是我所读的这位女教师的叙述非常令人信服地说明：敏锐的审美知觉，却并非只有艺术家才能具备的。我们，做教师工作的人，了解这一点很重要。我想，我们当中的每一个人都有一定的艺术能力，这一点连我们自己也不怀疑。我们必须在自己身上发现它。这才是顺利地前进的前提。当然，这只是前提，往后还要自己下功夫，但这种功夫已经不是一桩苦事，而会鼓舞人，给人以灵感和力量。

——与此相类似的是，还要能看出人的精神的美，看出人的劳动和行为中的美。人们经常只是用"正确性"这个尺度来衡量人的行为：他的行为是否符合既定的准则。这当然是需要的。但是这根本不排斥以审美的态度来看待人们的社会生活和私生活。美的尺度对于教育工作的成功也是需要的。难怪人们常说："他这种行为很不好"，或者"他这种行为不够美"。

——在班级的社会生活中有一些看起来并不重要的事情，而这些事情却可能成为产生欢乐的或忧愁的感情的原因；教师如果对这些事情不闻不问，那他就每一次都错过了在教育学生方面前进一步的良好机会。

（选自《和教师的谈话》，赞科夫著，杜殿坤译，教育科学出版社 1980 年版）

5. 郊游、体育和劳动的教育价值

[英] 雷德芬

[阅读提示]

H. B. 雷德芬（1923～　），英国教育家，主要著作有《美育理论问题》等。雷德芬从理论上系统地探讨了美育的定义、作用、内容和方法，分析了文科课程与美育、非文科课程与美育、艺术课程里的美育、艺术课程以外的美育等实践性很强的问题，认为，在郊游、体育、劳动等活动中，都包含着丰富的美育因素。

人们在审美领域中的选择能力，在艺术、手工艺和技术范围之外可能还有审美体验的另一个天地，而从教育角度讲，这个天地也不能忽视。

前一章曾经提到，一个人如果从未欣赏过任何艺术作品的话，就很难说他受过审美教育。但是我们不禁要问，如果他接触了大量的艺术作品，可是对艺术之外的事物不能进行审美欣赏，他所受的审美教育能令人满意吗？

不少作者似乎满足于这样的美育。例如，英国教育与科学部明确提出："我们认为，培养儿童对自然以及人为环境的审美特征做出以知识为基础的判断和适当的反应，是教育工作的一个重要方面。"并进一步认为："在这方面，学校的艺术教学负有不可推卸的重大责任，而手工、设计、技术、家政等课程也具有同样的重要性。"

……

人们在审美领域中的选择能力，在艺术、手工艺和技术范围之外可能还有审美体验的另一个天地，而从教育角度讲，这个天地也不能忽视。因为尽管许多人都认为艺术的某些方面是不能用欣赏（审美欣赏）大自然的眼光来理解的，但是，审美意识中是否也有某些方面仅仅与大自然有关呢？对于这个问题，哲学家和教育家似乎都没进行过透彻的研究。

不过，海普伯恩（R. W. Henborn）是一个值得一提的特例。他在一篇文章中令人信服地论证说，自然现象确实向人们提供了艺术所不能提供，或很少提供的某种审美体验，开阔了人为的创造物所不能开阔的另一个感觉范围（索尔也曾说，自然界的美比艺术的美更能牵动人心）。海普伯恩还提出，如果审美教育没有强调艺术欣赏与自然欣赏之间的区别，而仅仅向学生们灌输了关于艺术欣赏的思想，那么学生们"就会对大自然中具有审美意义的事物视而不见，即使注意到了，其欣赏方式也不对。他们只会在艺术中寻找审美欣赏的对象。"（如果审美哲学忽略了对自然美的研究，那就是审美哲学的严重失误。这是海普伯恩的主要观点之一，而这个观点对关于审美意识的理论有着重要影响）

如果审美主体知道他正在欣赏的客体是一件人工制品，而不是自然景物，他就会做出截然不同的审美反应。因为人工的艺术作品往往有特定的意义，而自然现象则不同。即便某些自然现象带有明显的斧凿痕迹，这些痕迹也不是专门留给人们去听，去看的。例如，山川间、平原上的一座座电缆铁塔并不是为了特殊的审美意义而竖立的。对自然现象的审美欣赏并不需要审美主体必须具有特定的社会和文化知识背景。不过，这并不是说其它各种知识对于审美欣赏都无关紧要，也不是说习惯于艺术欣赏的人面对着自然景色，耳听着自然界的声响可以丝毫不为之所动。实际上他很难保持无动于衷。

海普伯恩接着说，对自然现象的某些审美体验可以让人们对这个世界，对各种事物产生新的认识或者茅塞顿开的感觉，使人们的感受和想象更加生动逼真。这种新的认识与从艺术欣赏中得到的某种启发（前一章曾讨论这个问题）似乎不无相似之处。可是，许多美育著作都忽略了前者，而仅仅强调后者，认为艺术能够不断促进我们对生活和周围世界各个方面的感受和认识。这个观点不仅过于片面，而且会误人子弟。因为它认为艺术与审美之间本质上的区别在于：人们可以学习艺术，却不能学习审美。海普伯恩一语道破了这个错误观点的根源：所有与艺术有关的表现理论都把着眼点放在人工的作品上，而忽略了自然天成的事物。由于大部分美育理论都是以各种各样的表现和交流理论为基础,所以难怪人们一谈到美育就过分强调艺术教育的作用,而很少想到艺术之外的事物。

此外,每当人们谈到(审美)感觉的培养时,总是理所当然地从社会作用和人际交流的角度去理解。虽然这确实是一个重要的理解角度,但我们仍然要问,难道学生们只应知道人与人之间的如何理解、交流,而不应了解人与大自然(当然包括自然界里的动物)之间的关系吗?这显然涉及深刻的道德层面,也就是近年来人们越来越关心的自然环境问题,但人们对自然环境的关心往往与对自然环境的审美兴趣有关,有时甚至产生于这种审美兴趣。

怀特(White)认为,作为教育工作者,我们不能仅仅满足于让学生了解各种生活方式(例如游牧人是怎样生活的),而要告诉他们不同生活方式的不同指导原则,让他们能够做出自己的选择。根据这个观点,让学生认识离群索居的生活方式和消遣方式(如划独木舟,单身一人登山)的价值,对于帮助获得对大自然的审美体验是很重要的。然而,这种体验是难以用教育的方式获得的。例如,我们常常想获得安宁、平静的感觉,过一段离群索居、与大自然独处的生活,可是往往行不通。再如我们,也不能对学生们说:"现在就去吧,去尝尝审美体验吧!"(即使在优美的自然环境下,学生们也或多或少地知道什么叫作"审美体验",我们对学生发出这样的命令,学生也不一定能获得审美体验)可是,正如许多学校都鼓励学生们去随意浏览书刊和绘画,认为这对他们很有用处一样,我们也应该让学生常常不抱任何目的地去欣赏大自然,仅仅去听、去看,不要提问,也不要进行什么逻辑思考。……

形体动作的表演和活动也可能带来审美享受,这一点是不容置疑的。许多体育著作都曾论证审美享受在体育教学中的重要价值,不过,有些著作不免有些夸张。贝斯特在论证体育与审美的关系方面做出了有价值的贡献。他将体育分为"目的性"体育与"审美性"体育两类。"目的性"体育包括球类和田径等大部分运动项目。在这些项目中,成绩与姿式互不相关,所以审美兴趣可有可无;"审美性"体育指跳水、技巧、花样滑冰等等。因为这些项目的评判标准是姿式、气质、风格,所以形体动作与成绩分不开,也就是说,具有更高的潜在审美价值。

关于体育与美育之关系的著作卷帙浩繁，这里不再做进一步探讨，而只提出三点请读者注意。第一，从审美的角度来说，体育教学的最理想结果就是学生们学会对体育运动做出批判性反应和评价，但并不一定亲自参加体育活动（就像对待艺术一样）。许多体育评论家就像艺术评论家一样，并没有强壮的体魄或者超人的技巧，但他们对体育运动的评论却毫不比运动员或运动专家逊色，甚至更加出色。

第二，一个正在观看板球比赛的观众可能没有多少板球知识，甚至也不知道比赛成绩。但他或许能够欣赏运动员的优美姿势。（但如果将姿式、动作与技术、战术联系在一起进行审美欣赏，就必须有充分的板球知识和较高的审美欣赏能力）例如，某位观众可能根本就分不清投球与击球的区别，但他从审美的角度观看比赛，非常欣赏某位投球员的奔跑和跳跃的姿式，觉得他就像鹿一样矫健。

第三，我们也许应该强调，在"目的性"运动项目中，运动员的比赛成绩并不足以判断他是否获得了审美上的满足。当然，也不能把他的成绩与他得到的审美享受分开，正如贝斯特所说，运动员的乐趣并不是单独的、孤立的，而是与比赛和运动联系在一起的。但是，可以想象，如果一个工人对自己的工作感到满意，那是因为他觉得自己的工作效率很高，并不是因为有人从审美的角度欣赏他的工作（如果他的工作出了差错，那也与审美毫无关系）。正如波尔（Pole）所指出的，一名板球手可能十分赞赏另一名板球手的高超的球技，但他的赞赏之情并不含任何审美成份。体育运动与装饰蛋糕、刺绣等等出于典型的审美兴趣的活动不同，要想证明运动员的乐趣含有审美成份，就必须拿出充分的证据，也就是说，必须证明他对自己正在从事的运动进行了某种想象。他的乐趣中包含着想象的一面，他认为自己的运动即使仅仅从观赏角度看，也很有价值。

因此，从美育的角度来看，一个人能否用适当的语言表达自己对（艺术之外的）审美客体的看法，是一个非常重要的问题。与前一章中关于艺术作品的讨论一样，审美主体应该掌握适当的、丰富的词汇。这对审美教育确实是一个相当艰巨的任务，因为人们在谈到乡村、花园、海滨等等艺术之外的审美对象时,似乎再也找不到其他词了。其实,在体育、劳动等等有特定目的的活动中,任何出色的成绩和成果都可以用这类词来形容——从偷盗行为到溃疡手术,只要完成得出色,都可以说干得"漂亮"。

(节选自《美育理论问题》,雷德芬著,帅扬译,春秋出版社1989年版)

6. 近代西洋教育
——在天津南开学校演讲

陈独秀

[阅读提示]

陈独秀（1879～1942），中国现代新文化运动的倡导者之一。主要著作收入《独秀文存》。陈独秀认为，中西教育的根本区别在于：中国教育是被动灌输的，西方教育是启发引导的；中国教育是神圣虚幻的，西方教育是世俗直观的；中国教育只重记忆不重思维，只重知识不重体育，西方教育不仅注重思维，而且重视体育锻炼和艺术熏陶。

吾人的教育，既然必须取法西洋，吾人就应该晓得近代西洋教育的真相真精神是什么，然后所办的教育才真是教育，不是科举，才真是西洋教育，不是中国教育。

今日之中国，各种事业败坏已极，承贵校诸君招来演说，鄙人心中想说的话极多，但是从何处说起呢？诸君毕业后，或当教习，或别入他校求学，大约不离教育界。现在就着教育事业，略说一二：

吾人提起"教育"二字，往往心中发生二种疑问：第一是吾人何以必须教育？第二是教育何以必须取法西洋？

第一种疑问，就是西洋也有一派学者，主张人之善恶智愚，乃天性生成，教育无效。但是此种偏见，多数学者，均不承认，以为人之善恶智愚，生来本性的力量诚然不小，后来教育的力量又何尝全然无效？譬如木材的好丑和用处大小，虽然是生来不同，但必经工匠的斧斤雕凿，良材方成栋梁和美术的器具，就是粗恶材料，也有相当的用处。教育的作用，亦复如此。未受教育的人，好像生材；已受教育的人，好像做成的器具。人类美点，可由教育完全发展；人类的恶点，也可由教育略为减少。请看世界万国，那教育发达的和那教育不发达的人民,智愚贤否迥然不同,这就是吾人必须教育的铁证了。

第二种疑问,乃是中国人普通见解,以为西洋各国不过此时国富兵强,至于文物制度,学问思想,未必事事都比中国优胜;简单说起来,就是不信服西洋文明驾乎中国之上,所以不信服中国教育必须取法欧、美。方才贵校校长张先生说:"此时西洋各国学术思想潮流,居世界之大部分,吾国不过居一小部分,只合一小部分随从大部分,不能够强教大部分随从一小部分;所以我们中国必须舍旧维新。"鄙人觉得张校长这话犹是对那没有知识比较中西文明优劣的人说法。其实吾国文明若果在西洋之上,西洋各国部分虽大,吾人亦不肯盲从,舍长取短。正因西洋文明远在中国之上,就是中国居世界之大部分,西洋各国居世界之最小一部分,这大部分的人也应当取法这一小部分。所以鄙人之意,我们中国教育必须取法西洋的缘故,不是势力的大小问题,正是道理的是非问题。秋桐先生方才说道:"西洋种种的文明制度,都非中国所及。单就经济能力而言,我们中国人此时万万赶不上。倘不急起直追,真是无法可以救亡。"鄙人以为秋桐先生此言,可谓探本之论。

吾人的教育,既然必须取法西洋,吾人就应该晓得近代西洋教育的真相真精神是什么,然后所办的教育才真是教育,不是科举,才真是西洋教育,不是中国教育。不然,像我们中国模仿西法创办学校已经数十年,而成效毫无。学校处数固属过少,不能普及,就是已成的学校,所教的无非是中国腐旧的经史文学,就是死读几本外国文和理科教科书,也是去近代西洋教育真相真精神尚远。此等教育,有不如无。因为教的人和受教的人,都不懂得教育是什么,不过把学校毕业当做出身地步,这和从前科举有何分别呢?所以我希望我们中国大兴教育,同时我又希望我们中国教育家,要明白读几本历史洋文,学一点理化博物,算不得是真正的近代西洋教育。我们教育若想取法西洋,要晓得真正的近代西洋教育,有几种大方针:

第一,是自动的而非被动的,是启发的而非灌输的。

我国教育和西洋古代教育,多半是用被动主义,灌输主义,一心只要学生读书万卷,做大学者。古人的著书,先生的教训,都是神圣不可非议。照此依样葫芦,便是成功的妙诀。所谓儿童心理,所谓人类性灵,一概抹杀,无人理会。至于西洋近代教育,则大不相同了:自幼稚园以至大学,无一不取启发的教授法,处处体贴学生心理作用,用种种方法启发他的性灵,养成他的自动能力,好叫人类固有的智能得以自由发展,不像那被动主义灌输主义的教育,不顾学生的心理状态,只管拼命教去,教出来的人物,好像人做的模型,能言的鹦鹉一般,依人作解,自家决没有真实见地,自动能力。此时意大利国蒙得梭利(Moria Montessori)女士的教授法,轰动了全世界。他的教授法是怎样呢?就是主张极端的自动启发主义:用种种游戏法,启发儿童的性灵,养成儿童的自动能力;教师立于旁观地位,除恶劣害人的事以外,无不一任儿童完全的自动自由。此种教授法,现在已经通行欧、美各国,而我们中国的教育,还是守着从前被动的灌输的老法子,教师盲教,学生盲从。启发儿童的游戏图画等功课,毫不注意。拼命的读那和学生毫无关系的历史(小学生决不懂得自己与历史有什么关系),毫无用处的外国文,以为这就是取法西洋的新教育了。哈哈!实在是坑死人也!

第二,是世俗的而非神圣的,是直观的而非幻想的。

孔特分人类进化为三时代:第一曰宗教迷信时代,第二曰玄学幻想时代,第三曰科学实证时代。欧、美的文化,自十八世纪起,渐渐的从第二时代进步到第三时代,一切政治,道德,教育,文学,无一不含着科学实证的精神。近来一元哲学,自然文学,日渐发达,一切宗教的迷信,虚幻的理想,更是抛在九霄云外;所以欧、美各国教育,都注重职业。所教功课,无非是日常生活的知识和技能。此时学校教育以外,又盛兴童子军(Boy Scout)的教育,一切煮饭,烧菜,洗衣,缝衣,救火,救溺驾车,驶船等事,无一不实地练习。不像东方人连吃饭穿衣走路的知识本领也没有,专门天天想做大学者,大书箱,大圣贤,大仙,大佛。西洋教育所重的是世俗日用的知识,东方教育所重的是神圣无用的幻想;西洋学者重在直观自然界的现象,东方学者重在记忆先贤先圣的遗文。我们中国教育,若真要取法西洋,应该弃神而重人,弃神圣的经典与幻想而重自然科学的知识和日常生活的技能。

第三,是全身的,而非单独脑部的。

谭嗣同有言曰："观中国人之体貌，亦有劫象焉。试以拟之西人，则见其萎靡，见其猥鄙，见其粗俗，见其野悍，或瘠而黄，或肥而弛，或萎而伛偻，其光明秀伟有威仪者，千万不得一二！"这是什么缘故呢？就是中国教育大部分重在后脑的记忆，小部分重在前脑的思索，训练全身的教育，从来不大讲究。所以未受教育的人，身体还壮实一点，惟有那班书酸子，一天只知道咿咿唔唔摇头摆脑的读书，走到人前，痴痴呆呆的歪着头，弓着背，勾着腰，斜着肩膀，面孔又黄又瘦，耳目手脚，无一件灵动中用。这种人虽有手脚耳目，却和那跛聋盲哑残废无用的人，好得多少呢？西洋教育，全身皆有训练，不单独注重脑部。既有体操发展全身的力量，又有图画和各种游戏，练习耳目手脚的活动能力。所以他们无论男女老幼，做起事来，走起路来，莫不精神夺人，仪表堂堂。教他们眼里如何能看得起我们可厌的中国人呢？

中国教育，不合西洋近代教育的地方甚多。以上三样，乃是最重要的。诸君毕业后，或教育他人，或是自己教育自己，请在这三样上十分注意。

（选自《陈独秀教育论著选》，戚谢美、邵祖德编，人民教育出版社1995年版）

7. 美育实施的方法

蔡元培

[阅读提示]

蔡元培（1868～1940），我国近现代著名思想家、教育家。蔡元培是我国近代美育的真正首倡者和奠基者。本文是全面体现蔡元培美育思想的具体实施方案，对于美育工作尤具借鉴意义。蔡元培把美育分为家庭美育、学校美育、社会美育。在学校美育中，又详细阐述了各个学科中的美育因素，开启了学科美育的先河。

凡是学校所有的课程，都没有与美育无关的。

我国初办新式教育的时候，止提出体育、智育、德育三条件，称为三育。十年来，渐渐的提到美育；现在教育界已经公认了。李石岑先生要求我说说"美育实施的方法"；我把我个人的意见写在下面。

照现在教育状况，可分为三个范围：一、家庭教育，二、学校教育，三、社会教育。我们所说的美育，当然也有这三方面。

我们要作彻底的教育，就要着眼最早的一步。虽不能溢出范围，推到优生学；但至少也要从胎教起点。我从不信家庭有完美教育的可能性，照我的理想，要从公立的胎教院与育婴院着手。

公立胎教院是给孕妇住的，要设在风景佳胜的地方，不为都市中混浊的空气、纷扰的习惯所沾染。建筑的形式要匀称，要玲珑，用本地旧派，略参希腊或文艺中兴时代的气味。凡埃及的高压式，峨（哥）特的偏激派，都要避去。四面都是庭园。有广场，可以散步，可以作轻便的运动，可以赏月观星。园中杂莳花木，使四时均有雅丽之花叶，可以悦目。选毛羽秀丽、鸣声谐雅的动物，散布花木中间；须避去用索系猴、用笼装鸟的习惯。引水成泉，勿作激流。汇水成池，蓄美观活泼的鱼。室内糊壁的纸、铺地的毡，都要选恬静的颜色，疏秀的花纹。应用与陈列的器具，要轻便雅致，不取笨重或过于琐巧的。一室中要自成系统，不可混乱。陈列雕刻图画，都取优美一派；应有健全体格的裸体像与裸体画。凡有粗犷、猥亵、悲惨、怪诞等品，即使描写个性，大有价值，这里都不好加入。过度刺激的色彩，也要避去。备阅览的文字，要乐观的、和平的；凡是描写社会黑暗方面、个人神经异常的，要避去。每日可有音乐，选取的标准，与图画一样，激刺太甚的，卑靡的，都不取。总之：各种要孕妇完全在平和活泼的空气里面，才没有不好的影响传到胎儿；这是胎儿的美育。

孕妇产儿以后，就迁到公共育婴院；第一年是母亲自己抚养的；第二、三年，如母亲要去担任他的专业，就可把婴儿交给保姆。育婴院的建筑，与胎教院大略相同，或可联合一处。其中陈列的雕刻图画，可多选裸体的康健儿童，备种种动静的姿势；隔几日，可更换一套。音乐，选简单静细的。院内成人的言语与动作，都要有适当的音调态度，可以作儿童的模范。就是衣饰，也要有一种优美的表示。

在这些公立机关未成立以前，若能在家庭里面，按照上列的条件小心布置，也可承认为家庭美育。

儿童满了三岁，要进幼稚园了。幼稚园是家庭教育与学校教育的过渡机关，那时候儿童的美感，不但被动的领受，并且自动的表示了。舞蹈、唱歌、手工，都是美育的专课。就是教他计算、说话，也要从排列上、音调上迎合他们的美感，不可用枯燥的算法与语法。

儿童满了六岁，就进小学校，此后十一二年，都是普通教育时期，专属美育的课程，是音乐、图画、运动、文学等。到中学时代，他们自主力渐强，表现个性的冲动渐渐发展；选取的文字美术，可以复杂一点。悲壮、滑稽的著作，都可应用了。

但是美育的范围，并不限于这几个科目；凡是学校所有的课程，都没有与美育无关的。例如数学，仿佛是枯燥不过的了；但是美术上的比例、节奏，全是数的关系；截金术是最显的例。数学的游戏，可以引起滑稽的美感。几何的形式，是图案术所应用的。理化学似乎机械性了；但是声学与音乐，光学与色彩，密切的很。雄强的美，全是力的表示。美学中有"感情移入"论，把美术品形式都用力来说明他。文学、音乐、图画，都有冷热的异感，可以从热学上引起联想。磁电的吸距，就是人的爱憎。有许多美术工艺，是用电力制成的。化学实验，常见美丽的光焰；元子电子的排列法，可以助图案的变化。图画所用的颜料，有许多是化学品。星月的光辉，在天文学上不过映照距离的关系，在文学、图画上便有绝大的魔力。矿物的结晶、闪光与显色，在科学上不过自然的结果；在装饰品便作重要的材料。植物的花叶，在科学上不过生殖与呼吸机关，或供分类的便利；动物的毛羽与声音，在科学上作为保护生命的作用，或雌雄淘汰的结果；在美术、文学上都为美观的材料。地理学上云霞风雪的变态，山岳河海的名胜，文学家美学家的遗迹；历史上文学美术的进化，文学家美术家的轶事；也都是美育的资料。

由普通教育转到专门教育，从此关乎美育的学科，都成为单纯的进行了。爱音乐的进音乐学校；爱建筑、雕刻、图画的进美术学校；爱演剧的进戏剧学校；爱文学的进大学文科；爱别种科学的人就进了别的专科了。但是每一个学校的建筑式，陈列品，都要合乎美育的条件。可以时时举行辩论会，音乐会，成绩展览会，各种纪念会等，都可以利用他来行普及的美育。

学生不是常在学校的，又有许多已离学校的人，不能不给他们一种美育的机会；所以又要有社会的美育。

社会美育，从专设的机关起：

（一）美术馆，搜罗各种美术品，分类陈列。于一类中，又可依时代为次，以原本为主；但别处所藏的图画，最著名的，也用名手的摹本。别处所藏的雕刻，也可用摹造品。须有精印的目录，插入最重要品的摄影。每日定时开馆。能不收入门券费最善；必不得已，每星期日或节日必须免费。

（二）美术展览会，须有一定的建筑，每年举行几次，如春季展览，秋季展览等。专征集现代美术家作品，或限于本国，或兼征他国的。所征不胜陈列，组织审查委员选定。陈列品可开明价值，在会中出售。余时亦可开特别展览会，或专陈一家作品，或专陈一派作品。也有借他国美术馆或私人所藏展览的。

（三）音乐会，可设一定的会场，定期演奏。在夏季也可在公园、广场中演奏。

（四）剧院，可将歌舞剧、科白剧分设两院，亦可于一院中更番演剧。剧本必须出文学家手笔；演员必须受过专门教育。剧院营业，如不敷开支，应用公款补助。

（五）影戏馆，演片须经审查，凡无聊的滑稽剧，凶险的侦探案，卑猥的恋爱剧都去掉。单演风景片与文学家作品。

（六）历史博物馆，所收藏大半是美术品，可以看出美术进化的痕迹。

（七）古物学陈列所，所收藏的大半是古代的美术品，可以考见美术的起原。

（八）人类学博物馆，所收藏的不全是美术品，或者有很丑恶的，但可以比较各民族的美术，或是性质不同，或是程度不同。无论如何幼稚的民族，总有几种惊人的美术品。又往往不相交通的民族，有同性质的作品。很可以促进美术的进步。

（九）博物学陈列所与植物园、动物园，这固然不专为美育而设，但矿物的标本与动植物的化石，或色彩绚烂，或结构精致，或形状奇伟，很可以引起美感。若种种生活的动植物，值得赏鉴，更不待言了。在这种特别设备以外，又要有一种普遍的设备，就是地方的美化。若止有特别的设备，平常接触耳目的，还是些卑丑的形状，美育就不完全；所以不可不谋地方的美化。

地方的美化。

第一是道路。欧洲都市最广的道路，两旁为人行道，其次公车来往道，又间以种树，艺花，及游人列坐的地方二三列，这自然不能常有的。但每条道路，都要宽平；一地方内各条道路，要有一点匀称的分配。道路交叉的点，必须留一空场，置喷泉，花畦，雕刻品等。

第二是建筑。三间东倒西歪屋，固然起脆薄、贫乏的感想；三四层匣子重叠式的洋房，也可起板滞、粗俗的感想。若把这两者并合在一处，真异常难受了。欧美海滨或山坳的别墅团体，大半是一层楼，适敷小家庭居住，二层的已经很少,再高是没有的。四面都是花园,疏疏落落,分开看各有各的意匠,合起来看,合成一个系统。现在各国都有"花园城"的运动,他们的建筑也大概如此。我们的城市改革很难,组织新村的人,不可不注意呵!

第三是公园。公园有两种:一种是有围墙,有门,如北京中央公园,上海黄浦滩外国公园的样子。里面人工的设备多一点,进去有一点制限。还有一种,是并无严格的范围,以自然美为主;最重要的是一大片林木,中开无数通路可以散步。有几大片草地可以运动。有一道河流,或汇成小湖,可以行小舟。建筑品不很多,游人可自由出入。在巴黎、柏林等,地价非常昂贵,但是这一类大公园,都有好几所永远留着。

第四是名胜的布置。瑞士有世界花园的称号,固然是风景很好,也是他们的保护点缀很适宜,交通很便利,所以能吸引游人。美国有好几所国家公园,地面很大,完全由国家保护,不能由私人随意占领,所以能保留他的优点,不受损坏。我们国内,名胜很多,但如黄山等,交通不便,颇难游赏。交通较便的如西湖等,又漫无限制,听无知的人造了许多拙劣的洋房,把自然美缀了许多污点,真是可惜。

第五是古迹的保存。新近的建筑,破坏了很不美观;若是破坏的古迹,转可以引起许多历史上的联想,于不完全中认出美的分子来。所以保存古迹,以不改动他为原则。但有些非加修理不可的,也要不显痕迹,且按着原状的派式。并且留得原状的摄影,记述修理情形同时日,备后人鉴别。

第七是公坟。我们中国人的做坟,可算是混乱极了。贫的是随地权厝,或随地做一个土堆子。富的是为了一个死人,占许多土地。石工墓木,也是"千篇一律",一点没有美意。照理智方面观察,人既死了,应交医生解剖,若是于后来生理上病理上可备参考的,不妨保存起来。否则血肉可作肥料,骨骼可供雕刻品,也算得是废物利用了。但是人类行为,还有感情方面的吸力,生人对于死人,决不肯把他哀感所托的尸体,简单的处置了。若是照我们南方各省,满山是坟,不但太不经济,也是破坏自然美的一端。现在不如先仿西洋的办法。他们的公坟有两种:一是土葬的,如上海三马路,北京崇文门,都有西洋的公坟。他是画一块地,用墙围着,布置一点林木。要葬的可以指区购定。墓旁有花草,墓上的石碣有花纹,有铭词,各具意匠,也可窥见一时代美术的风尚。还有种是火葬,他们用很庄严的建筑,安置电力焚尸炉。既焚以后,把骨灰聚起来,装在古雅的瓶里,安置在精美石坊的方孔中。所占的地位,比土葬减少,坟园的布置,也很华美。这些办法都比我们的随地乱葬好,我们不妨先采用。

我说美育,一直从未生以前,说到既死以后,可以休了。中间有错误的,脱漏的,我再修补,尤希望读的人替我纠正。

(选自《蔡元培美学文选》,蔡元培著,北京大学出版社 1983 年版)

8. 创造宣言

陶行知

[阅读提示]

陶行知（1891~1946），我国现代教育家。陶行知认为教师的成功是创造出值得自己崇拜的人。先生创造学生，学生也创造先生，学生先生合作而创造出值得彼此崇拜之活人。教育者也要创造值得自己崇拜之创造理论和创造技术。处处是创造之地，天天是创造之时，人人是创造之人。

教师的成功是创造出值得自己崇拜的人。先生之最大的快乐，是创造出值得自己崇拜的学生。

创造主未完成之工作，让我们接过来，继续创造。

宗教家创造出神来供自己崇拜。最高的造出上帝，其次造出英雄之神，再其次造出财神、土地公、土地婆来供自己崇拜，省事者把别人创造现成之神来崇拜。

恋爱无上主义者造出爱人来崇拜。笨人借恋爱之名把爱人造成丑恶无耻的荡妇来糟踏，糟踏爱人者不是奉行恋爱无上主义，而是奉行万恶无底主义的魔鬼，因为他把爱人造成魔鬼婆。

美术家如罗丹，是一面造石像，一面崇拜自己的创造。

教育者不是造神，不是造石像，不是造爱人。他们所要创造的是真善美的活人。真善美的活人是我们的神，是我们的石像，是我们的爱人。教师的成功是创造出值得自己崇拜的人。先生之最大的快乐，是创造出值得自己崇拜的学生。说得正确些，先生创造学生，学生也创造先生，学生先生合作而创造出值得彼此崇拜之活人。倘若创造出丑恶的活人，不但是所塑之像失败，亦是合作塑像者之失败。倘若活人之塑像是由于集体的创造，而不是个人的创造，那末这成功失败也是属于集体而不是仅仅属于个人。在一个集体当中，每一个活人之塑像，是这个人来一刀，那个人来一刀，有时是万刀齐发。倘使刀法不合于交响曲之节奏，那便处处是伤痕，而难以成为真善美之活塑像。在刀法之交响中，投入一丝一毫的杂声，都是中伤整个的和谐。

教育者也要创造值得自己崇拜之创造理论和创造技术。活人的塑像和大理石的塑像有一点不同，刀法如果用得不对，可以万像同毁，刀法如果用得对，则一笔下去，万龙点睛。

有人说：环境太平凡了，不能创造。平凡无过于一张白纸，八大山人挥毫画他几笔，便成为一幅名贵的杰作。平凡也无过于一块石头，到了飞帝亚斯，米开朗罗的手里可以成为不朽的塑像。

有人说：生活太单调了，不能创造。单调无过于坐监牢，但是就在监牢中，产生了正气歌，产生了苏联的国歌，产生了尼赫鲁自传。单调又无过于沙漠了，而雷塞布（Lesseps）竟能在沙漠中造成苏彝士运河，把地中海与红海贯通起来。单调又无过于开肉包铺子，而竟在这里面，产生了平凡而伟大的平老静。

可见平凡单调，只是懒惰者之遁辞。既已不平凡不单调了，又毋需乎创造。我们是要在平凡上造出不平凡；在单调上造出不单调。

有人说：年纪太小，不能创造，见着幼年研究生之名而哈哈大笑。但是当你把莫扎尔特、爱迪生及冲破父亲数学层层封锁之帕斯加尔（Pascal）的幼年研究生活翻给他看，他又只好哑口无言了。

有人说：我是太无能了，不能创造，但是鲁钝的曾参传了孔子的道统。不识字的慧能，传了黄梅的教义。慧能说："下下人有上上智。"我们岂可以自暴自弃呀！可见无能也是借口。蚕吃桑叶，尚能吐丝，难道我们天天吃米饭，除造粪之外，便一无贡献吗？

有人说：山穷水尽，走投无路，陷入绝境，等死而已，不能创造。但是遭遇八十一难之玄奘，毕竟取得佛经；粮水断绝，众叛亲离之哥仑布，毕竟发现了美洲；冻饿病三重压迫下之莫扎尔特，毕竟写出了安魂曲。绝望是懦夫的幻想。歌德说：没有勇气一切都完。是的，生路是要勇气探出来，走出来,造出来的。这只是一半真理;当英雄无用武之地,他除了大无畏之斧,还得有智慧之剑,金刚之信念与意志,才能开出一条生路。古语说,穷则变,变则通,要有智慧才知道怎样变得通,要有大无畏之精神及金刚之信念与意志才变得过来。

所以:处处是创造之地,天天是创造之时,人人是创造之人,让我们至少走两步退一步,向着创造之路迈进吧。

像屋檐水一样,一点一滴,滴穿阶沿石。点滴的创造固不如整体的创造,但不要轻视点滴的创造而不为,呆望着大创造从天而降。

东山的樵夫把东山的茅草割光了,上泰山割茅草,泰山给他的第一印象是:茅草没有东山多,泰山上的"经石峪"、"无字碑";"六贤祠"、"玉皇顶";大自然雕刻的奇峰、怪石、瀑布,豢养的飞禽、走兽、小虫,和几千年来农人为后代种植的大树,于他无用,都等于没有看见。至于那种登泰山而小天下之境界,也因急于割茅草看不出来。他每次上山拉一堆屎,下山撒一泡尿,挑一担茅草回家。尿与屎是他对泰山的贡献,茅草是他从泰山上得到的收获。茅草是平凡之草,而泰山所可给他的又只有这平凡之草,而且没有东山多,所以他断定泰山是一座平凡之山,而且从割草的观点看,比东山还平凡,便说了一声:"泰山没有东山好。"被泰山树苗听见,想到自己老是站在寸土之中,终年被茅草包围着,徒然觉得平凡、单调、烦闷、动摇,幻想换换环境。一根树苗如此想,二根树苗如此想,三根树苗如此想,久而久之成趋向,便接二连三的,一天一天的,听到树苗对樵夫说:"老人家,你愿意带我到东山去玩一玩么?"樵夫总是随手一拔,把它们一根一根的和茅草捆在一起,挑到东山给他的老太婆烧锅去了。我们只能在樵夫的茅草房的烟囱里偶尔看见冒出几缕黑烟,谁能分得出那一缕是树苗的,那一缕是茅草的化身?

割草的也可以一变而成为种树的老农,如果他肯迎接创造之神住在他的心里。我承认就是东山樵夫也有些微的创造作用——为泰山剃头理发,只是我们希望不要把我们的鼻子或眉毛剃掉。

创造之神!你回来呀!你所栽培的幼苗是有了幻想,樵夫拿着雪亮亮的镰刀天天来,甚至常常来到幼苗的美梦里。你不能放弃你的责任。只要你肯回来,我们愿意把一切——我们的汗,我们的血,我们的心,我们的生命——都献给你,当你看见满山的幼苗在你监护之下,得到我们的汗、血、心、生命的灌溉,一根一根的都长成参天的大树,你不高兴吗?创造之神!你回来呀!只有你回来,才能保证参天大树之长成。

罗丹说:"恶是枯干。"汗干了,血干了,热情干了,僵了,死了,死人才无意于创造。只要有一滴汗,一滴血,一滴热情,便是创造之神所爱住的行宫,就能开创造之花,结创造之果,繁殖创造之森林。

(选自《陶行知文集》,陶行知著,江苏人民出版社1981年版)

9. 什么是生活教育

陶行知

[阅读提示]

陶行知（1891～1946），我国现代教育家。陶行知主张生活即教育。他说："生活即教育，是把一个鸟放在林子里；教育即生活是把鸟放在笼子里。"在本文中，陶行知提出，生活教育是生活原有，生活所自营，生活所必需的教育。教育的根本意义是生活之变化。生活无时不含有教育的意义。社会即是学校，生活即是教育。教育只有和生活相融，才能产生生命活力。

过什么生活便是受什么教育：过好的生活，便是受好的教育；过坏的生活，便是受坏的教育。

生活教育这个名词是被误解了。它所以被误解的缘故，是因为有一种似是而非的理论混在里面，令人看不清楚。这理论告诉我们说：学校里的教育太枯燥了，必得把社会里的生活搬一些进来，才有意思。随着这个理论而来的几个口号是："学校社会化"、"教育生活化"、"学校即社会"、"教育即生活"。这好比一个笼子里面囚着几只小鸟，养鸟者顾念鸟儿寂寞，搬一两丫树枝进笼，以便鸟儿跳得好玩，或者再捉几只生物来，给鸟儿做陪伴。小鸟是比较的舒服了，然而鸟笼毕竟还是鸟笼，决不是鸟的世界。所可怪的是养鸟者偏偏爱说鸟笼是鸟世界，而对于真正的鸟世界的树林反而一概抹煞，不加承认。假使笼里的鸟，习惯成自然，也随声附和的说，这笼便是我的世界；又假使笼外的鸟，都鄙弃树林，而羡慕笼中生活，甚至以不得其门而入为憾，那么，这些鸟才算是和人一样的荒唐了。

我们现在要肃清这种误解。生活教育是生活所原有，生活所自营，生活所必需的教育（Life education means an education on life, by life and for life)。教育的根本意义是生活之变化。生活无时不变，即生活无时不含有教育的意义。因此，我们又可以说："社会即学校。"在这个理论指导之下，我们承认过什么生活便是受什么教育：过好的生活，便是受好的教育；过坏的生活，便是受坏的教育；过有目的的生活，便是受有目的的教育；过糊里糊涂的生活，便是受糊里糊涂的教育；过有组织的生活，便是受有组织的教育；过一盘散沙的生活，便是受一盘散沙的教育；过有计划的生活，便是受有计划的教育；过乱七八糟的生活，便是受乱七八糟的教育。换个说法，过的是少爷生活，虽天天读劳动的书籍，不算是受着劳动教育；过的是迷信生活，虽天天听科学的演讲，不算是受着科学教育；过的是随地吐痰的生活，虽天天写卫生的笔记，不算是受着卫生的教育；过的是开倒车的生活，虽天天谈革命的行动，不算是受着革命的教育。我们要想受什么教育，便须过什么生活。

生活教育与生俱来，与生同去。出世便是破蒙，进棺材才算毕业。在社会的伟大学校里，人人可以做我们的先生，人人可以做我们的同学，人人可以做我们的学生。随手抓来都是活书，都是学问，都是本领。

自有人类以来，社会即是学校，生活即是教育。士大夫之所以不承认它，是因为他们有特殊的学校给他们的子弟受特殊的教育。从大众的立场上看，社会是大众惟一的学校，生活是大众惟一的教育。大众必须正式承认它，并且运用它来增加自己的知识，增加自己的力量，增加自己的信仰。

生活教育是下层建筑。何以呢？我们有吃饭的生活，便有吃饭的教育；有穿衣的生活，便有穿衣的教育；有男女的生活，便有男女的教育。它与装饰品之传统教育根本不同。它不是摩登女郎之金刚钻戒指，而是冰天雪地下的穷人的窝窝头和破棉袄。

生活与生活磨擦才能起教育的作用。我们把自己放在社会的生活里，即社会的磁力线里转动，便能通出教育的电流，射出光，放出热，发出力。

(选自《陶行知文集》，陶行知著，江苏人民出版社1981年版)

10. 教育类似农业

叶圣陶

[阅读提示]

叶圣陶（1894～1988），中国现代文学家、教育家。叶圣陶教育思想的核心是："教是为了达到不需要教。"叶圣陶认为，受教育的人和种子一样，全都是有生命的，能自己发育自己成长的；教育只是提供合适的条件，如水、阳光、空气、肥料等等，让他们自己发芽生长，自己开花结果。工业生产的"模式化"，或者拔苗助长，都是不适合教育的。

受教育的人决非没有生命的泥团，谁要是像那个师傅一样只管把他们往模子里按，他的失败是肯定无疑的。

最近听吕叔湘先生说了个比喻，他说教育的性质类似农业，而绝对不像工业。工业是把原料按照规定的工序，制造成为符合设计的产品。农业可不是这样。农业是把种子种到地里，给它充分的合适的条件，如水、阳光、空气、肥料等等，让它自己发芽生长，自己开花结果，来满足人们的需要。

吕先生这个比喻说得好极了，办教育的确跟种庄稼相仿。受教育的人的确跟种子一样，全都是有生命的，能自己发育自己成长的；给他们充分的合适的条件，他们就能成为有用之才。所谓办教育，最主要的就是给受教育者提供充分的合适条件。办教育决不类似办工业，因为受教育的人绝对不是工业原料。唯有没有生命的工业原料可以随你怎么制造，有生命的可不成。记得半个世纪以前，丰子恺先生画过一幅漫画，标题是《教育》。他画一个做泥人的师傅，一本正经地把一个个泥团往模子里按，模子里脱出来的泥人个个一模一样。我现在想起那幅漫画，因为做泥人虽然非常简单，也算得上工业；原料是泥团，往模子里一按就成了产品——预先设计好的泥人。可是受教育的人决非没有生命的泥团，谁要是像那个师傅一样只管把他们往模子里按，他的失败是肯定无疑的。

但是比喻究竟是比喻，把办教育跟种庄稼相比，有相同也有不相同。相同的是工作的对象都有生命，都能自己成长，都有自己成长的规律。不同的是办教育比种庄稼复杂得多。种庄稼只要满足庄稼生理上生长的需要就成，办教育还得给受教育者提供陶冶品德、启迪智慧、锻炼能力的种种条件，让他们能动地利用这些条件，在德智体各方面逐步发展成长，成为合格的建设社会主义的人才。

对受教育者提供充分的合适的条件，让他们各自发挥能动作用，当然比把他们往模子里按难得多。但是既然要办教育，就不怕什么难，就必得把这副难的担子挑起来。

(选自《教育与人生——叶圣陶教育论著选读》，叶圣陶著，上海教育出版社2004年版)

五、教师职业幸福的秘密

教师的职业幸福，是一个秘密！

教学过程不仅是一个知识建构的过程，也是一个艺术创造和审美的过程。教师作为教育劳动的主体，自身也应该具有丰富的审美体验。是否获得这种审美体验，关涉教师的劳动质量，也关涉教师的职业幸福。

教师的美感体验主要来自对教学活动的成功体验。成功的教学活动无不是充满创造的过程。如同作家、艺术家、科学家在其劳动过程中能获得创造喜悦和审美满足一样，教师的劳动也是如此。

只有教师的劳动充满愉悦和成功体验，才会有学生在学习过程中的成功和愉悦。只有解放教师，才会有学生的解放。教师职业幸福的秘密，是一把由多个钥匙共同管理的锁，其中最重要的那柄钥匙，就掌握在教师自己手中。

1. 做一个高明的教师

[古罗马] 昆体良

[阅读提示]

昆体良（约35~95），古罗马教育家，著有《雄辩术原理》等，是古代希腊与罗马教育思想的集大成者。昆体良构建了以培养雄辩家为目标的教育思想体系，认为教学应循序渐进，因材施教，分班级进行。在本文中，昆体良提出，教师不仅要自己做出严于律己的榜样，还必须以严格的纪律约束学生的行为；教师要正确对待学生的学习行为，不打压、不盲目赞扬学生。

现时流行的一种最坏的习惯是所谓"恭维"，即不管是好是坏，学生们都不分青红皂白地互相喝彩，这是一种不合适的、戏剧性的、与纪律严格的学校不相容的习惯。

第二卷第二章

1. 当孩子的学业已进步到能够理解我们称之为雄辩术教育的初步基础的时候，就应当让他接受雄辩术教师的教育。

2. 我在这里不得不强调这一点，并不是因为良好的德行对其他教师无关紧要（我在前一卷中已说明我认为它是多么重要），而是因为对于这个年纪的学生，更需要提到这一点。

3. 因为学生是在已经长大以后进雄辩术学校的，他们要在那里一直呆到进入青年时期；因此，在这个阶段我们必须倍加谨慎，务必要以教师的纯正的德行保持学生在未成熟的年龄免遭损害，并以教师的威信防止学生在这个孟浪的年纪流于放荡。

4. 仅仅教师自己做出严于律己的榜样是不够的，他还必须以严格的纪律约束学生的行为。最要紧的是，教师要以慈父的态度对学生，他应当想到，父亲把孩子托付给他，他就是处于代行父亲职责的地位。

5. 他既不应自己有恶习，也不应容忍学生有恶习。他应当严峻而不冷酷，和蔼而不纵容，否则，冷酷会引起厌恶，纵容会招致轻视。他经常要讲解什么是荣誉与善良，因为愈是经常告诫，就愈少需用惩罚。他不应当发脾气，但又不应当对应该纠正的错误视而不见。他的教学应当简明扼要，他应忍劳耐苦，对学生的要求应坚持，但又不要过分苛求。

6. 他应当善于回答学生提出的问题，向不发问的学生提问。对于学生的朗读表扬既不可吝啬，也不可浪费，因为吝啬使学生产生对课业的厌恶，浪费则产生自满。

7. 在纠正学生的过失时，既不能讽刺挖苦，也不应辱骂。有老师在责备学生的过失时好像是在嫌恶学生，这就会挫伤学生勤奋学习的积极性。

8. 教师每天要给学生朗读，要多朗读，使学生听了以后能够记住。因为在阅读课本的过程中虽也可以教给他们大量可资模仿的范文，然而所谓活的声音（living voice）更富于营养，特别是教师的声音，如果受到正确的教育，学生是既爱听、又尊敬的。我们多么乐于模仿我们所喜爱的人，这不是笔墨所能形容的。

9. 大多数教师听任学生自由地站起来，大声喝彩，这是决不应当允许的；青年人在听别人说话时，即使表示赞同，也应该是态度平和的。这样才能使学生习惯于信赖教师的评价，知道只有得到教师称赞的才是好的。

10. 现时流行的一种最坏的习惯是所谓"恭维"（Politene），即不管是好是坏，学生们都不分青红皂白地互相喝彩，这是一种不合适的、戏剧性的、与纪律严格的学校不相容的习惯。此外，它对于学习还是一个具有破坏性的敌人。因为如果不管说了点什么就立即得到暴风雨般的准备好了的赞扬，在他们看来用心和勤奋就完全是多余的了。

11. 所以，无论是听别人讲还是自己讲，都要注视着教师的面部表情，只有这样才能分辨出什么是值得称赞的，什么是不值得称赞的，正如经常写字，熟能生巧一样，从听讲中能获得评价的能力。

12. 当今学校的学生，坐着的时候身体前倾，准备随时一跃而起，每当一个学生发言结束时,他们不仅站起来,而且跳出自己的座位,狂呼乱叫地喝彩。他们互相赞扬。演讲的成功就在于这种赞扬声中。其结果是,他们的华而不实和自命不凡竟发展到这种程度,当他们被同学的喧闹声所陶醉的时候,如果教师的赞扬不能如其所望,他们就对教师产生恶感。

13. 教师还应当要求学生在听自己讲话的时候要集中注意力,并保持安静。因为名家的演讲不应去迎合学生的标准,而是相反,学生的演讲要去适应名家的标准。此外,如果可能,教师要细心观察每个学生所赞扬的是什么地方,他是如何赞扬的,教师对自己演讲中的优点感到高兴不是由于这些优点本身,而是由于学生能正确理解,能分出好坏。

14. 我不赞成让儿童和青年坐在一起。因为,虽然受托监督他们的学业和品行的教师可以对年龄较大的学生以适当的纪律约束,但年幼的学生和年龄大的学生还是应分开,这不仅是为了使他们避免放荡行为,而且要避免放荡行为的任何嫌疑。

15. 我认为只是简要地指出上述各点是应该的。我认为没有必要向教师提出忠告,无论是他还是他的学校,都要避免更粗鄙的恶习。如果有一位父亲怕麻烦而不给自己的儿子选择一位在德行上没有明显缺陷的教师,他应该相信,如果他在这个问题上疏忽大意,我为了青年的利益所制定的一切规则,都是无用的。

(节选自《昆体良教育论著选》,昆体良著,任钟印选译,人民教育出版社 1989 年版)

2. 人生和教师的使命与目的

[德] 第斯多惠

[阅读提示]

第斯多惠（1790—1866），德国著名教育家。在本文中，第斯多惠指出，教师必须致力于自己的教育和教养，他才能实在地培养和教育别人；教师必须在自身和自己的使命中找到真正的最强烈的刺激，把自我教育、追求真理作为终身任务。

教育者和教师必须在他自身和在自己的使命中找到真正的教育的最强烈的刺激；对他来说，把自我教育作为他终身的任务乃是一种双重的和三重的神圣责任。

从上所述，可以为一切人，因而也为教育者和教师引申出一个共同的任务。

但是这个任务对于教师还具有特殊的意义。他不仅应当教育自己，使自己达到理想的境地，而且还应当教育别人。他选择了培养和教育的事业作为自己一生的使命。由于这一点，在一生中自我教育中的任务就具有更加崇高的意义。他希望引导别人走正确的道路，激发别人对真和善的渴求，使别人的素质和能力得到最高的发展；因此他应当首先发展他本身的这些优秀品质。他深信，即使说这并不是他听来或学来的，他并不把它当作他必须服从的外来的命令，但对他来说它已经成为和他的整个生命、和他的思想和意志有不可分割的联系的内在真理；它已成为它自己的"我"，没有它，他就不能像一个真正的人那样生活、思考和愿望。

他深信以下各点：

1. 正如没有人能把自己所没有的东西给予别人一样，谁要是自己还没有发展、培养和教育好，他就不能发展、培养和教育别人。

2. 他自己受了多大程度的教育和教养，在多大程度上使这种教育和教养成为他自己的财富，他就只能在这样大和这样多的程度上对别人发生培养和教育的影响，而且必然会发生这种影响。

3. 只有当他自己致力于他自己的教育和教养时，他才能实在地培养和教育别人。

一个真正的教育者，根据他自己和别人的宝贵经验，他知道，通过你是什么样的人要比通过你知道什么，可以获得更大的成效；他知道，实在说，只有赖于已经成为我们的"我"、成为我们自由的精神财富的那种知识，才能有所得，关于这种知识，同样可以正确地说，它们掌握着我们，正如我们掌握着它们一样；或者，说得更好些，不能一般地掌握它们，因为我们从来也没有和它们分手，不能抛弃它们，也不能否认它们，因而我们是在随时随地借助它们发生作用，因为我们已经和这些知识一起生活，浑然一体了。所有这一切，已经在很大程度上与心灵和意志的发展有关。

只有掌握这些精神财富的人，才能激起和发展人的情感，使这些情感成为亲切可爱的东西，转化而为精神的财富，引起企求和行动的决心，并且形成性格，而别的人是不能做到的。精神感染着精神；一个教育者的真诚的宗教心情会在学生身上激起同样的心情；只有当所说的话证明实际有效时，它才是有力量的话和好的话。因此，教育者的一个规则就是：要把自己在广泛的意义上培养好，那时你就必然能成为一个在真正的意义上的教育者；当你致力于教育别人时，不论是在教育活动的范围以内或在它的范围以外，同时要努力于自我教育。要让学校也成为你自己受教育的学校；让一切生活、任何环境和情况都作为你自己培养和教育的凭借。哪怕你用天使般的语言说话，拥有一切的聪明和知识，如果你不努力进修，即按照我们的定义，不努力为真和善服务的越来越自由的活动，那么你就始终是一种鸣锣和响钹，但决不会属于能"推动人类前进"的人们的行列。

由此可知，教育者和教师必须在他自身和在自己的使命中找到真正的教育的最强烈的刺激；对他来说，把自我教育作为他终身的任务乃是一种双重的和三重的神圣责任。没有上述对自我教育更为崇高的动机了。

　　只有具有一颗纯洁开朗的心，并且真诚地为真理所鼓舞的人才能得到真理。凡不是为了真理本身而去寻找真理的人，就不能找到真理。一个人对纯粹的真理、完全的真理、除了真理以外别无他物认识到什么程度，就要献身无私地为真理服务到这样的程度，他这样去追求最广义的真理，对于一个渴求真理的人来说，再也不知道有比这更为幸福的事了。谁有这样的心情，真理就为他开门；但是谁要是打算像对待乳牛一样去对待真理，他就一定得不到纯粹的、其声铿锵的金币，而只能满足于几个不值钱的铜币。

　　　　　（选自《德国教师教育指南》，第斯多惠著，王承绪译，人民教育出版社1979年版）

3. 给刚参加学校工作的教师的几点建议

[苏] 苏霍姆林斯基

[阅读提示]

苏霍姆林斯基（1918～1970），苏联教育理论家和实践家。主要著作有《关于人的思考》、《帕夫雷什中学》、《把整个心灵献给孩子》、《给教师的100条建议》等。苏霍姆林斯基提出，教师不仅应该是学科的教员，而且是学生的教育者、生活的导师和道德的引路人。教师在课堂里不仅应该关注学科内容，更应该关心学生的思维状况，而这思维状况不仅反映出学生对知识的理解，也表露出学生的思维品质和整个心灵。教育必须触及学生的心灵。

请你记住，教育——这首先是关心备至地、深思熟虑地、小心翼翼地去触及年轻的心灵。要掌握这一门艺术，就必须多读书、多思考。

我还记得，我在学校工作的那头10年时间过得多么缓慢。到了后来，时间就过得更快了，而现在觉得，好像一个学年刚开始，一眨眼就结束了。我把这种个人的感受说出来，是为了向新参加工作的教师提醒一条非常重要的真理：无论年轻的时候充满了多么热烈而紧张的劳动，但是在这个时期里，总还是能够找到时间，来逐渐地、一步一步地积累我们的精神财富——教育的明智的。请你记住，你的教龄的20周年会不知不觉地到来，你就要进入自己生活的50年代，那时候，你会感到时间不够用了，你也许会忧伤地说："唉，如果早知今日，那么年轻的时候就该用一番功，以便老年将至的时候，工作能够更容易些。要知道，我还有20年的时间要工作哩！"

在年纪尚轻的时候，应当先做些什么，才不至于在老之将至的时候而悔恨呢？

要做的事很多，但首先必须点滴地积累作为一个教育者的智力财富和教育的明智。你面前的道路还很长。在这条道路上，你将看到各种人的最预想不到的命运。青年的爱思考的智慧和眼光将求教于你，探寻诸如"怎样生活？""什么是幸福？""真理在哪里？"这些问题的答案。为了回答这些问题，你就应当懂得一个人追求真理、向往人民的理想取得胜利的过程的辩证法，你就应当理解并且用全身心体验过人类为最美好的未来——共产主义的理想及其实现而斗争的特点。

……

不管你到公共图书馆去借任何一本书是多么方便，我还是劝你建立起自己的藏书。我就有一套个人藏书——这些书是我的老师，我每天都去向它们请教：真理在哪里？怎样去认识真理？怎样才能把人类积累、获取的道德财富，从年长一代的心灵和智慧中传授到年轻一代的心灵和智慧中去？这些书也是我的生活的老师，我每天都带着这样一些问题去求教它们：怎样生活？怎样才能成为自己的学生的楷模？怎样才能使理想的光辉照进他们的心田？

年轻的朋友，我建议你每个月买三本书：（1）关于你所教的那门学科方面的科学问题的书；（2）关于可以作为青年们的学习榜样的那些人物的生活和斗争事迹的书；（3）关于人（特别是儿童、少年、男女青年）的心灵的书（即心理学方面的书）。

希望你的个人藏书有以上这三类书籍。每过一年，你的科学知识都应当变得更丰富。希望你到了你参加教育工作满十年的时候，教科书在你眼里看来就浅易得像识字课本一样。只有在这样的条件下，你才可以说：为了上好一节课，你是一辈子都在备课的。只有每天不断地补充自己的科学知识，你才有可能在讲课的过程中看到学生们的脑力劳动：占据你的注意中心的将不是关心教材内容的思考，而是对于你的学生的思维情况的关心。这是每一个教师的教育技巧的高峰，你应当努力向它攀登。

请你像寻找宝石一样寻找那些关于杰出人物（如菲·捷尔任斯基、谢·拉佐、伊·巴布什金雅·斯维尔德洛夫、尤·伏契克、尼·别罗扬尼斯）的生平和斗争的书籍。请你把这一类书摆在你的个人藏书中的最崇高的地位上。请你记住，你不仅是自己学科的教员，而且是学生的教育者、生活的导师和道德的引路人。

你要买些心理学的书籍来充实自己的藏书。教育者应当深刻了解正在成长的人的心灵。当我听到或者读到对人的个别对待的态度这些词的时候，它们在我的意识里总是跟另一个概念——思考——联系在一起的。教育——这首先是活生生的、寻根究底的、探索性的思考。没有思考就没有发现（哪怕是很小的、乍看起来微不足道的发现），而没有发现就谈不上教育工作的创造性。请你记住，在心理现象的众多规律性中，每一条规律性都是通过千万个人的命运表现出来的。我坚定地相信，刚从师范院校毕业出来的教师，只有在自己整个的教育生涯中不断地研究心理学，加深自己的心理学知识，他才能够成为教育工作的真正的能手。

你将在自己整个的教育生涯中当一名教育者，而教育，如果没有美，没有艺术，那是不可思议的。如果你会演奏某一种乐器，那么你作为一个教育者就占有许多优势；如果你身上还有一点哪怕是很小的音乐天才的火花，那么你在教育上就是国王，就是主宰者，因为音乐能使师生的心灵亲近起来，能使学生心灵中最隐秘的角落都展现在教育者的面前。如果你不会任何乐器，那么在你的手上和心里就应当有另一种对人的心灵施加影响的强有力的手段——这个手段就是文艺。根据你所教的儿童的年龄情况，你每年买上几十本文艺书，它们能帮助你找到通往你的学生心灵的道路。不要忘记，你的学生所读过的文艺作品，是用他的求知的智慧和敏感的心灵来感知的，这一点往往能起到教师力不能及的作用，好比只要给道德的天秤盘里加上一个小砝码，就能使它向着你所需要的方向倾斜过去。在你选择自己的藏书时需要记住的最主要的一点，就是你推荐给学生阅读的书籍，要能教给他们怎样生活。书里的英雄人物的形象，要能够吸引和鼓舞你的学生，在他的心里树立起一种信念：人是伟大而有力的，共产主义思想是真理和正义的最高理想。每当我在书店里为自己的藏书挑选教育性的书籍时，我总是竭力思考，每一本书给我的哪一个学生阅读最为适合。

请你记住，教育——这首先是关心备至地、深思熟虑地、小心翼翼地去触及年轻的心灵。要掌握这一门艺术，就必须多读书、多思考。你读过的每一本书，都应当好比是你的教育车间里增添了一件新的精致的工具。

教育者还必须具备一种对美的精细的感觉。你必须热爱美、创造美和维护美（包括自然界的美和你的学生的内心美）。要知道，如果你自己喜爱栽种和培植果树，如果你自己喜爱在亲手栽培的繁花盛开的果树间来到蜂房跟前，倾听那蜜蜂的嗡嗡的鸣声，那么，你就找到了一条通往人的心灵的捷径——这就是在创造美的劳动中跟人的精神上的交往。

你在学校工作的每一年里，都应当使你的教育劳动的"工艺实验室"不断地充实起来。教师必须积累供全班学生和个别学生使用的大量习题和例题。这一切都需要年复一年地进行积累，并且按教学大纲的章节加以编排。我认识一些有经验的数学教师，他们在15年的工作时间里积累了相当可观的成套的代数和几何习题，并且能巧妙地在对学生进行个别作业时使用这些习题集。

（节选自《给教师的建议》，苏霍姆林斯基著，杜殿坤译，教育科学出版社1984年版）

4. 教师工作的才能和乐趣从哪儿来

[苏] 苏霍姆林斯基

[阅读提示]

苏霍姆林斯基(1918~1970),苏联教育理论家和实践家。他在本文中指出,教师必须对儿童身上良好的本质有无限的信心,深信有可能成功地教育每个儿童;教师的艺术和水平表现在是否善于把热忱和智慧结合起来;教师在教育生活中要具有健康、情绪、充实的精神生活、创造性的劳动乐趣、从心爱的事业中得到满足。

教师的职业就是要研究人,长期不断地深入人的复杂的精神世界。

1. 什么是从事教师工作的才能?它是怎样形成的?

正如任何一种有专长、有目标、有计划的经常性工作一样,教育人是一种职业,一种专长。但这是一种特殊的、和其他任何工作都无法相比的职业,它具有一系列特点:

(1) 我们是和生活中最复杂、最珍贵的无价之宝,也就是人在打交道。他的生活、健康、智慧、性格、意志、公民表现和精神面貌、他在生活中的地位和作用、他的幸福都决定于我们,决定于我们的能力、水平、工作艺术和智慧。

(2) 教育工作的最后结果如何,不是今天或明天就能看到,而是需要经过很长时间才见分晓的。你所做的、所说的和使儿童接受的一切,有时要过五年、十年才能显示出来。

(3) 许多人和生活现象影响着儿童,对他起作用的有母亲、父亲、同学、所谓"街头伙伴"、读过的书和看过的电影(而关于这些你是不知道的),以及和能有力地影响年青心灵的人进行的完全料想不到的会见等等。对儿童影响可能是积极的，也可能是消极的。有的家庭里有一种沉重压抑的气氛，对人们的一生打下了不可磨灭的烙印。亲爱的同行，学校的使命，咱们最重要的任务，就在于为人而斗争，克服消极的影响，使积极的影响发挥作用。为此，必须做到使教师的个性对学生的个性施加最鲜明、有效和有益的影响。皮萨列夫写道："人的本性是如此丰富、有力而富有弹性，它能处在最坏的环境中而保持自己的鲜艳和美丽。"这时，只有当儿童有一个聪明、能干、有智慧的教育者，人的本性才能得到最充分的显示。

（4）我们工作的对象是正在形成中的修改的最细腻的精神生活领域，即智慧、感情、意志、信念、自我意识。这些领域也只能用同样的东西，即智慧、感情、意志、信念、自我意识去施加影响。我们作用于学生精神世界的最重要的工具是教师的语言、周围世界的美和艺术的美，以及创造最能鲜明地表现感情的环境，也就是人类关系中的整个情绪领域。

（5）教师的创造性的最重要特征之一是他工作的对象——儿童——经常在变化，永远是新的，今天同昨天就不一样。我们的工作是培养人，这就使我们担负着一种无可比拟的特殊责任。

以上这些就是教育工作的特点，这方面的才能是什么？需要哪些客观条件？如何培养、确定、发展和磨练这种才能？

任何人都有一种根深蒂固、改变不了的精神需要，这就是要与人们交往，在交往中，他能找到生活的乐趣和充实自己的生活。但是，在有些人身上，由于各种原因，这种需要发展得很差，而在另一些人身上，它却似乎成了性格中压倒其他特点的特征。有些人，如俗话所说，"本性"孤僻、不爱交际、沉默寡言、更多地愿意独处或与少数朋友交往（当然，"本性"在这里毫无关系，起决定性作用的是教育，特别是幼年时期的教育）。如果和人多的集体交往使你头痛，如果你感到工作时独自一人或两、三个朋友一起比和一大批人在一起好，那就不要选择教师工作作为自己的职业。

教师的职业就是要研究人，长期不断地深入人的复杂的精神世界。在人的身上经常能发现新的东西，对新的东西感到惊奇，能看到形成过程中的人——这种出色的特点就是滋养着教育工作才能的一个根子。我深信，这个根子在人身上是童年和少年时期形成的,是在家庭和学校中形成的。它形成于父母和教师这些长者的关怀,他们用热爱人、尊敬人的精神教育儿童。你既然产生了想当教师的愿望,那就请你检查和考验自己一下。你在九年级或十年级学习时,请求共青团委员会任命你当少先队辅导员或十月儿童小组的教导员。于是,你面前就来了四十个小家伙。你一眼看去,他们甚至从外部特征上似乎都是彼此很相像的。但是在第三、第四、第五天,到森林、田野去过几次以后,你就会深信,每个儿童就是一个完整的世界,没有重复,各有特色。如果这个世界显示在你面前,如果你感觉到每个儿童都有个性,如果每个儿童的喜悦和苦恼都敲打着你的心,引起你的思考、关怀和担心,那你就勇敢地选择崇高的教师工作作为自己的职业吧,你在其中能找到创造的喜悦。因为我们工作中的创造性(我以后还要谈到它),首先就是要认识人、了解人,对人的多面性和无穷尽性感到惊奇。

如果这四十个孩子使你感到一模一样、单调乏味,如果你要很费力才能记住他们的面貌和名字,如果儿童的每一双小眼睛对你不意味着某种深具个性的东西,如果从花园深处某个地方传来儿童响亮的声音,你不知道是谁在喊叫,这喊声说明了什么(而且过一星期,一个月你也不知道),那么,俗话说,"三思而行",你就得再三考虑,然后再决定是否当一名教师。因为,没有一条教育规律、没有一条真理是可以对一切儿童绝对同样适用的。因为,实践教育学就是已经达到熟练水平、并且提高到艺术高度的知识和能力。因为,培养人,首先就要了解他的心灵,看到并感觉到他的个人的世界。

伟大的思想家阿拜·库南巴耶夫说过:"如果我手中有权,谁要说人是改不了的,我就割下他的舌头。"这句话深深印在我的心里。每当我思考教育的才能,或是和年青教师谈到他的喜悦和苦恼、成就和失败时,这些火焰般的字句就在我面前发光。如果你想把自己的一生贡献给崇高的教师工作,那么,我们心中就应对人,对他身上的良好本质具有无限的信心。这不是对某个抽象的人的信心(这种人在自然界是没有的),而是对社会主义社会中发育成长着的我们苏联儿童的信心。

教育才能的基础在于深信有可能成功地教育每个儿童。我不相信有不可救药的儿童、少年和男女青年。要知道，我们面前的这个人才刚刚开始生活在世界上，我们可以做到使这个幼小的人身上所具有的美好的、善良的、人性的东西不受到压制、伤害和扼杀。因此，每一个决心献身于教育的人，应当容忍儿童的弱点。如果对这些弱点仔细地观察和思索，不仅用脑子，而且用心灵去认识它们，那就会发现这些弱点是无关紧要的，不应当对它们生气、愤怒和加以惩罚。不要理解成我在宣传全面的容忍、抽象的容忍；号召教师忍耐地"背着十字架"。这里说的完全是另一回事，说的是母亲、父亲和教师这类长者要有一种英明的能力，能够理解和感觉到儿童产生过错的最细微的动机和原因。要理解和感觉到的正是这样一点，即这是儿童的过错，不要把儿童和自己混为一谈，不要对他提出那些对成人提的要求，但是自己也不要孩子气，不要降到孩子的水平，同时还要理解儿童行为的复杂性和儿童集体关系的复杂性。

　　如果儿童的每一次淘气都引起你的苦恼和心悸，如果你认为这些孩子已经闹到了极点，应当采取一些特别的"消防"措施，那你就该再三斟酌是否当一名教师，如果你和儿童会发生无休止的冲突，那就当不成教师。要有能力熄灭冲突，首先就要懂得，你是在和儿童打交道。这种能力来自滋养着教育才能的一条深根，即理解和感觉到，儿童是一个经常在变化着的人。

　　还有一个特征，没有它，依我看就不可能有教育才能。我想把这个特征称为心灵与理智的和谐。除了教师和医生的职业以外，未必有其他的职业需要如此多的热忱。你的学生可能不止四十个。如果你在高年级教课，那你将会有一百、一百五十个学生。应当把自己的心分给每一个人，在自己的心中应当有每个人的欢乐和苦恼。同情心、对人由衷的关怀同教育才能是血肉相连的。教师不能是一个冷漠无情的人。如果抱冷淡的重理智态度，对发生的一切都进行非常仔细的斟酌，遵行各种各样规定时生怕不准确，就会引起儿童对教师的戒备和不信任态度。过于重理智的教师，儿童不仅不喜欢，而且在他面前绝不会吐露自己的心思。

　　在任何情况下都要按照最初的内心冲动所要求的去做——这种冲动总是最崇高的。但同时，教师还应当会用理智来控制自己的内心冲动，不要屈服于自发的情绪。在对你的学生的错误、冒失,一句话,不正确的行为需要作处理的时候,这一点尤为重要。

教师的艺术和水平正表现在是否善于把热忱和智慧结合起来。

有时需要采取暂缓的解决办法,使感情"稳定"。每当我有必要和学生谈反映他复杂矛盾的内心活动的行为时,我经常把这种谈话推迟几天。我敬爱的同行,请相信我,这样做就会使你语言的情感、你对待学生的理智的心灵的情感更加充沛,因为在这种情况下,感情似乎由于你的英明见解而高尚起来。而你的见解、你的话也就进入了学生的心灵深处,因为它们热情洋溢,似乎是充满了你内心的焦急不安。善于激起自己和学生、特别是和少年进行知心交谈的情绪,这是每个教师都应当为自己建立的教育方法宝库中特别重要的一种能力。要在自己身上培养、形成这种能力,使它完善、"精炼",变得更加敏锐、有效。

要培养这种能力,必须深入儿童的心灵,仔细研究他的心思集中在什么上,他是怎样看世界的,他周围的人对他有什么影响。

我亲爱的同行,为了成为一个真正的教育者,就要经受这种热忱的锻炼,也就是说,要在很长的时期内用心灵来认识你的学生的心思集中在什么上,他想些什么,高兴什么和担忧什么。这是我们教育事业中的一种最细腻的东西。如果你牢固地掌握了它,你就会成为真正的能手。

2. 关于教师的健康和充实的精神生活问题。

我记得一次隆重的晚会,欢送一位教师退休。邀请我参加这个晚会的女教师还相当年青,她从二十岁开始工作,到退休也不过四十五岁。为什么阿娜斯塔西娅·格里哥里也夫娜要退休呢?大家都不理解。奇怪的是,这位女教师连多工作一天都不愿意,恰好当她在学校工作满二十五年的那天离开工作。阿娜斯塔西娅·格里哥里也夫娜本人对我们这些当时还年轻的教师作了告别讲话,消除了所有的疑问。她说:"亲爱的朋友们,我离开是因为学校工作不是我喜爱的事业。我在这个工作中得不到满足,它没有给我任何乐趣。这是不幸,是我生活中的悲剧。每天都盼望着课快些结束,喧哗声快些消失,可以一人独处。你们感到惊讶,一个四十五岁的妇女就离开了工作,而她的健康还很好。不,我的健康不好,已经受了内伤。受内伤是因为,工作没有给我乐趣。我的心脏病很重。劝告你们,年轻人,自己检验一下,如果工作没有给你们乐趣,那就离开学校,在生活中正确地判断自己,找一个心爱的职业。否则,工作时期你们将会感到痛苦。"

亲爱的朋友,让我们思考一下这个悲伤的故事。健康、情绪、充实的精神生活、创造性的劳动乐趣、从心爱的事业中得到满足,都是紧密联系、互相制约的。在这里,占首位的是健康和精神力量的和谐。教师多么需要健康,要是无法医治的疾病不知不觉来临,他生活中会出现多大的悲剧啊!因为,往往有这样的事,教师年龄才四十五到四十七岁,却已经衰颓了。刚刚进入教育智慧的顶峰,掌握了教育者的技艺和艺术的奥秘,形成了自己的教育信念,而力量已经没有了。一个从十六岁起就开始干教育工作、有二十五年工龄的教师写信给我说:"我多么害怕到四十五岁就成为'主席团名誉成员'、'婚礼上的将军'(意思是用来装饰场面的——译注)。怎样工作才能使健康不受损伤?因为,首先是为了工作,为了创造而需要健康,没有工作,我无法想象幸福。"

我和四十五岁到五十岁的四百名教师进行过谈话。谈到健康问题时,许多人诉苦说"心脏衰弱了","心脏时常犯毛病"。心脏和神经出毛病、心脏衰弱——正是这方面的疾病不知不觉地袭击教师,不仅限制他的创造性劳动,而且常常使他完全停止工作,不得不提前"退休"。教师要保护心脏和神经。我们应当做到工作到六十岁还很健康、朝气勃勃。很难想象有什么比一个教师感到自己脑力足、设想多而体力不支使他更悲哀的事了。

但是怎样保护心脏和神经呢?不要躲避所有能引起个人情绪的事,不要使自己养成冷漠无情的态度,这里首先要考虑我们工作的特殊职业条件。

我们的工作是用心脏和神经的工作,确实是每日每时都在消耗大量的精神力量。我们的劳动处于经常变化的局面中,有时令人十分激动,有时情绪抑制。所以,善于掌握自己,克制自己是一种最必要的能力,它既关系到教师的工作成就,也关系到他的健康。不会正确地抑制每日每时的激动,不会掌握局面,是最折磨教师的心脏,消耗教师的神经系统的事。

但如何培养自己的这种能力呢？首先要了解自己的健康，了解自己神经系统和心脏的特点。人的神经系统，按本质来说，具有很大的灵活性，教师应当把这种灵活性引导到控制情绪的艺术高度。我培养自己这种能力的办法是，不容许一些消极现象萌芽，如忧郁、夸大别人的毛病、极力渲染儿童的"不正常"的意图和行为（这一点很难用语言来表达，但却是我们的修养和教育工作方法的大缺点），习惯于对儿童提出只能对成人提出的要求，使小孩子不是成为好发议论者，就是成为以冷淡态度对待道理和教训的人。我经常力求不使自己激动，不去加剧激动，而是让它缓和下来。怎样才能做到这一点呢？如何避免经常强制地按捺住自己呢？最根本的办法是：第一，把整个集体（包括教师本人在内）的精力放到一种需要大家精神一致、集体创造、人人聚精会神、相互交流知识财富的工作上。经验使我信服，正是这种集体活动仿佛能使教师为了抑制激动，不让怒气发泄出来而常常不得不压紧的弹簧松弛下来。如果不使这种弹簧松弛，如果像俗话说的，压住心头怒火，那就会苦恼、生气，就会极度不安和心神不定地提防发生情绪问题的危险。这种危险每次之所以发生在我们的工作中，不是由于感情得到充分放纵，就是相反，由于感情被熄灭和受压抑。

我和孩子们到森林里去。我们的集体中有一个很小的孩子，活泼淘气，像水银一样好动，他是翘鼻子、有雀斑、蓝眼睛的尤拉。孩子们正集合在草地上听我的指示：我们还上哪儿去，在森林中怎么才能不丢失、不迷路。这时候，尤拉却跑到森林深处，藏在一个山沟里，高喊"阿乌"来招呼人。他这样做有不好的意图，是想搅乱我们的森林旅行。但是，我对自己说，不能对儿童的想法说得太过分。因为，尤拉还不过是一个小孩，二年级生，他不可能想得那么远。于是，我不着急，不生气和激动，而要藉此安排一个很有趣的游戏。我说，孩子们来吧，不要作声，要躲过尤拉。我们不去找他，让他来找我们。我们走动得非常轻，连脚下的草也不发出声音。我们偷偷地钻到一个我知道的林中穴洞里去，在那儿躲起来。孩儿们非常高兴地观察着自己的这个隐蔽所。尤拉高喊了几声后就沉默了。他已经到了一个地方，模仿着黄鹂的歌声，走近了我们坐过的草地。他又高喊了，从他的声音里我听出他的惊慌了。后来，他走到草地上，不再高喊和模仿鸟唱歌，而是惊慌地叫我们："你们在哪里？回答我！"

不是去强迫自己压制激动，而是要寻找一种活动，使你能完全从另一个角度来看待引起激动、气愤而又不得不把引起抑制作用的弹簧压紧的事情。使令人不愉快的、感到气愤的事情成为可笑的事情吧！这样，你就成了集体思想和情感的全面主宰者。

消除激动和气愤、放松抑制的弹簧的第二个方法是幽默。如果你具有幽默感，那么，最紧张的、有时能引起很长时间气愤的局面就可以得到缓和。孩子们之所以热爱和尊敬快乐、不泄气、不悲观失望的教师，是因为孩子们自己是快乐的、具有幽默感的人。他们会从每一个举动中、每一件生活现象中看出很小一点可笑的事。善于无恶意地、怀着好心地嘲笑反面的东西，用笑话来支持和鼓励正面的东西，是一个好教师和好的学生集体的重要特征。

如果教师缺乏幽默感，就会筑起一道师生互不理解的高墙：教师不理解儿童、儿童也不理解教师。意识到儿童不理解你，就会使你生气，教师生起这种气来，就往往无法摆脱。亲爱的同行，相信我，侵蚀学校生气勃勃的机体，毒害学生集体生活的冲突，多半正是这种互不理解引起的。

教师工作的特点，是高度脑力紧张时期与比较平静的时期相互交替。多年的实践有力地表明，教师的心脏和神经需要长时期停止耗费，也就是说，停止消耗神经和精神的力量。这种力量必须得到补充。这种补充的必要条件就是合理使用休息时间。正确的休息，特别是在夏天和冬天，能发展并加强神经系统的补偿能力，有助于养成沉着、平稳和使感情爆发服从于理智控制的能力。许多在学校工作了三四十年以上的有经验的教师叙述说，使他们养成沉着和自制力的因素包括并特别是和自然界的长时间接触，在这种接触中，能使体力上的紧张和思想、观察相结合。

同时，要善于在日常工作中爱惜神经力量，这也是保证心脏和精神健康的十分重要的条件。

（选自《给教师的一百条建议》，苏霍姆林斯基著，周蕖译，天津人民出版社1981年版，题目为编者所加）

5. 谈谈教师的教育素养

[苏] 苏霍姆林斯基

[阅读提示]

苏霍姆林斯基（1918～1970），苏联教育理论家和实践家。苏霍姆林斯基认为，只有当教师的知识视野比学校教学大纲宽广得无可比拟的时候，教师才能成为教育过程的真正的能手、艺术家和诗人。这样的能手、艺术家和诗人，在课堂上关注的不是学习的内容本身，而是学生，是学生的脑力劳动，是学生的思维以及学生在脑力劳动中遇到的困难。要做到这一点，就要把读书变成教师的精神需要。

教师对教材有深刻的知识——这是教育素养的基本方面之一。

教育素养是由什么构成的呢？这首先是指教师对自己所教的学科要有深刻的知识。我们认为很重要的一点是，教师在学校里教的是科学基础学科，他应当能够分辨清楚这门科学上的最复杂的问题，能够分辨清楚那些处于科学思想的前沿的问题。如果你教的是物理，那么你就应当对基本粒子有所了解，懂得一点场论，能够哪怕是粗略地设想出将来的能源发展的前景。教生物的教师则需要懂得遗传学发展的历史和现状，熟悉生命起源的各种理论，知识细胞内部发生的系列化过程。教育素养就是由此开始并在此建立起来的。可能会有人反驳说：为什么教师要懂得那些课堂上并不学习的东西以及那些跟中学所学的教材没有直接联系的东西呢？这是因为：关于学校教学大纲的知识对于教师来说，应当只是他的知识视野中的起码常识。只有当教师的知识视野比学校教学大纲宽广得无可比拟的时候，教师才能成为教育过程的真正的能手、艺术家和诗人。

我认识几十位这样的教育能手。他们的教育素养从备课就能看得出来。

他们是按照教学大纲而不是按照教科书来备课的。他们仔细地思索过教学大纲以后，就把教科书里有关的章节读一遍。他们这样做是为了把自己置身于学生的地位，用学生的眼光来看教材。真正的教育能手知道的东西，要比学校里的东西多得多，因此他不需要在课时计划里把要讲的新教材都写出来。他的课时计划里并不写叙述（演讲、讲解）的内容，而只写一些为了指导学生的脑力劳动所必要的关于课堂教育过程的细节的简短的纪事。教育工作的能手对于课堂上所学的自己那门科学的起码知识了解得如此透彻，以致在课堂上，在学习教材的过程中，处于他的注意中心的，并不是所学的东西的内容本身，而是学生，是学生的脑力劳动，是学生的思维以及学生在脑力劳动中遇到的困难。

　　请你留意观察一下那些只知道必须教给学生的那点东西的教师的工作情形吧。他认真地按照教科书把要讲述的东西准备好，甚至把讲述的内容和逻辑顺序都记住。你将会发现：那些在讲述新教材时应当使用的直观教具和说明性的材料（如在历史、地理、生物课上要用的文艺作品中的形象），好像是人为地附加在课的内容上的，所有这些都从学生思想的表面上滑过去了（有时候教师甚至忘记了使用他所挑选和准备好的东西）。为什么会得到这样的结果呢？这是因为，处于教师注意中心的只是教材内容，而不是教育过程的各种细节，教师使足力气去回想讲述的过程，他的全部注意力都集中在自己的思考和教材内容上。学生要领会这样的讲述是困难的，在这种课堂上没有不随意识记，因为在教师的讲述和语言里没有情感。如果教师不得不使足自己的全部力气去回想教材内容，他的讲述缺乏情感，那么儿童就会不感兴趣，而在没有兴趣的地方也就没有不随意识记。这是教师的教育素养的一个非常微妙而又非常重要的特征：教师越是能够运用自如地掌握教材，那么他的讲述就越是情感鲜明，学生听课以后需要花在抠教科书上的时间就越少。真正的教育能手必有真正丰富的情感。那种对教材的知识很肤浅的教师，往往在课堂上造成一种虚张的声势，人为地夸夸其谈，企图借此来加强对学生意识的影响，但是这样做的结果却是可悲的：虚张声势会使人空话连篇，爱说漂亮词句，所有这些都会腐化学生的灵魂，使他们内心空虚。

当人们谈到形成信念的问题时，常常会听到这样一些议论：对教材的知识——这还不是信念，有知识并不意味着有信念，这样把两者对立起来是毫无道理的。所谓真正地有知识，这就是对知识有深刻的理解并且把知识多次地反复思考过；而如果对知识有深刻的理解并且反复地思索过，如果知识变成了学生主观世界的一部分，变成了他自己的观点，那就意味着知识已经成为信念。那么，在什么条件下知识才能触动学生个人的精神世界，才能成为一个人所珍视的智力财富和道德财富呢？只有在这样的条件下——用形象的话来说，就是在知识的活的身体里要有情感的血液在畅流。如果在教师的讲课里没有真正的、由衷的情感，如果他掌握教材的程度只能供学生体验他所知道的那一点东西，那么学生的心灵对于知识的感触就是迟钝的，而在心灵没有参与到精神生活里去的地方，也就没有信念。由此我们还是得出那个同样的结论：教师对教材有深刻的知识——这是教育素养的基本方面之一。

教育素养的这一重要特征的第一个标志，就是教师在讲课时能直接诉诸学生的理智和心灵。在拥有这一真正宝贵财富的教师那里，讲述教材就好比是向交谈的对方（学生）发表议论。教师不是宣讲真理，而是在跟少年和男女青年娓娓谈心：他提出问题，邀请大家一起来对这些问题进行思考。在分析这种课的时候，大家会感觉到：在教师跟学生之间建立了一种密切的交往关系。你，作为校长，也会被教师的思想的潮流所带走，你会忘记你是来检查教师的工作的，你会感到自己也变成了学生，你跟一群15岁的少年们一起为发现真理而欢欣鼓舞，你在心里回答着教师提出的问题。在我们州的一所学校里发生过一件有趣的事：年轻的校长在听一位有经验的教师上几何课，他的思想完全给教师的讲解迷住了，以致当教师向同学们问道"你们谁能回答这个问题？"的时候，这位校长竟举起手说："我！"这才是真正的教育技巧。这就是我们所说的那种直接诉诸儿童的理智和心灵的境界，这种境界只能是教师具备深刻的知识的结果。他的知识要如此深刻，以致处于他的注意中心的并不是教材内容，而是儿童们的脑力劳动。

而在另外一种课堂上，当你看到教师跟学生之间并没有交往，教师一头钻进他的课时计划里，而孩子们在看着天花板或者天空中飘浮的云朵时，你会作何感想呢？你会在学生面前觉得不自在，你会替教师、替自己，也替教育学觉得难为情。你后悔不该来听课。在课后，你不想当时就跟教师进行谈话，你会想：是不是把谈话推迟到明天，是不是应当再来听他一节课呢？

可见，教师在他所教的科学基础学科方面，如果没有深刻的科学知识，就谈不上教育素养。那么怎样才能使每一位教师不仅懂得一点教学的常识，而且深知本门学科的渊源呢？

读书，读书，再读书——教师的教育素养的这个方面正是取决于此。要把读书当做第一精神需要，当做饥饿者的食物。要有读书的兴趣，要喜欢博览群书，要能在书本面前坐下来，深入地思考。

怎样才能使读书成为每一位教师的需要呢？这里很难确定地说有些什么特殊的方法。读书的需要是靠教师集体的全部精神生活培养起来的。

但是，把读书变成教师的精神需要，毕竟还是有一些非常具体的、容易捉摸的、易于检查的条件和前提的。这首先是时间——供教师自由支配的时间。教师的空闲时间越少，他被各种计划、总结之类的东西弄得越忙，那么他对学生将要无物可教的那一天就来得越快。我们的教师集体遵循着一条规则：教师不写任何总结和汇报。除了教育工作计划和课时计划外，教师不写任何别的计划。课时计划是必不可少的文献，它能反映出教师个人的创造性实验室的情况。对课时计划不规定什么固定的格式。当然，也对它提出一定的要求。这首先就是要对学生将要学习的理论性教材进行教学论的加工。一个创造性地工作的教师所做的课时计划，就是对课堂上应当发生的和可能出现的情况作出最大限度的预见。

每一位教师都有自己的创造性的实验室，这个实验室一年比一年丰富起来，——这是教育素养的一个非常重要的方面。这里指的是教师劳动的工艺学。例如，数学教师们一年年地积累教学资料——几种不同难度（不同变式）的应用题，教师和学生制作的直观教具等。教师为每一节课积累的资料每年都在增加，因此他也就没有必要再写课时计划了。地理教师每年在充实他的各个专题的直观教具册。语文教师在逐年编辑用于语法教学大纲的每一章节的个别作业卡片集，编写和修订应当让学生牢记的最低限度正字法词汇表。

教师的教育素养的一个很重要的因素,就是要懂得各种研究儿童的方法。教育素养在很大程度上取决于,教师是否善于在儿童的脑力劳动和体力劳动过程中,在游戏、参观、课外休息时间内观察儿童,以及怎样把观察的结果转变或体现为对儿童施加个别影响的方式和方法。对儿童的认识首先是由观察构成的。这里应当再说一遍:教师应当了解儿童的健康状况,了解他的智力发展和身体发展的个人特点,了解影响他的智力发展的解剖生理因素。关于解剖学和生理学、心理学和缺陷教育学的书籍,应当成为一个善于思考的、创造性地工作的教师的必备书。教师到了学校以后(这种提高是在许多教师的经验的基础上进行的),才开始真正地研究心理学:他要时常去翻阅心理学书籍,以便更深入地思考和理解儿童的行为中、脑力劳动中、同学的相互关系中的这种或那种现象、这一或那一特点。

没有扎实的心理学基础,就谈不上教育素养。有些教师觉得心理学是一门枯燥的科学,在学校里得不到实际的应用。我们很关心让心理学成为教师实际工作中的真正指南。我们经常在校务委员会的会议上介绍心理学家的研究成果,在教师休息室的"新书"陈列架上陈列心理学书籍,让教师去阅读、思考和研究。当然,我们宣传这些书籍,不能让它只是一种良好的愿望,我们每一位教师(包括校长和教导主任)都在经常地、用心地写儿童的"教育鉴定",这种"教育鉴定"要求弄清楚儿童的复杂的精神世界,深入了解儿童的欢乐和忧愁,而这种"教育鉴定"所依据的基础就是心理学的分析、观察和研究。

(节选自《给教师的建议》,苏霍姆林斯基著,杜殿坤译,教育科学出版社1984年版)

6. 教师的心灵

[美] 帕尔默

[阅读提示]

帕尔默（1939～　），美国当代著名教育学者。多年从事关于教育、共同体、领导、精神和社会变革等方面问题的研究。主要论著《教学勇气——漫步教师心灵》。帕尔默提出，如果一项工作是"我"内心真正想做的，尽管连日辛劳，仍然乐此不疲。反之，就会造成职业倦怠。

教师的内心是使我们的生命鲜活的核心，而使生命鲜活又是无愧于教育这个词的真正教育所强调和召唤的。

与导师和学科的相遇可以唤起自我意识，获得一些"我们是谁"的暗示，但是教学的呼唤还不单是来自外部的融合——没有我灵魂的首肯，任何外部的导师和学科都不会对我产生影响。任何真正可信的教学要求最终是来自教师内心的呼唤。这种呼唤使我尊重真实的自我。

说到教师的内心世界的呼唤，我指的不是良心超我，不是道德权威或内在判断。事实上，良心，按照一般意义理解的良心，会使我深深地陷入职业困扰之中。

当我们最初听到生活中我们"应该"做什么的那些要求时，可能会发现，我们被那些外部的期望所围困，这些外部的要求扭曲了我们的自身认同和自身完整。按照抽象的道德要求，我应该去做很多事情。但这是我的天职吗？我有这样的天分去做吗？我内心呼唤我这样做吗？这是我内心世界与外部世界交会中特别倾心的天地，还是别人对我生活的应然设想？

如果我只是遵循这些应然规则，我发现自己所做的工作只是在伦理意义上值得赞美，但非我心甘情愿所为。对一项非我倾心的工作，无论从外部代表的抽象标准看多有价值,它都会侵犯自我——准确地说,为了符合一些抽象的原则而侵犯我的自身认同和自身完整。当我侵犯了我自己,不可避免地,我最终会侵犯与我共同工作的人们。到底有多少教师将他们自己的痛苦加诸学生?这种痛苦就是来自于:他们正在做的事从来不是,或不再是他们真正倾心的工作。

与这种应然规则的压迫性和损害性的职业概念相反,比克纳(Buechner,F.)提出了一种更宽容、更人性化的天职图景:"是你深层愉悦与外部世界深层渴望之间相遇交融的圣地。"

在那些有时把工作等同于受苦的文化中,提倡职业的最佳内涵的象征是深层愉悦,这是一场革命——而且是实实在在的革命。如果一项工作是我内心真正想做的,尽管连日辛劳,困难重重,我仍然乐此不疲。甚至这些艰难的日子最终也会使我的生活充实快乐,因为这是我真正倾心的工作,其中出现的各种问题正好帮助我成长。

如果一项工作不能以上述这些方式使我感到愉悦,我就要考虑放弃这项工作了。当我投身去做的事情与我的身份认同相悖,与我的天性并不契合,我极有可能加剧外界的饥荒,而不是助其减轻。

有时候,我们必须为了钱而非为了工作的意义而工作,我们可能根本没有因为工作不能使我们感到愉悦而辞职的派头,但是,我们不断以那种践踏我们灵魂的方式工作,而对他人和自己造成损害,却无法从中解放出来。保持自我同一性是否是一种奢求,我们也无法从这种困惑中释怀。这工作我该继续干下去还是尊重我的灵魂?从长远看,到底哪一个选择对我才更安全?

教师的内心不是良心的呼唤,而是自身认同和自身完整的呐喊。教师内心要说的不是应该如何,而是在说对我们而言什么是真实,什么是真我。心声告诉我们,"这工作适合你,或这工作不适合你";"这是真正的你,这不是真正的你";"这赋予你活力,或这扼杀你的心灵——使你觉得生不如死"。教师的内心有一个警卫,守护着你的个性,把有损于我们自身完整的一切任何东西拒之门外,把有益于我们自身完整的一切东西拥入怀中。每当我与我的生活圈中的力量周旋协调时,教师内心的声音就提醒我真实的存在。

我意识到教师的内心的想法无异使某些学者觉得是一种浪漫的幻想，但我还是不能彻底了解为什么这只能是幻想。如果我们的生活中根本就不存在这种真实，几百年来西方对教育目标的论述就成了一句空谈。按经典的理解，教育就是试图从自我内部"引出"智慧内核，只有这智慧内核才有力量抵制谬误，用真理启迪生命。教育采用的方式不是靠外部规范，而是靠理智的反思的自明自断。教师的内心是使我们的生命鲜活的核心，而使生命鲜活又是无愧于教育这个词的真正教育所强调和召唤的。

也许这个想法不受人欢迎，因为它迫使我们面对教学中两种最难对付的真相。

第一个真相是，除非教师把教学与学生生命内部的鲜活内核联系起来，与学生的内心世界的导师联系起来，否则永远不会"发生"教学。

我们能够，也确实存在使教育成为纯外部的事业，强迫学生记忆和重复一些知识，却从来不诉求于学生内在的真谛——结果可想而知：学生们一旦离开学校，就再也不想读发人深省的书，再也不提出有独创性的见解。如果我们忽视了学生内心世界的导师，就根本不会有改变人的优秀教学。

第二个真相更让人恐惧：只有我们教师能够与自己的内心对话，我们才有资格说教师深入到学生的内心中。

那位把不好的老师说成像卡通人物的学生，就把教师描述成对他们的内心向导充耳不闻的人。他们把自己的内心真实与外部活动完全分离，以至于他们已经失去了与自我意识的联系。心灵深处直对心灵深处才产生共鸣，如果我们不能发出我们内心深处的声音，我们当然听不到学生内心深处的声音。

教师怎样才能注意到来自内心的声音呢？我还不能提出一些特别的方法，还是那些咱们熟悉的老话：独处静思，沉思默读，野外散步，坚持读报刊，找一个可以倾诉的朋友。一个简单的建议是，要尽可能多地学些"自言自语"的方式。

当然，我们一般用"自言自语"这个词语来描述精神失调症状——可见我们的文化是怎样看待内心的声音的！但是那些学会与自己对话的人们很快就会惊喜地发现，教师的内心是他们所遇到的最通达清醒的对话伙伴。

我们需要找到各种可能的方式来倾听来自心灵内部的声音，并认真地接受内心的指引，不只是为了我们的工作，更是为了我们自己的健康。如果外部世界有人要告诉我们重要的事情，而我们当他（她）不存在不予理睬，这个人不是放弃不说了，就是为了引起我们的注意变得愈来愈粗暴起来。

同样的道理，如果我们教师不对内心的声音作出反应，它可能不再发出声音，也可能变得粗暴：我相信，我们的某些沮丧就是这样造成的，那些内心世界长期被忽视的教师，拼命地想得到我们对其心声的倾听，威胁要干掉我们。我自己就有这样的经历。只要我们稍微给自己内心声音一些注意和尊重，它就会以一种更温柔的方式回应，使我们参与到赋予生命活力的灵魂的对话中。

这种对话，不一定非要得出结论才有价值：我们与自己对话，不需要开始于清晰的目的、目标和计划。要从实际效果来衡量内心对话的价值，就好像用和朋友一起解决问题的数量来衡量友谊的价值一样。

朋友之间的对话有它本身的回报：在朋友面前，我们感到放松、安心、平和、快乐，我们能够彼此信任。我们要关照教师内心，使其不会僵化，对深层的自我待之如友，培养一种自身认同和自身完整的意识，使我们无论在哪里都感到回归了灵魂家园。

聆听教师的内心的声音也回答了教师要面临的最基本问题：我该怎样建立我的教学威信？又该怎样在课堂中和我内在生命的复杂力量中形成泰然自若的定力？

在以教学技术为中心的文化中，我们常把威信与权力混淆。但两者并不等同。权力是外部赋予的，而威信是发自内心的。如果我们在内心之外寻找威信，以为可以在以下资源中，从微妙的团体管理技巧到不那么微妙的等级控制方法，找到建立威信的答案，那就错了。这种教学观把教师当作警察在岗执行任务——通过准许制，保证一切正常运行，但是很多时候不得不依靠法律的强制力量。

外部强制力量的工具偶尔可以在教学中发挥作用，但是并不能取代威信。权威、威信是来自教师的内在生命。从威信这个词本身的词义来看，原创是其核心内涵。权威、威信赋予给那些被认为是原创自己的语言、自己的行动和自己的生活的原创者，而不是照本宣科地扮演远远疏离于他们自己心灵的角色。一旦教师靠法律或技术的强制力量过活，他们就无权威、威信可言了。

我痛苦地意识到，在我自己的教学过程中，有一段时间，我与内心的导师失去了联系，因此也就与我自己的权威失去了联系。在那段日子里，我把自己隔离在讲台后面，利用自己可以用成绩来威胁、控制学生的地位，获得教师的权力。但是当我依靠内心的导师赋予我威信时，我的教学就既不要武器也无需盾牌了。

当我唤回了我的自身认同和自身完整时，当我牢记我的自我个性和我的天职意识时，威信就树立起来了。这时教学就能够发自我自己真实的内心深处——这是一种有机会在学生们的内心获得默契的回应、共鸣的真实。

（节选自《教学勇气——漫步教师心灵》，帕尔默著，吴国珍、余魏等译，华东师范大学出版社2005年版）

7. 谦卑　爱心　宽容

[巴西] 弗雷勒

[阅读提示]

保罗·弗雷勒（1921～1997），巴西当代教育家，著有《十封信——写给胆敢教书的人》《被压迫者教育学》等。弗雷勒认为，作为文化工作者的教师能做的，不仅仅是教给学生读和写，更应建立起全新的教学关系，把教育活动当成是重要的政治事件来从事，让学生自我教育，参与知识的创造。弗雷勒在本文中提出，谦卑需要勇敢、自信、自尊和尊重他人；没有爱心，教师的工作将失去意义。

没有爱心，教师的工作将失去意义。在这里，我所说的爱心不仅是针对学生而言，还包括对教学过程的热爱。

我想清晰地指出，我即将谈论的品质，对我而言是进步教师不可或缺的品质，是通过实践逐步获得的。它们通过与"教育工作者的职能至关重要"的政治决策并存的实践而得到发展。因此，我所说的品质不是与生俱来的，也不是天赐或恩赐之物。此外，我在这里给出的顺序并不意味着它们有价值差异，它们对于进步的教育实践都是必不可少的。

我将从谦卑开始。在这里，谦卑并不意味着缺乏自尊、顺从、怯懦。相反，谦卑需要勇敢、自信、自尊和尊重他人。

谦卑使我们能够理解一个浅显的真理：谁都不是全知的，也没有人会完全无知。我们都知道某些事，也会忽略某些事。如果没有谦卑，人们将很难尊重地听那些我们认为能力远在我们之下的人。但是谦卑地聆听那些不如自己的人，并不意味着屈尊俯就或类似履行某种誓约的行为："我向圣母起誓，如果我认为那件事并不重要，我仍将认真地聆听粗鲁而无知的学生家长的意见。"并非如此。聆听所有与我们相遇的人，而不论他们的智力水平如何，是人类的义务，它反映了我们对民主而不是精英统治的认同。

　　实际上，我无法理解，我们该如何把对民主理想的坚持和以骄傲或者惟我独尊的自大姿态来克服偏见统一起来。如果我眼里只有自己，只能听到自己的声音，除我自己之外没有别人能够打动我，我怎么能够聆听别人，又怎能与人对话呢？如果我们谦卑，即一个人能够自我贬损或接受蒙羞，那么我们就可以开始教或者学了。谦卑使我避免陷入惟我独尊的循环中。谦卑的重要补充之一是常识，它提醒我们，某些看法会把我们引入歧途。

　　那种"你不知道自己在跟谁打交道"的自大态度，那种想让自己的知识得到承认的无限制的欲望和无所不知的狂妄，都与谦卑的温顺（而不是冷漠）无关。谦卑并非产生于人们的不安，而是产生于更清醒者不安全的安全感中。因此，这种不安全的安全感是谦卑的表现形式之一，正如不确定的确定性不同于过分相信自身的确定性一样。相反，专制主义的表现是宗派主义。他们的真理是唯一真理，而且必须强加给其他人。他们的真理就是对他人的拯救。他们的知识"照亮了"他人的暗昧与无知，而他人则必须臣服于专制主义的知识和自大。

　　我将回到对专制主义——无论是教师，还是家长——的分析上。正如我们看到的，专制主义不时会把学生或孩子引向反叛立场，挑战任何限制、纪律或权威。但它也会导致冷漠、过分服从、无批判地遵从、缺乏对专制言论的抵制、自暴自弃、害怕自由。

　　在指出专制主义可能导致各种各样的反应时，我认为，从全人类的角度看，事物的发生并没有那么机械和愉快。因此，有的孩子面对霸道的行为，可能不会受到伤害，但是这不能成为我们碰运气而不设法减少专制做法的借口。如果我们不能为我们的民主梦想而付出努力，我们将得不到发展中的人类——孩子和学生——的尊重。

　　但就教师表现之中，以及涉及学生的行为中的谦卑而言，还必须加上一种品质：爱心。没有爱心，教师的工作将失去意义。在这里，我所说的爱心不仅是针对学生而言，还包括对教学过程的热爱。我得承认而非吹毛求疵，我不相信没有如诗人迪亚戈·德迈洛（Tiago Dotelo）所说"武装的爱"，教育工作者能克服其职业的消极影响。没有爱，他们将无法面对所有的不公正和政府对他们的蔑视，这些蔑视和不公借由侮辱性的工资和对教师的专断态度传递出来。教师不是保育员，他们通过工会参与抗议活动，受到惩罚，但仍然投身于教育学生的工作之中。

然而，这种爱确实必须是"武装的爱"，是那些认识到战斗、谴责和声明权利、义务的人的战斗之爱。正是这种爱为进步教师所不可或缺，我们都必须学会这种爱。

巧的是，我所谈论的爱，我为之而战、时刻为实现它而准备着的梦想，同样要求我在自己身上、在社会实践中创造另一种品质：战斗和去爱的勇气。

作为一种美德的勇气，我无法在我自身之外找到，因为它包含了我对恐惧的克服，它意味着恐惧。

首先，在我们谈论恐惧时，我们必须明白，我们是在谈论非常具体的事物。换言之，恐惧并不抽象。第二，我们必须明白，我们正在谈论很普通的事物。当我们谈论恐惧时，我们必须对我们的选择了然于胸，而这要求特定的具体的实践和程序——恐惧恰恰来源于此。

当我更清楚地知道我的选择和梦想——它们本质上说是政治的选择和梦想，表面看关乎教育学——认识到尽管我是个教育工作者，我同样也是政治代理人时，我就能更好地理解我为什么会害怕，以及我们离推进民主还有多远。我还认识到，当我们将唤醒学生意识的教育付诸实践时，我们是在与麻痹我们的神话对抗。当我们面对这样的神话时，我们面对的是统治权力，因为这些神话正是对权力及其意识形态的表达。

当我们面对诸如失业和得不到提升一类的具体恐惧时，我们感觉到，有必要为我们的恐惧设置一定的限度。我们首先意识到的是，恐惧表明了我们的存在。我没必要隐藏我的恐惧。但我不能被恐惧束缚住手脚。如果我的政治梦想是安全的，又有减少风险的策略，我必然继续战斗。因此，必须控制恐惧，接受恐惧——它们最终将为我带来勇气。因此，我既不能否认恐惧，也不能向恐惧低头。我必须控制它们，因为正是在这一特定实践中，我的勇气才得以与人分享。

给我们带来灾难、麻痹我们的恐惧可以在没有勇气的地方出现,而没有恐惧的勇气却永远不会存在,勇气道出了我们尝试限制、服从、控制恐惧的本性。原因如上所述。

宽容是另一种美德。没有宽容,教育工作无法展开;没有宽容,可信的民主实践就失去了可行性;没有宽容,所有进步的教育实践都将自我否定。宽容不是那些玩弄取信于民把戏的人所采取的不负责任的立场。

宽容并不意味着默许不能容忍的事,并不意味着掩盖不尊重,并不意味着纵容侵略者或美化侵略。宽容是这样一种美德,它教会我们如何与不同的人共生。它教会我们尊重差异并向差异学习。

宽容至少可以被看做具有某种益处,它仿佛是一种谦逊的有思想的接受、忍受自己不太想要的相反事物的方式,一种允许看似和自己相异事物共存的文明方式。但,那是虚伪,而不是宽容。虚伪是缺点,是降格以求。宽容是美德。因此,如果我宽容地生活,我应该信奉宽容。我必须把它当成连接我与我的历史存在的纽带,而非由其表象决定的事物,把它当成与我政治选择一致的事物,来加以实践。我认为,不把宽容、与差异共存作为基本原则的人,不可能民主。

没有人能从产生不了民主、不负责任的环境中学会宽容。宽容需要在有约束、尊重原则的环境中践行。这正是宽容与狭隘水火不容的原因所在。在权威被滥用的专制政体或自由不受约束的放任政体下,人们很难学会宽容。宽容要求尊重、纪律和道德。充满了性别、种族、阶级歧视的专制主义者,如果不首先克服自己的偏见,就不可能变得宽容。正因如此,一个偏执狂发表与自己的行为相左的进步言论,会以失败告终。也正因如此,那些唯科学论者才等同于不宽容者,因为他们把科学当成终极真理,认为只有科学才能带来确定性,除此而外,任何事物都不值一提。沉迷于唯科学论者不会宽容,尽管这一事实不能贬损科学的价值。

要成为进步的教育工作者,我们还应该培养果断、安全、耐心与不耐烦间的紧张关系、生活的乐趣等品质。

决策的能力对于教育工作者从事其教育工作而言，是必不可少的。教育工作者通过展示其决策能力来教会别人果断的美德。决策因其意味着破坏自由选择而很难作出。没有人能在不对事物、观点、人进行权衡的情况下作出决策。因此，每一个经由特定决策完成的选择，都要求在比较和选择可能的方面、人或立场时进行详细的评估。正是这种评估以及与评估相关的所有判断，帮助我们作出了最后的选择。

决策是对立性（rupture）的，往往并不容易作出。但是无论有多大难度，没有对立，决策便不能存在。

教育工作者可能会有无法作出决策的缺陷。这种优柔寡断在学习者看来，要么是道德弱点，要么是缺乏专业技能。民主的教育工作者不能以民主的名义抵消自己的影响。相反，尽管他们不是唯一对其学习者的生活负责的人，他们不能在民主的名义下，逃避决策的责任。同时，他们不能专断地决策。树一个不履行自身义务、允许自己自由放任的权威典型，对于教育工作者而言，是更甚于滥用权威的厄运。

民主式的教育范例是，在对问题进行分析之后，与学生一起讨论，作出决策，这已为大量的事例所证明。当需要在教育工作者的专业范围内制定决策时，就没有任何理由漫不经心和不采取行动。

优柔寡断说明一个人缺乏自信，而自信又是与人们管理班级、家庭、机构、公司或国家时的责任感紧密相连、不可分割的。

另一方面，安全和自信又有赖于科学能力、政治清明和正直的品德。

如果一个人在行动中不懂得如何科学地支持该种行动，不知道他所要采取的是什么行动、为什么要行动以及结果会是什么，那么他在行动中就不可能是安全的。忠诚也是如此：我们必须得知道自己赞成与反对的是什么。如果一个人不能被感动，或者在行动中触犯了他人的尊严、使他们陷入窘境，则他也不可能是安全的。这种道德上的不负责任和玩世不恭表明，这样的人是不能从事教育工作的，因为教育工作要求教育工作者严守纪律，也以此来要求学习者。一方面，这种纪律反映了教育工作者的能力，正如学习者们将逐步发现的那样，谦虚谨慎，从不暴怒；另一方面，它影响了教育工作者运用权威——安全、清晰、果断——的尺度。

如果教育工作者缺乏长期追寻正义的兴趣,他将无法认识到以上所述的所有美德。任何人都不能以任何借口阻止教师偏爱某个学生甚于他人。这是教师的权利。教师不应该做的,是喜爱某个学生而不尊重其他学生的权利。

进步的教育工作者还有一个不可或缺的基本品质:必须在耐心与不耐烦的紧张关系中发挥才智。单纯的耐心或不耐烦都不符合要求。单纯的耐心会使教育工作者滑向顺从、放任,这与教育工作者的民主理想是相左的。单纯的耐心可能导致僵化和静止。相反,单纯的不耐烦可能导致教育工作者陷入盲目的行动主义中,为行动而行动,不尊重战略和战术间的必要联系而盲目行动。孤立的耐心会阻碍教育工作者完成其教育实践的中心目标,使教育实践软弱而无效。无节制的不耐烦对教育实践的成功极为有害,它使得人们狂妄地把自己看作是历史的评判者。单纯的耐心以简单唠叨毁灭了自身,单纯的不耐烦则以不负责任的行动主义自取灭亡。

美德并非存在于只有耐心或不耐烦的经历之中,而是存在于两者之间永恒的紧张关系中。教育工作者必须不耐烦地耐心工作,永远不向任何一端完全妥协。

除这种和谐、平衡的生存和工作方式外,我还要提及一种品质,我称之为惜字如金(Verbal parsimony)。惜字如金是耐心—不耐烦假设的要求。那些生活在不耐烦的耐心中的人不会控制不住自己的语言,他们很少会超越其深思熟虑而又充满活力的言论界限。那些游刃有余地生活在单纯耐心之中的人,常常扼杀了自己的合理愤怒,从而使自己的言论软弱而屈从于他人。另一方面,那些毫无节制地不耐烦的人,其言论往往无所顾忌。耐心的人,其言论往往彬彬有礼的,而那些不耐烦的人,其言论则常超越现实能忍受的限度。

无论是过度控制的言论,还是没有教养的言论,都无助于维持现状。前者没有达到现状的要求,而后者超过了它的限度。

那些仅有耐心的人所进行的实践、和蔼的课堂演说透露给学生们这样的信息:一切(或几乎是一切)正常。在空气中充满了无限的耐心,紧张、傲慢、无节制、不现实和无约束的言论被矛盾和不负责任的氛围层层裹挟。

这样的言论无论如何也不会有助于对学生的教育。

也有这样的人，他们过度控制自己的言论，但偶尔也会失控。他们从绝对耐心，不期然地滑向无法抑制的不耐烦，使周围的人感到不安，通常会造成可怕的后果。

有过这种表现的父母不计其数。他们今天的言行是放任的，但明天就会截然相反，变成专制的言论和指令，不仅令子女们惊骇，而且更重要的是，使他们自己变得不可靠。这种无节制的家长行为限制了孩子成长过程中所需的情绪平衡。光有爱是不够的，我们必须学会如何去爱。

尽管我承认，上面的描述对于（进步教师的）品质而言并不充分，我还想简要地讨论一下作为民主式教育实践其基本德行的生活乐趣。

通过将自己全部投入生而不是死——既不意味着否定死亡，也不意味着将生存神化——我可以自由地享受生的乐趣，而无须隐藏生命中伤心的理由，正是伤心促使我去寻找并拥有学校中的乐趣。

无论我们是否愿意通过谦逊、爱心、勇敢、宽容、能力、果断、耐心—不耐烦、惜字如金的生活，来战胜挫折和矛盾，我们都为创造一个充满乐趣的快乐学校做出了贡献。我们全身心投入学校探险之旅，这样的学校在不断前行，不怕风险，拒绝僵化。它是一所会思考、会参与、会创造、会表达、会爱、会猜想、热情地拥抱生活并对生活说"是"的学校。它不是甘于沉沦、退缩的学校。

（选自《十封信——写给胆敢教书的人》，弗雷勒著，熊婴、刘思云译，江苏人民出版社 2006 年版）

8. 创造力与教育体系

[美] 阿瑞提

[阅读提示]

S. 阿瑞提（1914~1981），美国当代心理学家，致力于艺术心理、个人培养、各种创造力等研究。《创造力的秘密》是阿瑞提的代表作。他在本文中，列举了学校普遍存在的影响儿童创造力的因素和现象，譬如来自教师的对幻想的压制，过分强调负面事务带来的消极情绪，来自同伴的压力。他还引用托兰斯的研究成果，给教师提出了对待创造性思想应当采取的五条原则，强调应保护儿童的怀疑和不同寻常的想法，给儿童创造宽松的环境等。

有多少具有洞察力的儿童在表示不同见解和表现出创造力的时候遇到了难题。

托兰斯是一位对于和我们的初中高中教育体系有联系的创造力问题表示关切的重要学者。他收集了有关儿童创造潜力方面的和有关教育体系当中阻碍创造力的因素方面的有价值的资料。在鼓励青年学生所发生的各种创造倾向这个问题上，他还提出了有价值的建议（托兰斯，1962、1963、1964、1965、1969 年；托兰斯与迈尔斯，1972 年）。

托兰斯指出，从幼儿园到三年级男孩子趋向于超过女孩子的这一时期，创造能力发展很快。从三年级到四年级男孩子落后于女孩子的这一时期，增长幅度明显减慢。在五、六年级时速度增快，到了七年级又降下来。到了八、九、十、十一年级，体现出增长趋势。有些儿童大约在四年级停止了创造力的发展并再也未能重新获得它。

在四年级和七年级这两个时期内出现急剧减慢是有原因的。托兰斯列举出公共教育中所存在着的一些阻碍创造性思维的因素："对于幻想很草率地就想加以消除；对于用手操作的活动以及好奇心加以限制；对性别作用的过分强调或错误强调；对防止干坏事、对惧怕情绪与胆怯心理的过分强调；对必须具备一定言语能力的错误强调；对破坏性批评的强调；以及来自同伴造成的压力。"（1963年）

托兰斯认为一定要使师生之间的关系朝着有利于创造力的方向发展；不应当把它建筑在刺激反应的基础上，而是应当建立在有着生动的相互关系和共同体验的基础上。敢于想象、不愿走老路的儿童对于那种按规定办事才感到更稳妥的教师来说竟然令人遗憾地成了一个麻烦问题。托兰斯还提到了在美国教育体系当中阻碍创造力发展的其他特征。其中之一就是把有分歧的见解都看成是不正常的。尽管这种观念在隆布罗索那个时期之后没多久就被极大地动摇了，但是在有些保守的环境里，那种认为任何不同观点或离经叛道的思想都意味着反常与病态的想法还在被顽固地坚持着。

另一个阻碍创造力的，甚至在语法学校就对儿童产生影响的文化特征就是让人们追求的是获得成就，而不是把追求过程本身当作一种成就。再一个特征还是指的那种伙伴定向（peer-ortientation）。它为强求一致所造成的压力要比成人定向（adult-orientation）造成的压力大得多。或许我能补充一下，托兰斯的意思可能是说伙伴定向容易导致里斯曼（1950年）等人所说的"受外力支配的性格"，强调即刻行动与短期目标。虽然成人定向也具有强迫一致服从的压力，但是这种定向更多是导致里斯曼所说的内向性格。这种类型的性格更注重于深思熟虑和长远目标。因此，除非怀有强烈的内疚感以及受到过分要求遵守服从的控制，这种性格是更有助于创造力的。

最后，托兰斯把那种将劳动与娱乐对立起来的观点作为有害于创造气氛的一个因素。劳动与娱乐不应被看成是对立的。学校的劳动可以是使人愉快的，而游戏娱乐也可以是非常积极的和富有教育意义的。

托兰斯提出了教师们在对待创造性思想出现的时候应当采取的五条原则：①要尊重不同寻常的提问；②要尊重不同寻常的想法；③要向孩子们表明，他们的想法是有价值的；④为自发的学习提供机会并给予肯定；⑤给实践或学习提供一段不受评价的时期。这最后一条原则需要做些解释。外界的评价可能会形成一种威胁，从而产生一种防御需求。儿童需要有一段不受他人评价的时期。这样，自由的想法就不会受到阻碍。托兰斯假设，美国的儿童、青少年大约在五岁、九岁、十三岁和十七岁时创造能力下降，其原因在于文化上的中断和因此造成的对个性的扰乱。对于文化的中断，他的意思是指在特定时期内一种特定文化产物对于习惯所提出的新要求和新改变。托兰斯用沙利文（1953年）对不同年龄的划分方法得出结论说，大约在五岁时出现的创造能力下降正好与童年期的结束、少年期的开始相吻合。在这一时期，儿童必须学会妥协、顺应社会要求，去承认他自己家庭之外的权威。第二个下降期出现在前青春期的开始阶段。这个时期需要相互的确认，需要伙伴的赞同与一致，需要遵守与服从。第三次下降出现在青春期的开始。性的问题出现了，需要得到异性的承认、需要遵从许多更深一层的社会要求。

  托兰斯还进行了特别测验，表明儿童在追求个人不同见解与要求服从一致的压力之间存在着矛盾冲突。举一个例子。儿童们被要求用十个指定的话题或自己想到的类似话题来编造故事。一个指定题目是"不会再吼叫的狮子"。非常能说明问题的一个例子就是关于"一头不会再吼叫的狮子"利庇的故事：

    狮子利庇，我的一位朋友，他遇到了一些问题，他不会再吼叫了！以前他是可以吼叫的，可现在不行了。他的名字过去也常常叫做咆哮者。我来告诉你们怎么回事。

    当咆哮者有大概你这个年龄的时候，他经常咆哮而且吓唬别人。这样一来就使他的妈妈和爸爸很担心。所有的人都经常抱怨。于是他们决定应该和咆哮者谈一谈了。

    他们来到他的卧室……可是刚一开始说话他就吼叫起来，吓唬他们并把他们给赶下了楼。后来呢，他们到一位魔术师那里去了。他们商量了好半天，直到他想出一个好主意。于是三个人一块回到家里。

    魔术师说了一些话，然后讲："他绝不会再想咆哮了。"

    第二天早上，他想吼吓他妈妈。可是叫出来的只是吱吱的声音。他还想再吼，但发出来的仍是吱吱声。可他再三恳求让他能重新吼叫，于是魔术师使他又能咆哮了，但是咆哮者不信任他。所以，现在他能吼叫而不愿意吼叫了。

没多久,他们就只好叫他利庇了。

显然写这个故事的儿童把自己看成利庇,看成那头狮子了。所有的人都被利庇的不同见解、他的吼叫所吓着了。最后利庇被魔术师制服了。魔术师象征着谁这并不难想象,他也许是个教师、一个教导员、一个心理学家、一个治疗学家、一个医生。利庇受到两次抑制或受到两种不同方式的抑制。第一次他受了魔术师的禁令而不得咆哮。第二次尽管魔术师解除了禁令,利庇还是不能咆哮。这个时候,抑制经过向内心的投射作用已经成为利庇的超我或人格的组成部分。于是这头可怜的狮子就不能咆哮了。从托兰斯报道的这个故事以及其他故事里可以吃惊地发现,有多少具有洞察力的儿童在表示不同见解和表现出创造力的时候遇到了难题。不过公正地讲,这种洞察是无意识的或仅有一部分属于无意识的。也许,能创造性地用利庇的故事来揭示碰到了难题的这个儿童并不能用更直接的声明方式来解释他所感受到了的压力和抑制。

不可能对托兰斯所做的许多贡献都给予充分概括。必须认为,他是处在很难容忍不同思想的教育体系当中的一位乐于接受和鼓励不同思想的倡导者。

(节选自《创造的秘密》,阿瑞提著,钱岗南译,辽宁人民出版社1987年版)

9. 教育家的自家田地

梁启超

[阅读提示]

梁启超（1873～1929），我国近现代政治家。梁启超对教师劳动的快乐是这样理解的：教育家特别便宜处，第一，快乐就藏在职业的本身，不必等到做完职业之后找别的事情消遣才有快乐，所以能继续。第二，这种快乐任凭你尽量享用不会生出后患，所以能彻底。第三，拿被教育人的快乐来助成自己的快乐，所以能圆满。乐哉教育。

要从自己劳作中看出快乐——看得像雪一般亮，信得像铁一般坚。那么，自然会兴会淋漓的劳作去，停一会都受不得，哪里还会厌倦？

今天在座诸君，多半是现在的教育家或是将来要在教育界立身的人，我想把教育这门职业的特别好处，和怎样的自己受用法，向诸君说说。所以题目叫做"教育家的自家田地"。

孔子屡次自白，说自己没有别的过人之处，不过是"学而不厌，诲人不倦"。他的门生公西华听了这两句话便赞叹道："正惟弟子不能及也。"我们从小就读这章书，都以为两句平淡无奇的话，何以见得便是一般人所不能及呢？我年来积些经验，把这章书越读越有味，觉得学不难，不厌却难；诲人不难，不倦却难。孔子特别过人处和他一生受用处，的确就在这两句话。

不厌不倦，是孔子人生哲学第一要件。"子路问政，……请益，子曰：毋倦。""子张问政，子曰：居之无倦，行之以忠。"《易经》第一个卦孔子做的象辞说："天行健，君子以自强不息。"你看他只是教人对于自己的职业忠实做去，不要厌倦。要像天体运行一般，片刻不停。为什么如此说呢？因为依孔子的观察，生命即是活动，活动即是生命，活动停止，便是生命停止。然而活动要有原动力——像机器里头的蒸汽，人类活动的蒸汽在哪里呢，全在各人自己心理作用——对于自己所活动的环境感觉趣味，用积极的话语来表他，便是"乐"；用消极的话语来表他，便是"不厌不倦"。

厌倦是人生第一件罪恶，也是人生第一件苦痛。厌倦是一种想脱离活动的心理现象。换一句话说，就是不愿意劳作。你想，一个人不是上帝特制出来充当消化面包的机器，可以一天不劳作吗？只要稍为动一动不愿意劳作的念头，便是万恶渊薮。一面劳作，一面不愿意，拿孔子的话翻过来说："居之倦则行之必不能以忠。"不忠实的劳作，不惟消失了劳作效率，而且可以生出无穷弊害，所以说厌倦是人生第一件罪恶。换个方面看，无论何等人，总要靠劳作来维持自己生命，任凭你怎样地不愿意，劳作到底免不掉，免是免不掉，愿是不愿意，天天皱着眉哭着脸去做那不愿做的苦工，岂不是活活的把自己关在第十八层地狱，所以说厌倦是人生第一件苦痛。

诸君听我这番话，谅来都承认不厌倦是做人第一要件了。但怎样才能做到呢？厌倦是一种心理现象，然而心理却最是不可捉摸的东西。天天自己劝自己说不要厌呀，不要倦呀，他真是厌倦起来，连自己也没有法想。根本救治法，要从自己劳作中看出快乐——看得像雪一般亮，信得像铁一般坚。那么，自然会兴会淋漓的劳作去，停一会都受不得，哪里还会厌倦？再拿孔子的话来说："知之者不如好之者，好之者不如乐之者。"一个人对于自己劳作的环境，能够"好之乐之"，自然会把厌倦根子永断了，从劳作中得着快乐，这种快乐，别人要帮也帮不来，要抢也抢不去，我起他一个名叫做"自家田地"。

无论做何种职业的人，都各个有他的自家田地。但要问哪一块田地最广最大最丰富，我想再没有能比得上教育家的了。教育家日日做的、终身做的不外两件事，一是学，二是诲人。学是自利，诲人是利他。人生活动目的，除却自利利他两项外更有何事，然而操别的职业的人，往往这两件事当场冲突——利得他人便不利自己，利得自己便不利他人。就令不冲突，然而一种活动同时具备这两方面效率者，实在不多。教育这门职业却不然，一面诲人，一面便是学；一面学，一面便拿来诲人。两件事并作一件做，形成一种自利利他不可分的活动。对于人生目的之实现，再没有比这种职业更为接近更为直捷的了。

学是多么快活啊，小孩子初初学会走，他那一种得意神情，真是不可以言语形容，我们当学生时代———不问小学到大学，每天总新懂得些从前不懂的道理，总新学会做些从前不会做的事，便觉得自己生命内容日日扩大，天下再愉快的事没有了。出到社会做事之后，论理，人人都有求智识的欲望，谁还不愿意继续学些新学问，无奈所操职业，或者与学问性质不相容，只好为别的事情把这部分欲望牺牲掉了。这种境况，别人不知如何，单就我自己讲，也曾经过许多回，每回都觉得无限苦痛。人类生理心理的本能，凡那部分久废不用，自然会渐趋麻木，许久不做学问的人，把学问的胃口弄弱了，便许多智识界的美味在前也吃不进去，人生幸福，算是剥夺了一大半。教育家呢，他那职业的性质，本来是拿学问做本钱，他赚来的利钱也都是学问，他日日立于不能不做学问的地位，把好学的本能充分刺激，他每日所劳作的工夫，件件都反映到学问，所以他的学问只有往前进，没有往后退。试看，古今中外学术上的发明，一百件中至少有九十件成于教育家之手，为什么呢？因为学问就是他的本业。诸君啊，须知发明无分大小，发明地球绕日原理固算发明，发明一种教小孩子游戏方法也算发明。教育家日日把他所做的学问传授给别人，当其传授时候，日日积有新经验，我信得过，只要肯用心，发明总是不断。试想，自己发明一种新事理，这个快活还了得，恐怕真是古人说得"南面王无以易"哩，就令暂时没有发明，然而能够日日与学问相亲，吸受新知来营养自己智识的食胃，也是人生最幸福的生活。这种生活，除了教育家恐怕没有充分享受的机会吧。

诲人又是多么快活啊，自己手种一丛花卉，看着他发芽，看着他长叶，看着他含蕾，看着他开花，天天生态不同，多加一分培养工夫，便立刻有一分效验呈现。教学生正是这样，学生变化的可能性极大，你想教他怎么样，自然会怎么样，只要指一条路给他，他自然会往前跑。他跑的速率，常常出你意外。他们天真烂漫，你有多少情分到他，他自然有多少情分到你，只有加多，断无减少———有人说，学校里常常闹风潮赶教习，学生们真是难缠。我说，教习要闹到被学生赶，当然只有教习的错处没有学生的错处，总是教习先行失了信用，或是品行可议，或是对学生不亲切，或是学问交代不下，不然断没有被赶之理。因为凡学生都迷信自己的先生，算是人类通性，先生把被迷信的资格丧掉，全自由取，不能责备学生，——教学生是只有赚钱不会蚀本的买卖。做官吗？做生意吗？自己一厢情愿要得如何如何的结果，多半不能得到，有时还和自己所打的算盘走个正反对，教学生绝对不至有这种事，只有所得结果超过你原来的希望。别的事业，拿东西给了人便成了自己的损失，教学生绝不含有这种性质，正是老子说的："既以为人己愈有，既以与人己愈多。"越发把东西给人给得多，自己得的好处越发大，这种便宜勾当，算是被教育家占尽了。

自古相传的一句通行话，"人生行乐耳"，这句话倘若解释错了应用错了，固然会生出许多毛病，但这句话的本质并没有错，而且含有绝对的真理。试问人生不该以快乐为目的，难道该以苦痛为目的吗？但什么叫做"快乐"，不能不加以说明。第一，要继续的快乐，若每日捱许多时候苦才得一会的乐，便不算继续。第二，要彻底的快乐，若现在快乐伏下将来苦痛根子，便不算彻底。第三，要圆满的快乐，若拿别人的苦痛来换自己的快乐，便不算圆满。教育家特别便宜处，第一，快乐就藏在职业的本身，不必等到做完职业之后找别的事消遣才有快乐，所以能继续。第二，这种快乐任凭你尽量享用不会生出后患，所以能彻底。第三，拿被教育人的快乐来助成自己的快乐，所以能圆满。乐哉教育！乐哉教育！

东边邻舍张老三，前年去当兵，去年做旅长，今年做师长，买了几多座洋房，讨了几多位姨太太；西边邻舍李老四，前年去做议员，去年做次长，今年做总长，天天燕窝、鱼翅请客，出门一步都坐汽车。我们当教育家的，中学吗，百来块钱薪水，小学呢，十来二十块，每天上堂要上几点钟，讲得不好还要挨骂，回家来吃饭只能吃个半饱，苦哉教育，苦哉教育。不错，从物质生活看来，他们真是乐，我们真是苦了。但我们要想一想，人类生活，只有物质方面完事吗？燕窝、鱼翅，或者真比粗茶淡饭好吃，吃的时候果然也快活，但快活的不是我，是我的舌头。我操多少心弄把戏，还带着将来担惊受怕，来替这两寸来大的舌头当奴才，换他一两秒钟的快活，值得吗？绫罗绸缎挂在我身上，和粗布破袍有什么分别，不过旁人看着漂亮些，这是图我快活呀，还是图旁人快活呢？须知凡物质上快活，性质都是如此，这种快活，其实和自己渺不相干，自己只有赔上许多苦恼。我们真相信"行乐主义"的人，就要求精神上的快活。孔子的"饭疏食，饮水，曲肱而枕之，乐亦在其中"，颜子的"一箪食，一瓢饮，在陋巷……不改其乐"，并非骗人的话，也并不带一毫勉强，他们住在"教育快活林"里头，精神上正在高兴到了不得，那些舌头和旁人眼睛的玩意儿，他们有闲工夫管到吗？诸君啊，这个快活林正是你自己所有的财产，千万别要辜负了。

　　说是这样说，但是"知之非艰行之惟艰"，厌倦的心理，仍不时袭击我们，抵抗不过，便被他征服。不然，何至公西华说"不能及"呢？我如今再告诉诸君一个切实防卫方法：你想诲人不倦吗？只要学不厌，自然会诲人不倦。一点新学说都不讲求，拿着几年前商务印书馆编的教科书上堂背诵一遍完事，今日如此，明日如此，今年如此，明年也如此，学生们听着个个打盹，先生如何能不倦？当先生的常常拿"和学生赛跑"的精神去做学问，教哪一门功课，教一回自己务要得一回进步，天天有新教材，年年有新教法，怎么还会倦？你想学不厌吗，只要诲人不倦，自然会学不厌，把功课当作无可奈何的敷衍，学生听着有没有趣味有没有长进一概不管，那么当然可以不消自己更求什么学问。既已把诲人当作一件正经事，拿出良心去干，那么，古人说的"教然后知困"，一定会发现出自己十几年前在师范学校里听的几本陈腐讲义不够用，非拼命求新学问，对付不来了，怎么还会厌？还有一个更简便的法子，只要你日日学，自然不厌；只要你日日诲人，自然不倦。趣味这样东西，总是愈引愈深，最怕是尝不着甜头，尝着了一定不能自已。像我们不会打球的人，看见学生们大热天打得满身臭汗，真不知道他所为何来；只要你接连打了一个月，怕你不上瘾？所以真肯学的人自然不厌，真肯诲人的人自然不倦。这又可以把孔子的话颠倒过来说，总要"行之以忠"，当然会"居之无倦"了。

　　诸君都是有大好田地的人，我希望再不要"舍其田而芸人之田"。好好地将自己田地打理出来，便一生受用不尽。

（选自《梁启超作品精选》，梁启超著，长江文艺出版社 2005 年版）

10. 教育的信仰

朱自清

[阅读提示]

朱自清（1898~1948），现代著名散文家、诗人、学者。作为学者，朱自清在诗歌理论、古典文学、新文学史和语文教育诸方面研究上都有实绩。论著有《经典常谈》、《国文教学》（与叶圣陶合著）等。朱自清在本文提出，教育并不只是技能的事，教育是目的，不是手段；做好教育的关键，是教育者要有教育的信仰，有健全的人格和深广的爱。

教育者须对于教育有信仰心，如宗教徒对于他的上帝一样；教育者须有健全的人格，尤须有深广的爱；教育者须能牺牲自己，任劳任怨。

教育并不是一件容易的事，如一般人所想的。一般人以为教育只是技能的事。有了办事才能，便可以做校长，有了教授才能，便可以做教师；至其为人到底如何，却以为无关得失，可以存而不论。在这种情形之下，做校长的至多是办事严明，会计不乱，再请几位长于讲解的教师，便可邀誉一时了。做教师的呢，只要多少有相当的根柢，加以辩论的口才，也便可邀誉一时了。这还是上等教育人才。等而下之，那些蝇营狗苟，谄媚官绅者流，也未尝不可以做校长！那些凭借官绅势力，不学无术的鄙夫，也未尝不可以做教师！——这班人在五四运动以后，迎受"新潮"，又加添了一副逢迎学生的手段。于是上下其手，倒也可以固位，以达他们"有饭大家吃"的目的！读者或者觉得我说的太过，其实决不会的；就以文明的浙江而论，内地里尽多这种情形呢！

至于教育行政人员，那就连技能和才干都在可有可无之列了。只要有援引的亲朋，应酬的工夫，乃至钻营的伎俩，那就厅长也行，科长也行，科员也行；懂得教育——更不用说有研究了——与否，原是不必论的！至于提倡士气，以身作则，那更非所论于这班征逐酒食的群公了！他们只知道趋炎附势，送旧迎新罢了！如此而言教育，怎样会有进步？

但教育行政人员多少总是官僚；官僚原是又圆滑又懒惰的东西，我们本不能属望太奢的。教育的责任，十有八九究竟应该由校长教师们担负的。但现在的校长教师们究竟怎样尽他们的责任呢？让我就浙江说罢，让我就浙江的内地说罢。

那校长一职，实在是一个缺！得了这个缺时，亲戚朋友的致贺，钱行，正和送一个新官上任一般。这是我在杭州常常目睹的。一般人看校长确和教师不同。我有一次偶然做了一个中学的教务主任，家里人写信给我说，你升了级了。照这样算来，校长竟比教员升了两级了；无怪乎一般校长都将校长当"三等县知事"做了！无怪校长公司（是杭州某团体的雅号）诸公千方百计的去谋校长做了！这样的校长，受命之后，先务之急是"串门子"；凡是学校所在地的议员，绅士，在省里的，必得去登门拜访一番，以表示他的敬意；然后才敢上任。上任后第一是安插几个必要的私人和上峰、绅士所荐的人；第二是向什么大学里请一两个毕业生，装装门面，新新耳目；第三是算账，看看出入如何——一般的校长特别注意这件事；第四才是例行公事，所谓教育了！这是经始的时候如此，至于平常日子，校长除了"教育"以外，也还有他的重大的事，便是应酬官绅和迎送客人！有一个地方的校长，因该地绅士有甲乙两派，互相水火，校长决不能有畸轻畸重之嫌；于是费尽心机，想出一条妙计，每星期请一次客，甲乙派轮流着。这样，两派都不得罪了。这就是他的教育宗旨了！这层办妥帖了，校里的事自然便能为所欲为了！名利双收，全靠这种应酬的本领呢。但"五四"以后，学生也常会蹈瑕抵隙的和校长捣乱；这也很厉害的！校长却也有他的妙法，便是笼络各个首领，优加礼遇，以种种手段诱惑他们，使为己用！也有假手于教师的。各样情形，不实不尽！总之，教育是到"兽之国"里去了！

至于教师们尽他们责任的方法，第一是在于植党。植了党便可把持，操纵了。这种教师大约总有靠山——地方势力；凭了靠山，便可援引同类。有了同类,一面便可挟制校长,一面便可招徕学生;而招徕学生,更为他们的切要之图!他们的手段,说来令人惊叹!在招考的时候,他们便多方请托,多取自己同乡(同县),乃至亲戚故旧之子弟,俾将来可以调动裕如。至于平日呢,或诱学生以酒食,或诱学生以金钱,或诱学生以分数,尤其是无微不至!我知道有一个学校的教师,他每星期必请学生吃一次,香烟,瓜子而外,还有一桌一元钱的菜,这种惠而不费的办法,竟可收着指挥如意的效果呢!可怜一班心胸坦白的青年只因见识短浅,定力缺乏,遂致为人犬马而不自知,真是怅惘了!金钱诱惑,比较少些;因为究竟太明显了,不敢明目张胆的做去。有用此法的,也只借借贷为名。分数的诱惑行之最易,因为这是教师们高下随心的,而且是不必破费一钱的。但太容易了,诱惑的力量反倒少了。——用了这种种手段,教师们植党的目的完全达到了;他们正如军阀一般,也可拥"学生军"以自卫了!于是威吓校长,排除异己,皆可如意而行;甚至掀起惊人的学潮,给予重大的牺牲于学校与学生!——而他们仍扬扬无恙。他们的教育的全过程,如是如是!

在这种教育现状里,在实施这种教育的学校里,校长与教师间,教职员与学生间,一般的关系又如何呢?这可以一言蔽之,就是"待遇异等"!有操纵的实力的教师与有教授的实力的教师,校长前程有关欲相倚重,自然特别看待;其余却就成了可有可无的东西了!虽是可有可无,在校长却也不无有用。别人送十二月薪俸,这类人不妨和他们说明,少送一个月或两个月;别人照关约所定数目送薪,这类人有时不妨打个扣头——若反抗时,下学期可以请他走路!这些油,不用说都是校长来揩了;岂不是"有用"么?至于教师与教师之间,当然也无善状可言。他们决不读书,更无研究,课余之暇,只有嫖嫖,赌赌,吃吃,以遣时日,在内地里,教师们的嫖赌,是没有什么的;他们更可猖狂无忌了。此外还有讨小老婆,也是近来教师们常有的事。再说教师之于学生,往往依年级为宽严,视势力为厚薄。四年级学生,相待最是客气,三年级就差了,二年级一年级更差了!一班之中,会捣乱的,会说话的,常能得教师的青睐,遇事总让他三分!这种种情形,我想可以称为"阶级教育"罢!

以上所述的现象，都因一般教育者将教育看做一种手段，而不看做目的，所以一糟至此！校长教师们既将教育看做权势和金钱的阶梯，学生们自然也将教育看做取得资格的阶梯；于是彼此都披了"教育"的皮，在变自己的戏法！戏法变得无论巧妙与笨拙，教育的价值却已丝毫不存在！教育的价值是在培养健全的人格，这已成了老生常谈了。但要认真培养起来，那却谈何容易！第一教育者先须有"培养"的心，坦白的，正直的，温热的，忠于后一代的心！有了"培养"的心，才说得到"培养"的方法。像以上所说的校长教师们，他们口头上虽也有健全的人格，但心里绝没有健全的人格的影子！他们所有的，只是政客的纵横捭阖的心！如何利用别人，如何愚弄别人，是他们根本的态度！他们以教育为手段，同时也以别人为手段。以"人"为手段，实在最可恶！无论当做杀人的长刀，无论当做护身的藤牌，总之只是一件"东西"而已！这样，根本上取消了别人与自己对等的人格！而自己的人格，因此也受了损伤；看别人是东西，他的人格便已不健全了！再进一步说，他自己的人格也只作为权势与金钱的手段罢了！所以就"人格"而论，就"健全的人格"而论，利用者与被利用者，结果是两败俱伤！康德说得好，人总须彼此以"目的"相待，不可相视作"手段"；他希望将来的社会是一个"目的国"。我想至少学校是"目的国"，才有真教育可言！

不足与言教育的，我们内地里有些校长与教师，我们真也不能与言，不必与言了。但前文所谓上等教育人才的，又如何呢？我意现在有许多号称贤明的校长教师，都可列在这一等内。他们心目中的教育，可以三语括之：课功，任法，尚严。课功是指注重事功而言。如设备求其完善，学业成绩求其优良，毕业生愿升学与能升学（能考入大学专门）的，求其多，体育成绩于求优良之外，更求其能胜人：都是所谓课功。事功昭著于社会，教育者之责便已尽了。因为要课功，便须讲效率，便不得不有种种法则以督促之。法则本身是没有力量的，于是必假之以权威。权威有鞭策之功；于是愈用愈爱用，而法则便成了迷信了！在任权信法的环境中，尚严是当然的。因为尚严，所以要求整齐划一；无论求学行事，无论大小，差不多都有一个定格，让学生们钻了进去。江苏有一个学校，乃至连学生剪发的事都加规定；他们只许剪平顶，不许剪他种样子，以表示朴实的校风。抱以上这三种见解而从事于教育的人，我也遇过几个。他们有热心与毅力，的确将教育看做一件正正经经的事去办，的确将教育看做一种目的。他们的功绩，的确也不错。我们邻省的教育者，有许多是这种人。但我总觉他们太重功利了，教育被压在沉重的功利下面，不免有了偏枯的颜色。我总觉得"为学"与"做人"，应当并重，如人的两足应当一样长一般。现在一般号称贤明的教育者，却因为求功利的缘故，太重视学业这一面了，便忽略了那一面；于是便成了跛的教育了。跛的教育是不能行远的，正如跛的人不能行远一样。功利是好的，但是我们总该还有超乎功利以上的事，这便是要做一个堂堂的人！学生们入学校，一面固是"求学"，一面也是学做人。一般人似未知此义，他们只晓得学生应该"求学"罢了！这实是一个很重要的误会，而在教育者，尤其如是。一般教育者都承认学生的知识是不完足的，但很少的人知道学生的品格也是不完足的。其实"完人"是没有的；所谓"不完足"，指学生尚在"塑造期"（Plastic），无一定品格而言；——只是比较的说法。他们说到学生品性不好的时候，总是特别摇头叹气，仿佛这是不应有的事，而且是无法想的事。其实这与学业上的低能一样，正是教育的题中常有的文章；若低能可以设法辅导，这也可以设法辅导的，何用特别摇头叹气呢？要晓得不完足才需来学，若完足了，又何必来受教育呢？学生们既要学做人，你却单给以知识，变成了"教"而不"育"，这自然觉得偏枯了。为学生个人的与眼前浮面的功利计，这原未尝不可，但为我们后一代的发荣滋长计，这却不行了。机械的得着知识，又机械的运用知识的人，人格上没有深厚的根基，只随着机会和环境的支使的人，他们的人生的理想是很模糊的，他们的努力是盲目的。在人生的道路上，他们只能乱转一回，不能向前进行；发荣滋长，如何说得到呢？"做人"是要逐渐培养的，不是可以按钟点教授的。所谓"不言之教""无声之诲"，便是说的这种培养的功夫。要从事于此，教育者先须有健全的人格，而且对于教育，须有坚贞的信仰，如宗教信徒一般。他的人生的理想，不用说，也应该超乎功利以上。所谓超乎功利以上，就是说，不但要做一个能干的，有用的人，并且要做一个正直的，坦白的，敢作敢为的人！——教育者有了这样的信仰，有了这样的人格，自然便能够潜移默化，"如时雨化之"了；这其间也并无奥妙，只在日常言动间注意。但这个注意却不容易！比办事严明，讲解详晰要难得许多许多，第一先须有温热的心，能够爱人！须能爱具体的这个那个的人，不是说能爱抽象的"人"。能爱学生，才能真的注意学生，才能得学生的信仰；得了学生的信仰，就是为学生所爱。那时真如父子兄弟一家人，没有说不通的事；感化于是乎可言。但这样的爱是须有大力量，大气度的。正如母亲抚育子女一般，无论怎样琐屑，都要不辞劳苦的去做，无论怎样哭闹，都要能够原谅，这样，才有坚韧的爱；教育者也要能够如此任劳任怨才行！这时教育者与学生共在一个"情之流"中，自然用不着任法与尚严了。法是力量小的人用的；他们不能以全身奉献于教育，所以不能爱——于是乎只能寻着权威，暂资凭借。但权威是冷的，权威所寓的法则也是冷的；它们最容易造成虚伪与呆木的人！操行甲等而常行偷窃的学生，是各校常见的。循规蹈矩，而庸碌无用，但能做好好先生的学生，也是各校常见的。这都是任法尚严的流弊了。更有一件，权威最易造成或增加误会；它不但不能使人相亲相爱，反将使人相忌相恨！我曾见过江苏一个校长，他的热心毅力，我至今仍是佩服。但他任法尚严，却使他的热心毅力一概都埋没了！同事们说他太专，学生们说他太严；没有说他好处的！他于是成了一个孤独的人。后来还起了一次风潮，要驱逐他去职！这就是权威的破坏力！我以为权威绝对用不得；法则若变成自由的契约，依共同的意志而行，那还可存；总之，最要紧的还是人，是人的心！我对于那些号称贤明的教育者所持的功利见解，不以为不好，而以为不够；我希望他们百尺竿头，更进一步！

我的意思，再简单的说一说：教育者须对于教育有信仰心，如宗教徒对于他的上帝一样；教育者须有健全的人格，尤须有深广的爱；教育者须能牺牲自己，任劳任怨。

我斥责那班以教育为手段的人！我劝勉那班以教育为功利的人！我愿我们都努力，努力做到那以教育为信仰的人！

(选自《朱自清文集》第 4 卷，朱自清著，江苏教育出版社 1996 年版)

六、童年,人生已经开始

童年,人生已经开始!

接受教育,不仅是要为明天的人生奠基。因为就在这一刻,人生已经开始。承认人生从童年已经开始,就必然承认学生此时并非是一张白纸,他已经有了自己人生轨迹所打下的底色。他和教育者一样有思维、情感、意志,有自己的意志和自由,有自己的价值判断。他是个活生生的而非抽象的人,是一个独立而具有无限发展可能性的人,是学习活动的主体。而这正是教育的基点。

学生主体的形成步履,贯穿于教育活动的全部过程。在教育活动中,学生以一个参与者的姿态,投入学习过程,濡养人格,增进知识,发展能力,呈现出生命主体的内在力量:飞扬的个性,生命的活力,可爱的品性,稚嫩的创造等动人而强烈的生命活力。

1. 习惯 好奇心

[英] 洛克

[阅读提示]

洛克（1632～1704），英国哲学家、教育家。主要著作有《人类理解论》、《教育漫话》。洛克提出要保护儿童的精神，让其安易、活泼、自由，不要让儿童精神过于沮丧、颓唐；对儿童要多鼓励、奖励，谨慎地避免鞭挞和呵斥；要鼓励儿童的好奇心，对儿童的问题不应制止、讥笑；要认真地回答儿童的问题，要真诚，不能欺骗儿童。

儿童一旦懂得尊重与羞辱的意义之后，尊重与羞辱对于他的心理便是最有力量的一种刺激。

四五 我们只要想想，正当的教育的真正目标究竟何在，关键究竟何在，那么，这种道理是很容易见信于人的。

第一，大凡不能克制自己的嗜欲，不知听从理智的指导而摒绝目前的快乐或痛苦的纠缠的人，他就缺乏一种德行与努力的真正原则，就有流于一无所能的危险。自制的脾气既与他们的不羁的本性根本相反，所以应当及早培养；同时，这种习惯又是未来的能力与幸福的真正基础，所以应当尽早打进他们的心里，当儿童刚有知识，刚能懂事的时候就要着手。凡是对于他们的教育负有责任的人，都应极力设法，在儿童身上形成这种习惯。

四六 第二，另一方面，如果儿童的精神过于沮丧；如果他们因为管教太严，精神过于颓唐，他们便会失去他们的活力和勤奋，这种情形较之前者更坏。因为放荡的青年，都是生龙活虎一般，精神十分饱满的，一旦走上轨道，常常可以变成一些能干、伟大的人物；心情沮丧的儿童就不然了，他们的态度是懦怯的，精神是抑郁的，很不容易振作起来，极难作出什么事业。要避免这两方面的毛病，那是需要一种巨大的技巧的；如果谁能找出一个方法，一方面使得儿童的精神安易、活泼、自由，同时又能使他抑制自己对于许多事物的欲望，而接近不惯的事物；他便能调和这种表面的矛盾，懂得教育的真正秘诀了。

……

五二　我们想使儿童变成聪明、贤良、磊落的人，用鞭挞以及别种奴隶性的体罚去管教他们是不合适的；只有万不得已的时候，和到了极端的情形之下，才能偶尔用用。反之，把儿童心爱的事物去奖励儿童，去讨取儿童的欢心，也应该同样小心地避免。

……

五六　我们用来使儿童遵守秩序的奖励与惩罚是另一类的，它们具有一种力量，它们一旦发生作用，事情便办完了，困难便成为过去了。儿童一旦懂得尊重与羞辱的意义之后，尊重与羞辱对于他的心理便是最有力量的一种刺激。如果你能使儿童爱好名誉，惧怕羞辱，你就使他们具备了一个真正的原则，这个原则就会永远发生作用，使他们走上正轨。

……

六〇　所以，鞭挞或呵斥是应该谨慎地避免的；因为这种惩罚的方法，除了使儿童对于使得自己遭受鞭挞或呵叱的错误行为发生一种羞耻与恐怖的心思以外，是决不能再有别的好处的。如果处罚儿童的主要目的，不在使他们明白自己做错了事情，和自己之所以见憎于最挚切的朋友实在是咎由自取，则鞭挞所生的痛苦只能作出一种不完全的治疗。

……

一一八　儿童的好奇心，只是一种追求知识的欲望；所以应该加以鼓励，不独因为它是一种好现象，而且因为这是自然给他们预备的一个好工具，他们可用以除去生来的无知的；他们如果不是好问，无知就会使他们变成一种愚蠢无用的动物。鼓励好奇心，使它经常活动的方法我觉得有下列几点：

第一，儿童无论发出什么问题，你不可制止他，不可羞他，也不可使他受到讥笑；你应答复他的一切问题，解释他所想要明白的事物，按照他的年龄与知识的能量，使他尽量懂得。不过，你的解释或观念不可超过他的悟性所能理解的程度，目前用不着的形形色色的事物不可提得太多，免得反而把他弄糊涂。你要注意他的发问的目的是什么，不要注意他发问所用的言词；一旦你告诉了他，使他得到满足之后，你就可以知道，他的思维本身就可以扩大，适当的答复就可以引导他前进，超出你所想象的限度。因为知识之为悟性所喜悦，正与光线之为眼睛所喜悦是一样的；儿童极端喜欢知识，尤其是当他们知道自己的问题得到了别人的注意，他们的求知的欲望受到了人家的鼓励与赞扬的时候更是如此。

一一九　第二，除了认真地答复他们的问题和告诉他们所想了解的事情以外，此外还要采用一些特殊的称誉的方法。你可以当着他们的面，告诉他们所敬重的人，说他们懂得某件某件事情了；我们从最小的时候起就都是一些自夸自负的动物，你就应当在有益于他们的事情上面使他们的虚荣心得到鼓励；应当利用他们的自夸自负，使他们去做有益于他们自己的事情。

一二〇　第三，儿童的问题不可忽视，同时也应格外注意，不可使他们得到虚妄的答复。他们如果受了轻视，或者受了欺骗，他们是容易看出来的；他们很快地就会照着别人的样子，学会疏忽、伪善和虚伪等等伎俩。我们在一切交往之中，全都不可侵犯真理，尤其是与儿童交往的时候最不可侵犯；因为如果我们跟他们弄假，我们就不独欺骗了他们的期望，阻碍了他们的认识，而且也毁坏了他们的天真，使他们学会了最坏的恶习。

一二一　第四，有时候我们不妨故意使他们看到新奇的事物，使他们发现问题，自己去求得了解，以引起他们的好奇心；万一他们的好奇心使他们问出的问题不是他们所应该知道的，你就最好坦白地告诉他们，说这件事情不是他们可以知道的，不必用假话或冷淡的答复去把他们支开。

(节选自《教育漫话》，洛克著，傅任敢译，教育科学出版社1999年版)

2. 青春　友谊　爱情

[法] 卢梭

[阅读提示]

卢梭（1712～1778），法国启蒙思想家。主要教育著作《爱弥儿》。卢梭主张教育必须适应儿童，反对压抑与摧残儿童的个性。本文节选自该书第四篇。卢梭在本文中提出，人的青春期是人一生的重要时期，是作为一个成年人的诞生期，也是实施教育的重要时期。

人有两次诞生：出世的诞生和进入生活的诞生；前者是作为一个人体而诞生，后者是作为一个成年人而诞生。

可以说，人有两次诞生：出世的诞生和进入生活的诞生；前者是作为一个人体而诞生，后者是作为一个成年人而诞生。

按自然所规定，人到了时候，他会脱离了孩童时期，而这个关键时期本身虽然很短，却具有深远的影响。

正如波浪的叫吼先于风暴的降临，所以情欲的兴起也预告了这一个大激荡；一种抑制着的激动教我们预防着将到的危险。脾气变动，时时发怒，心思不断的搅扰，使孩子几乎难以管理。他对于旧时服从惯了的声音置若罔闻；他是一只狮子发了狂热；他不相信他的管理人，拒绝受他的约束。

这便是我所谓第二次的诞生；这时人才真正进入了生活；因之以后他更会和人类各种情感相熟识了。以前我们的作为还是儿戏，现在它们是最为重要的了。教育常常止于这一时期，其实正是应该开始的时候。

为情欲的来源，为其余一切情欲所由产生的根源，为我们与生俱来而且终生不会舍弃的唯一的情欲，就是自爱。这种情欲是原始的，本能的，是先于其他情欲而发生的，其他种种情欲就某种意义来说，不过是它的变化。

自爱性因其目的只涉及自己，止于自己需要的满足；可是自私性，因其常和别人相比，是永不会满足也永不能满足的；因为这种感情，常把自己放在别人之前，要求人们也把我们放在他们自己之先，而那是不可能的。因此慈祥友爱的感情源于自爱性，而憎恨愤怒的感情则起于自私性。

一个人研习的园地是他和环境的关系。当他从身体的自然性能去认识那个环境，他得学习他自己和事物的关系，这是他孩童期的任务；当他开始觉察到他的道德性，他得学习他自己和他人的关系，这是他终身的任务，我们现在已达到那种学习应该开始的时候了。

当一个人需要一个异性伴侣时，他已不再是一个孤独的人儿，他的心不再是孤单的了。他和人类的一切关系，他心之所感受的一切，都和这个同时涌现了。他的第一种情欲引起了其余的情欲。

倘若人意识到异性的时期能服从于教育的影响，一如其服从自然的作用，那么就可以按照教养儿童的方法使这个时期提早或推迟；又若这个时期推迟则身体强健，提早则有损健康，那么我们越是力求推迟这个时期，便能使青年格外强健精壮。

具有良好训练的青年所能有的最早的情操不是爱情而是友谊。他方兴的想象力是导使他去认识他的友伴；人类影响着他较男女关系为早。这也是从迟缓的天真所得到的另一项便利：你可以利用他的方始兴起的敏感性在这青年的心里播下人道的最初种子。更应该利用这点，因为这是他一生里唯一的时间可以使这种努力真能收效。

青年到了十六岁就知道受苦是怎么一回事，因为他自身已有受苦的经验；但他很少知道他人也有痛苦；看到他人受苦而无动于衷不能说是知道他人的痛苦，如我屡次所说，儿童对于他人的感受是不能想象的，不是自己的痛苦他就不知道。但是当他的想象的火焰被初次发展起来的敏感性燃着了的时候，他便开始觉察出自己是在同类之中，就能为他们的泣诉所感动，为他们的苦痛而兴悲。就在这个时候，人类的苦难景象使他初次接触到一种从未经验过的怜悯的感情，震动着他的心弦。

我们将怎样促进这种发展起来的感情，并加以培养，而导入于自然的趋向呢？我们不应当提供青年以寻起他的同情心的活动对象吗？不应当提供这些对象来扩大他的同情心，使之推己及人，推广于一身之外吗？

这里有二三简要易懂的原则：

第一，人性对于境遇优于我们的不易同情，同情常施于境遇之不如我们的。……一个富人失意了，我们有时会哀怜他，但当他得意时，他是没有真正的朋友的。所以要使一个年轻人走上合于人性的道路，……要给他看到生活的可悲的方面。

第二，我们不会怜悯一个人的可悲遭遇，除非我们知道我们自己也会碰到这些。王侯为何不怜恤人民？因为他们不想会同常人一样。富人为何虐待穷人？因为他们不怕变穷。

要使青年透彻明白这种可怜人的遭遇，说不定一天会轮到他自己身上，他的脚是踏在深渊的边上，在任何时候他可能被一千种出乎意外无可抵御的不幸事件推下去。教他不要自恃出身、健康或财富。

第三，我们对别人的同情，不以其遭遇凶恶的程度为比例，而以我们对于苦主所感觉到的程度为比例。……我们对于所被贱视的便不重视其幸福。政客们常以藐视的口气谈论人民，哲学家们以为人类恶劣，均是不足为奇的。

慎重地选择他们的同伴、工作和娱乐，只示以朴实的、动人哀怜的景象，这些景象是感人的，但不是蛊惑人的，培养他们的情感而要使他们的感官不受刺激。也要记住，由于过度而产生的危险不限于一端，而那种没有节制的情欲常常会造成难以补救的损害。你无需让你的学生去当病人的看护，无需使他因不绝地看到创痛和苦难而悲伤；无需领他从病院到病院，从刑场到监狱。必须使他由于看到人间的灾难成为同情的而不是无情的。习惯是第二天性，当我们看过了一种景象而无动于衷，就是那些经常现于眼前不再能引动想象的事物。只有通过想象才能使我们感到他人的忧苦。牧师和医生其所以成为忍心的，就是由于习见死亡和苦难。因此你要让你的学生知道一些人类的命运和同伴的不幸，但不要让他习以为常。只一件事，选择和显示适时，可以使其满怀悲悯，弥月不忘。

当儿童不爱什么的时候，他是无所牵挂只关心自己和自己的需要；一旦知道爱，他便和他所爱慕的相联系起来了。这样连接他自己和人类的第一个纽带便开始形成了……

我以为研究人心宁可以从阅读私人传记开始；载于传记中的人物要想隐饰自己是徒劳的，因为传记作家到处跟随着他，他随时随地不能逃避这个观察者的深彻的目光；而当他以为是隐饰着自己的时候，却正是传记作家不加隐讳地暴露他的时候。

如何了解人，需要些什么？要有知人的大愿，要判断得绝对公平，要有灵魂的心情足以理解每种人类的情感，又要心地平静不为情感所激动，而这个时候是不先不后最为适当的时期；这就是我为爱弥儿所选择的时期；前乎此他视人如同陌路，后乎此他自己就和他们太相类似了。

青年犯错误的时候也就是教以寓言的时候。当我们教以寓言故事时，暗示恶行，加以谴责，便不致于触怒他；而且由于所讲的故事恰合于他自己，于是他对故事具有一种真实感。……这样他从事实得着一条教训，很快就会忘记的经验由于寓言教育而铭刻于心。所有道德知识没有不是通过自己或别人的经验而获得的。当亲身经历有危险的时候，必须让他从历史上吸取教训。如果不冒多大危险，最好还是让青年自己去经历；这样亲身体会到的事例，通过寓言乃成为青年行为的准则。

（选自《爱弥儿》，卢梭著，王辉明、郑晓沧译，转引自《西方资产阶级教育论著选》，张焕庭主编，人民教育出版社1979年版）

3. 爱　感激　信任

[瑞士] 裴斯泰洛齐

[阅读提示]

裴斯泰洛齐（1746～1827），瑞士教育家。主要著作有《林哈德和葛笃德》、《葛笃德怎样教育她的子女》。裴斯泰洛齐把教育理解为生长或发展的过程——儿童天赋才能的和谐而自发的发展过程。在本文中，裴斯泰洛齐详细分析了人的爱心，感激和信任的品质的产生过程，以此告诉人们，教育必须根植于爱。人类的教育艺术，应该促进孩子在婴儿期已经发展起来的爱、感激和信任的情感逐步发展。

因为爱、感激、信任和服从的情感的产生，是母亲和孩子之间本能的情感的吻合的结果，所以这些萌发了的情感的进一步发展便是人类崇高的艺术！

朋友，……在这封信里，我要接触到我整个教育体系的关键问题，这个问题，就是宗教情感与我认为是普遍适用于人类发展的那些原则是怎样联系起来的。

这里，我也是自己来求得问题的解决，我提出这样的问题："上帝的观念是怎样在我的心灵里产生的？我是怎样会信仰上帝的？怎样会投入他的怀抱的？当我热爱他、信任他、感谢他和跟随他的时候，是怎样会感受到上帝的福泽的？"

我立即认识到那种热爱、信任、感激和乐于服从的感情，在我能这样来对待上帝以前，在我的内心一定已经发展了。在我渴求热爱上帝、感谢上帝、信任上帝和服从上帝以前，我一定已经热爱人、信任人、感谢人和服从人了。

于是我自己问自己道："我又是怎样会热爱人、信任人、感谢人和服从人的呢？作为人类的爱、感激和信任的基础的情感，又怎样成为我的本性呢？

培养服从的品质的那些活动又是怎样来的呢？"我发现，"它们的主要根源是存在于婴儿和他的母亲之间的关系。"

一个母亲是迫于动物本能的力量使她很照顾自己的孩子，喂他、保护他、使他欢喜。她这样地看护着孩子。她满足孩子的欲望，她排除不愉快的事情。孩子需要帮助，她就给予帮助。孩子受到母亲的照顾，感觉到愉快，爱的种子就在孩子心里发展起来了。

如果把一件孩子从来没有看到过的东西放在他面前，他感到惊奇、恐惧，他大声地哭了。母亲紧紧地抱着他，抚爱他，转移他的注意。他停止了哭泣，但是他的眼睛还是湿润的。那个东西又出现了。母亲把他抱起来，又含笑地看着他。这时，他不再哭泣了，他以明亮的目光，回答他母亲的微笑。信任的种子在他的心里发展起来了。

当孩子有需要的时候，母亲总是急切地走到摇篮边。他感到饥饿的时候，母亲在他身边；他口渴的时候，她就给他喝水。他听到母亲的脚步声，他就安静下来；他看到母亲，他就伸出双手。他的眼睛注视着母亲的胸脯，他感到满足。母亲和感到满足，对他来说是完全同一个东西，他觉得感激。

服从和爱、感激和信任交织在一起，发展着良心的萌芽；对自己心爱的母亲发怒是不对的这样一种最初的模糊的感觉产生了；在这世界上母亲并不完全为了他一个人这样一种最初的模糊的感觉产生了。同时也产生了他自己在这世界也不是仅仅是为了他自己这样一种感觉。权利和义务的种子在萌芽了。

以上就是道德的自我发展的基本原则，这些原则是由母亲与孩子之间的自然关系所揭开的。但是，这种母子之间的自然关系，正是依赖于造物主所特有的那种心理状态的自然萌芽的全部实质所在，也就是说，一切通过信仰依赖上帝的情感的萌芽，在实质上是和婴儿依赖母亲所产生的情感的萌芽是相同的。这些情感发展的方式也是完全相同的。

孩子逐渐成长的独立性，使他离开了母亲的手。他开始意识到自己的人格，在他的心窝里出现了一个秘密的思想，"我不再需要我的母亲了"。母亲从孩子的目光中领会了他滋长着的思想；她把孩子更紧密地贴近她的胸怀，她用一种孩子所未听到过的声调对他说:"孩子,当你不再需要我的时候,当我不能再庇护你的时候,有一个上帝是你需要的,他会把你抱过去。当我不能再给你欢乐与幸福的时候,上帝为你准备了欢乐和幸福。"于是有一种不能用语言表达的东西,在孩子的心里出现了,一种神圣的情感,一种信仰的欲望,使他超越了他自己。当他听到他母亲提到上帝的时候,他就感到欢乐。在母亲的胸怀里发展起来的爱、感激和信任的情感,扩展到上帝,把上帝当作父亲,当作母亲。服从的实践有了更广泛的范围。孩子从这时候起相信上帝和相信母亲一样,现在为了上帝做正义的事,像他过去为了母亲做正义的事一样。

这样,母亲通过信仰上帝把儿童最初的独立的感觉和新发展的道德感结合起来的朴实而虔诚的尝试,揭露了一些根本原理,如果教育和教学真是努力于提高人们的话,它们必须仔细研究这些原理。

因为爱、感激、信任和服从的情感的产生,是母亲和孩子之间本能的情感的吻合的结果,所以这些萌发了的情感的进一步发展便是人类崇高的艺术!

(节选自《葛笃德怎样教育她的子女》,裴斯泰洛齐著,赵端瑛译,人民教育出版社 1979 年版)

4. 人的教育

[德] 福禄培尔

[阅读提示]

福禄培尔（1782～1852），德国教育家。福禄培尔创建了学前教育理论体系，主要著作有《人的教育》、《幼儿园》等。他强调儿童的积极活动和创造能力，主张儿童的社会生活训练，提示了游戏在儿童教育中的地位，提倡体力劳动，这些理论的影响都不限于学前教育。他同时指出，学校要尽力地、合理地安排各种活动，满足儿童的自我表现欲求和人格的发展。

只有当体力活动与精神活动处于有秩序的相互联系中时，才有了真正的生命。

……

（2）对身体的注意，关于身体的知识及身体的训练

人对于所关心的事物，不仅需要认识它的价值、它的意义、它的应用，尤其重要的是他能够应用它、使用它，从他能够应用和使用的事物中他知道，他所为之努力奋斗的工作和目的的实现，取决于该事物的良好性质，因而也取决于这种良好性质的保持。

人们根本不能相信，人，尤其是少年期的人，能够认识自己的身体，就因为这个身体对他来说是如此之接近；更不能相信他的四肢仅仅因为同他的身体统一不分而他能够加以利用。"别乱来！"我们常常听到有人这样呼喊孩子，这种情况在幼儿期和少年期开始时全面的身体活动尚未被提到议事日程时尤为多见。我们可以看到，精神与身体的培养没有达到协调一致或可以说相互促进的人，在一定时候和一定情况下根本不知道他们应当如何运用自己的身体和四肢。究竟有多少人不是甚至把自己的身体看作是一种负担呢！究竟有多少人不是甚至感到自己身体的四肢是一种负担呢！偶尔通过家里的活

动来训练身体确实已经对身体灵活性的培养有很大帮助，然而，这方面的活动几乎在所有场合都是处于从属地位的，在大多数情况下，其要求始终是片面的，而人除此之外不仅还应当意识到他的力量，而且也应当知道应用他的力量的手段，而能够帮助人达到这一目的的唯有作为精神培养的手段和表现的身体及其诸部分全面均匀的训练。这一点，在把身体和四肢的应用、身体和四肢的姿势放在重要地位的最单纯的教学场合，例如习字、图画、学习乐器的演奏等等就已经显示出来。如果学生预先没有经过自己身体和四肢的真正全面的训练和应用，并使之成为自己永久的财产，而只受过一种使教师和学生同样感到受罪的机械式的训练，这种训练能够获得的成效是微小的，而且，不断发出"坐直"、"把手放正"的话使教学失去了生命和效果。在生活和职业的一切境遇中和一切事情上保持强健活泼的身体，端庄的姿态和仪表，只能是作为精神载体的身体之全面训练的结果。如果我们给儿童提供一种由简单到复杂前进的、对人有全面要求的、全面地训练人的合乎规律的身体训练，即提供一种与精神的训练一致的、与精神的训练关连着的、受精神的训练制约的身体训练，那么，肯定地说，即使甚至是大量的所谓无礼行为、粗暴行为和其他不端正行为，也会消失的，尤其在少年期更是如此，而我们也不用常常说，也不会听到人家说"不要举止无礼"，"不要表现得如此粗暴"，"要懂规矩"等诸如此类的话。作为这样一种意志还不是时时能够控制身体的，因而，身体必须每时每刻按照精神所要求的那样去服从精神，正如乐器演奏者的手按照心的要求演奏一样。因此，没有身体的这种培养，教育便不能达到使人完善化和圆满训练人的目的。因此，从这一角度来说，身体同精神一样必须经过真正学校的训练（当然，这不是从孤立的意义上说的）。并且，严格实行的、从简单到复杂前进的、与人的精神关连着的身体训练应当是每所学校的一种正当的教学对象，因为这样的身体训练能够导致真正的训育。真正的训育就是：引导儿童重视他已经能够看到的、他所感觉到的人的价值，引导儿童在他的一切行动中严格地、前后一贯地重视由人的价值产生的、人的本质的最高尊严，这就是说，这种尊严在他的一切行动中表现出来，闪耀出光芒。这就是这一年龄阶段儿童教育的既定的（积极的）要素。而儿童和学生对人的本质的与价值的观念与知觉愈生动和明确，由人的整个本质产生的要求在他面前表现得也愈明确、单纯、易于理解和必然，教育者也愈是必须认真地坚决地坚持实现这些要求，甚至在必要时，他可以为了学生的幸福而不惜采取以训诫进而到处罚到严惩等各种手段。学童期、少年期就是训育的年龄阶段。只有精神和身体的教养调和和一致，真正的训育才有可能实现。

此外，身体或者也可以说精神在紧张的精神活动之后也要求有严格规定的、紧张的体力活动，而这种严格规定的体力活动反过来又会有力地影响精神。因此，只有当体力活动与精神活动处于有秩序的相互联系中时，才有了真正的生命，但身体的训练还有另一个重要的方面，这就是，身体的训练能够促使人，即这里所指的少年儿童，生动地认识自己身体的内部构造，因为少年儿童在这种场合会特别生动地感觉到内部相互作用的关系中的身体所有各个部分。这种感受与仅仅几分适宜的关于人的内部构造图解结合起来，必然多方面地首先促使儿童达到上面所说的那种对人的身体的认识，对人身体构造的理解以及由这种认识和理解决定的对身体的重视和保护，至少引起他们对重视和保护身体的强烈的兴趣。

……

(4) 诗歌的掌握

自然与生命是通过其现象对早期的人、很早时期的人说话的，只是它们说话的声音如此之低，以致尚未发展的儿童的感官、这一发展阶段上的人的未经训练的耳朵，还难以听到生命和自然的语言和声音，即使听到和感觉到了，也不懂得加以说明，翻译成自己的语言，用自己的语言加以表达。然而，当他最初感觉到和意识到自己作为不同于外界的一种东西之后，在他身上也已经产生了理解外界的，特别是理解自然的生命和语言的渴望，产生了有朝一日把从外部一切方面朝着自身接近的生命汲取到自身内部并使其成为自己的生命的预感。

日月流逝，四季更迭。春天带着它的细苞嫩芽和新枝鲜花，以欢乐和生命充实人的，甚至儿童时代的人的心灵，使血液更活跃地奔流，心脏更有力地搏动。秋天带着五彩缤纷的落叶及其馥香，以希望和憧憬充实人的，甚至儿童时代的人的心灵。而严酷的，然而是明朗、稳定和持久的冬天激发人的勇气和力量，而这种勇气、力量、坚忍、克己的感情将使儿童的心情和意识产生自由和愉快的感觉。因此，儿童与其说欢迎初春的花与初春的鸟，毋宁说更欢迎为他的勇气和力量开辟一条流畅而迅速的通道借以飞向远方目标的初雪。所有这一切，都是未来生命的预感，是静止的、尚处于睡眠状态的内在生命的象形文字，一旦加以正确地认识、评价和理解，便是引导人进入生活和通过生活的天使，因此人不应当失去它们，不应让它们化为烟雾。如果我们的幼年期和少年期如此贫乏空虚，以致没有朝气蓬勃和充满活力的形象，没有增强生命的、充满憧憬和希望、预感和信仰的感觉和感情，没有高尚的自我感受和自我意识，那么我们的生命还有什么价值呢？我们必须承认，我们的幼年期与少年期以及这个时期的，特别是少年期的憧憬和希望、预感和信仰是不是我们在未来的生活中和为未来的生活汲取力量、勇气和坚毅精神的取之不竭的源泉。"天国宣告上帝的荣誉"等等以及"害怕主的人乃是幸福者"等等的话是否表达了上帝和自然的赞美诗作者生活中的基本思想，尽管其中包含着种种谬误？尽管这种思想在他最早期的生活中不能用语言表达出来，然而在他最早期的生活中就已经在他身上发生作用的、存在着的、推动他的东西会在他后来的生活中表现出来。这样，这前一句不正是来自对大自然的观察，而后一句来自对人生的观察吗？救世主基督生涯中的基本思想不也同样如此吗？他的话便是证明："你们看看田间的百合花和天空中的鸟儿吧。上帝在培育和喂养它们：更何况作为上帝之子的人类，他会在何等程度上在生活的一切事情上给予关心呢？""我必须按照我父亲所做的那样去做。"这两句话不正是以对自然和人生的充满思考的感受为基础的吗？

然而不仅自然和生命对人说话，人也愿意把由此而在他身上激发起来的，然而找不到言语表达的预感和感受说出来。这些用以表达他的预感和感受的言语，现在就应当按照他的心情与内部精神发展的要求提供给他了。

人与人之间的关系既不是如某些人错误地认为的那样，是表面的，也不是如另一些人坚信的那样，是易于在内心相互沟通的。不用说，这种关系包含着深刻的含义与重大的意义。仅就这种关系的和谐一致就必须在儿童的心灵里及早加以培育,然而与其通过牵强附会的、直接要求的言语来培育,毋宁采用如同通过镜子反映那样的间接的方式来培育。直接要求的教育起着束缚、阻碍、压制的作用。它可以驯服儿童,使其变成一个木偶。间接鼓励的教育,例如不是用于道德教育的那些诗歌里所反映的那样,会给儿童的心情和意志的发展带来内部的自由,而这种自由对于儿童的心情和意志的发展和增强是十分必要的。只是在这种场合,儿童的外部生命与内部生命仍然必须保持协调一致,这一点,当然是首要的和必不可少的要求。这一点,在生活中越是可能表现得稀少和不明显,便越是应当在可能的情况下加以培育。甚至通常几乎不接触生活的教学和通常脱离生活的学校应当进行这方面的教育。

……

(11) 短途旅行与远足

在大自然中的户外生活,尤其对年轻人来说比一切都重要,因为这种生活具有促进人发展、强身、向上和变得高尚的作用。通过这样的生活,一切便有了生命和高度的意义。因此,短途旅行和远足在少年期和学童期开始时就应当作为一种优越的教育手段和学校教学手段而受到极其高度的重视。因此,人如果要实现他的全部使命,完全达到他在地上所能达到的阶段上的发展,如果他要真正地成为一个不可分割的强有力的整体,那么他必须感觉到、知道和认识到自己不仅与上帝和人类是一个整体,而且也与自然是一个整体。这种整体的感觉,为了使本身成为整体,必须从早期起与人同时发展起来。人必须想象到自然发展与人类发展的联系、自然现象与人类现象的联系以及它们之间的相互关系,比如说,受来自自然的外部条件和来自人的内部条件所制约的对同一个人的各种不同的印象,以便人能够尽可能根据现象和本质透彻地了解自然,而自然则对他来说,逐渐成为它所应该成为的那样:引导他达到更高程度完善境界的一个向导。

尤其是这一年龄阶段儿童的一切远足和短途旅行必须在一切自然现象融合、统一和活生生结合的精神下和本着这样一种信念进行,即:通过生命和力本身的本质必然地从统一中产生多样,从单一中产生复杂,从就外表看来小的东西产生人们印象中的大的东西,并且会继续不断地以这种方式产生下去。在这种远足和旅行中呈现在观察者眼前的一切事物，必须按照这样的精神和信念加以观察。因而所有的儿童也都在旅行中力求迅速掌握一个巨大的整体。越是已经充分地掌握了一个比较大的（但绝不是最大的）整体，对探索个别事物的乐趣便越浓厚。通过这种短途旅行和远足，儿童将会把自己居住的地方看作一个整体，并将感觉到自然是一个永久不变的整体。没有这一点，一切远足对于学生来说还有什么直接的精神上的帮助可言呢？它对学生的作用只能是以压抑代替振奋，以空虚代替充实。正如人把包围着自己的空气看作属于自己的东西并为了身体的健康而呼吸新鲜空气一样，他也应当把无处不包围着自己的纯洁清澄的自然看作是属于自己的，并许存在于自然中的上帝精神渗透到自身之中。因此，少年儿童应从早期起从真正的关系上和本来的联系上去观察和认识自然物。他应当通过远足首先认识他所涉足到的谷地，从它的起点到终点全面地认识它。他应当全面观察各条分支峡谷。他应当对他所涉足的溪流或小河沿着其走向从发源地到河口进行观察，并注意其地点差别的原因。他应当去探索山脉，以了解山与山之间的分支状况。他应当登山的顶峰，以便概观和理解整个地区的联系。事实观察将会向他说明，山岳、谷地的形状和构造以及河流的走向是怎样互相制约的。他将在产品被生产出来的场所观察到山岳、谷地、平原、土壤和水的产品。他应当力求在地势高的场所为他在低洼地上见到的河卵石及河床里和原野上的石块寻找岩层和以前形成的场所。少年儿童在远足和旅行中还应当对动物和植物按其生活中的自然状态和栖息场所中的自然状态进行观察，看它们有的怎样沐浴在太阳下汲取光和热，另一些又如何寻求黑暗、阴影、凉爽和湿润。他应当看到，寻求阴影的自然物怎样与提供阴影的自然物紧密联系，如同由后者产生出来的一样，而寻求光和热的自然物又是怎样与显露光的自然物与释放热的自然物紧密联系着。在这样的远足中，少年儿童应当从各方面去发现，栖息场所与食物如何制约着具有高级生命活动的自然物的颜色，甚至形状，例如毛毛虫和蝴蝶以及植物上的其他昆虫，无论就其形状还是颜色来看，都是与从某种意义上说它所属的那种植物联系在一起。他不能不注意到，这种外部的相似性乃是动物保护自身的手段，高级动物几乎是有意识地利用这种相似性达到保护自身的目的,例如小鸟,特别是筑巢的金翅雀,它们筑的巢的颜色与它们在其上面筑巢的树木和枝条的颜色几乎毫无区别。甚至动物生活中各种活动的时间和颜色表现与白昼的,即太阳作用的、太阳活动的性质也是一致的,例如白天的蝴蝶具有鲜艳的色彩,而夜间活动的飞蛾却是灰色的,等等。

儿童通过亲自对事物之间的这种永恒的、活生生的自然联系的觉察、发现和注意,通过直接的事实观察和自然观察而不是通过儿童的意识中缺乏直观印象的名词概念的解释,儿童将会形成一种关于自然中一切事物和现象之间永恒的、活生生的内在联系的极为重要的思想,这种思想,不管最初可能怎样模糊,然而会越来越明确。

人也是这样,首先是人的生活、工作和职业,然后是人的社会关系、人的性格、他的思想方式和行为方式,尤其是人的风俗习惯和他的语言(地方及其方言),所有这一切,在他的旅行中都会以其多方面的自然联系呈现在他的面前。然而这一切,无论在现实生活中还是在理论上,将留待儿童与少年在发展和教育阶段的后期去解决。

在迄今对于同人的自我发展的努力有直接关系的、必然的,并作为与这种努力同一的东西所产生的教学手段及受其制约的教学方法的考察中,数的常识、以研究形状为主的空间常识、讲话练习、书法和阅读等这些从外界观察和语言练习中产生的对少年儿童和学生的要求也明确和肯定地呈现在我们面前。在考察中我们也必然地发现了这些作为以前一般研究对象中的特殊教学分支的教学对象中的每一个教学对象所由之(在某种意义上说通过自身)产生的那些发生点。

(节选自《人的教育》,福禄培尔著,孙祖复译,人民教育出版社2001年版)

5. 童年的秘密

[意] 蒙台梭利

[阅读提示]

玛丽亚·蒙台梭利（1870~1952），意大利幼儿教育思想和教育改革家。主要著作有《童年的秘密》。蒙台梭利认为，童年构成了人生中最重要的一部分，因为一个人是在他的早期就形成的。可学校和家长却在许多冠冕堂皇的理由之下，违背儿童的天性，扼杀儿童的生命活力。成年人必须组织起来，保卫孩子的童年。

蚂蚁为谁储存食物？蜜蜂为谁吸取蜂蜜？鸟儿为谁觅食带到它们窝里？在自然界是没有成年人自己吞吃了一切东西，让后代过着贫困生活这样的例子的。

儿童是在学校里工作的，他们被关在学校里，和奴隶一般，遭到社会强加的痛苦。儿童长时间的伏案读书写字，使他们的胸膛受压而变得狭小，容易患肺病。他们的脊柱同样由于姿势不正而弯曲；他们的眼睛由于长时间在光线不足的情况下学习而变成近视。由于长时间关在狭小、闭塞的屋子里，整个身体被毁坏，好像被窒息了。

但是，儿童所受的痛苦不只是身体上的，在智力活动方面也遭受痛苦。学习是强制性的，充满了厌倦和恐惧，儿童的心智疲劳了，他们的神经系统倦竭了。他们变得懒散、沮丧、沉默，耽于恶习，对自己失去信心，毫无童年时期的快乐可爱的气氛。

不幸的儿童！受压迫的儿童！

他们的家庭并没有觉察到这一切。家庭关心的是孩子们应该尽快地通过考试，尽快学好功课，以便节省时间和金钱。家庭所关心的并不是学习本身，不是获得较高尚的教养，而是响应社会的召唤，完成交给的义务。他们感到这个义务负担沉重，耗费金钱。所以，重要的是他们的孩子应该在尽可能最短的时间内获得进入社会生活的护照。

当时对学校儿童所进行的许多调查和研究，发现了一些其他惊人的事实。很多贫苦儿童在他们上学以前就已经由于早晨的劳动而筋疲力竭了。在他们上学以前，有些儿童已经步行好几英里去分送牛奶，或是奔走街头，叫卖报纸，或是在家里劳动。他们到达学校的时候感到饥饿，昏昏欲睡，唯一的愿望就是休息。这些可怜的小小牺牲品因而受到了更重的惩罚。因为他们不能集中注意听教师讲课，所以不懂得他的解释。而教师呢，关心他的职责，尤其关心他的威信，企图用惩罚来唤起这些筋疲力竭的儿童的兴趣，用恐吓来驱使他们听话。他会在全校同学面前侮辱他们，责备他们没有能力和固执。这些不幸的儿童在家庭里被剥削，在学校里受惩罚，就这样地消耗了他们的生命。

这些最初的调查研究所揭露的不公正的情况，引起了真正的社会反响。学校和有关的规程被迅速地修改了。医学的一个新的重要分支建立了，这个分支经管学校卫生，对文明国家的所有公立学校施加保护性和具有再生作用的影响。医师和教师从此为学生的利益而联合起来了。我们可以说，这是对全人类的一个古代无意识的错误的第一次社会制裁，它标志着社会赎救儿童的第一步。如果我们回顾一下这初次的觉醒，跟踪历史的进程，我们找不到表明承认儿童权利或直觉认识儿童重要性的突出事实。只有基督召唤他们到他身旁，向成年人指出，他们是他进入天国的向导，并且警告他的蒙昧无知。但是，成年人依然只想转变儿童，把他自己当做完善的模范。似乎这种严重的蒙昧无知是不可救药的。奥秘的人类心灵！这种蒙昧无知始终是一个普遍的现象，也许和人类同样古老。

事实上，在每一个教育理想中，在迄今为止的所有的教育理论中，教育这个词差不多总是和惩罚这个词是同义语，目的总是要儿童服从成人，成人替代了自然，并且用他的推理和目的取代了生活的法则。不同的民族有不同的惩罚儿童的方法。在私立学校里，采用的惩罚往往是标明的，正如标明他们的校徽一样。有些采用侮辱的方法，例如在儿童背上挂牌子，戴上写着笨蛋的纸帽子，或使他们戴枷示众，让过路人取笑他们，嘲弄他们。儿童一连几个小时罚站壁角，身体疲乏，闲得无聊，看不到一点东西，却责怪他们自愿那样站着。

其他的惩罚有罚他们裸着双膝跪在石板地上，或加以鞭挞，或当众笞打。有一种新的巧妙的惩罚方法是从学校和家庭联合起来进行教育的理论来的，这个原则归结为把学校和家庭组织起来惩罚儿童，折磨儿童。一个孩子，在学校受了惩罚，必须把判决送交他的父亲，使父亲可以和教师一起惩罚和责骂孩子。然后孩子被迫把他父亲的字条送回学校，证明他已经自己向另一个刽子手投案，这另一个刽子手至少在原则上参与了对他自己的儿子的迫害。孩子就这样地被判背上自己的十字架。

没有一个人为他辩护。儿童能上诉的法庭在哪里呢？这个法庭并不存在。孩子知道可以在其中避难和得到安慰的爱抚在哪里呢？这爱抚也不存在。学校和家庭同意惩罚他，因为，如果不是这样，惩罚就要减轻，而教育就要贬低。

今天，整个社会必须关心儿童，注意到儿童的重要性，必须迅速救治社会所处的极度空虚的危险。必须为儿童建设世界，并承认儿童的社会权利，以填补这个空虚。社会所犯的最大罪过就是浪费了它应该花在儿童身上的金钱，毁灭了儿童，也毁灭了社会本身。社会对儿童所干下的就像监护人荡尽了被监护人的资金一样。成人世界花费金钱，并仅仅有利于自身，而它的大部分财富，显然应该归于儿童。这个真理存在于生命本身；动物，最下等的昆虫，能够教我们这一点。蚂蚁为谁储存食物？蜜蜂为谁吸取花蜜？鸟儿为谁觅食带到它们窝里？在自然界是没有成年人自己吞吃了一切东西，让后代过着贫困生活这样的例子的。但是，成年人<u>丝毫</u>没有为儿童做了什么；仅有的努力不过是保存他的身体，闲混日子而已。当挥霍浪费的社会急需金钱时，它从学校取了去，特别是从庇护人类生命种子的幼儿学校取了去。它从既无武器保卫又无舆论保卫的地方取了去。所以，这是人类最大的罪过和最大的错误。社会甚至没有认识到当它把金钱用于破坏性武器的时候，造成了双重破坏；一种破坏是使人无法生存，另一种破坏是造成死亡，这两者是同一错误,因为正是由于不能保证生命的发展而使人们畸形成长。

现在成年人必须重新组织起来,这次不是为了他们自己,而是为了他们的孩子。他们必须大声要求一个权利,由于生来盲目,他们看不到这个权利,但是,一旦看到这个权利,那就是无可争辩的。如果社会曾经是儿童的一个不忠实的保护人,现在必须把东西归还给他,给他公平待遇。

(节选自《童年的秘密》,蒙台梭利著,赵端瑛译,人民教育出版社1980年版)

6. 关注学生的个性培养

[苏] 马卡连柯

[阅读提示]

马卡连柯（1888～1939），前苏联教育家、作家。马卡连柯在本文中提出了一个重要思想，即教师应该具有发现学生个性的能力，能够根据学生的个人品质、个人爱好和个人兴趣能力，为学生指出适合其个性的发展方向。

我所理解的教育目的就是人的个性的培养计划、人的性格的培养计划，而且，我把个性方面的一切内容都包括在性格的概念中。

一般地说来，教育学是最辩证、最灵活的一门科学，也是最复杂、最多样化的一门科学。这种见解就是我的教育信念的基本标志。我并不是说，一切都经过了我的经验的检验，完全不是，我还有许多不能明白、不能确定的问题，我所以这样说，只是作为工作上的假定，这种假定要随时予以证实。对我个人来说，要亲身用我的经验来证实这种假定，但是，这当然还要用广大的苏维埃社会的经验来予以检验。

同时，我相信我所说的逻辑是不会与我们苏联的优秀学校以及许多优秀的儿童集体和儿童集体的经验相矛盾的。

这就是我预先要说的总的意见。现在我们来谈一个最主要的问题——关于确定教育目的的问题：教育目的由谁来确定？怎样确定？什么时候才能确定？什么是教育目的？

我所理解的教育目的就是人的个性的培养计划、人的性格的培养计划，而且，我把个性方面的一切内容都包括在性格的概念中。这些内容就是：外部表现和内心信念的性质、政治教育、各种知识，即人的个性方面的全貌。我以为，我们做教师的应当有这样的人的个性培养的计划，我们应当力求实现这种计划。

我在自己的实践工作中不能没有这样的计划。任何的东西都不能像经验那样地教育人。就在捷尔任斯基公社的时候，曾经交给我几百个人，我看到每一个人的性格中都有深固而可怕的倾向，都有根深蒂固的习惯。我应当想一想：他们的性格究竟是怎样的？为了把这些男女儿童教育成公民，我应当向哪一方面努力？我一经思考，就看到这个问题决不是几句话所能够回答的。如何培养好的苏维埃公民，还没有人给我指出道路。我应当着手研究关于培养人的个性的更广泛的计划。刚接触到培养个性的计划，我就遇到了这样的一个问题：培养个性的计划对所有的人都应当是一样的吗？我应当把每一种个性，都归纳在统一的培养计划中吗？应当把每一种个性都列入一致的标准里，并追求实现这种标准吗？如果这样做的话，那我就要舍弃个性方面的个别的优点、个别的特性以及特殊的美好之处。要是不肯舍弃的话，那我的培养个性的计划能是什么样的呢？我不能那样简单地、抽象地解决这个问题，而是在十年的实践工作过程中解决了它。

我在自己的教育工作中，看到了应当有培养个性的一般的"标准"计划，还应当有对这个计划的个别修正案。对我来说，还没有产生过这样的问题：我的学生应当成为勇敢的人呢还是我应当培养胆怯的人？这里，我假定好了"标准"，即每一个学生都应该是勇敢的、刚毅的、诚实的和爱好劳动的爱国主义者。但是，如果遇到了像天才这样的个性上的细微之处时，那该怎么办呢？有时候，当遇到天才的时候，会对它产生很大的怀疑。有一个男孩在十年制学校毕业时，就有过这样的情形，这个孩子的名字叫捷连秋克。他学习很好，成绩全是五分（我们学校当时采用五级制记分法），以后他想进高等工业学校。我早已发现他有很高的演员天赋，而且是非常稀有的喜剧演员的天赋，特别机智聪明，有天赋的悦耳的声带，富于表情，是一个聪慧的喜剧演员。我观察到只有在演剧工作这一方面，他才能够取得很大的成就，如果上工业学校，他就是一个平常的学生。但是，当时有那么一种爱好，所有我的"孩子们"都想做工程师。如果说到做教师的话，大家当面就会笑起来。"为什么偏要去做教师？""那就去当演员。""您说到哪儿去了，演员算什么工作?"于是，捷连秋克进了工业学院，我深信我们失掉了一个出色的演员。我让步了，归根结底，我没有权力挽回这件事情。但是，我总是不能释怀。他学习了半年，来参加我们的戏剧小组。我想了又想，最后决定召他参加社员大会，我说我要就捷连秋克的问题向大会提出申诉，因为他不服从纪律，上高等工业学校去了。全体大会上大家说："你怎么不害臊？给你说了，而你不服从。"大会最后决定："不许他上工业学院，决定把他送到戏剧专科学校去学习。"他很不高兴地走了，但他不能够不服从集体。他得到了奖学金和公共宿舍。现在，他成了出色的演员，已经在一个有名的远东剧院演出了，在两年中，他获得了一般人十年才能获得的成就。现在，他非常感谢我。

　　但是，如果现在我再遇到这样的问题，我还是没有解决它的把握。谁能了解捷连秋克？我有什么权力硬要用强制办法呢？改变这种志趣的权力对我来说还是一个没有解决的问题。不过，我深信每一个教师都会遇到这样的问题：教师是否有权干涉学生性格的发展，并引向正确的发展方向呢？还是只应当消极地跟随着学生的性格走呢？我以为，问题应该这样解决，那就是：有权干涉。但是，应该怎样做才对呢？个别情况要个别处理，因为，有权力是一回事，而能够做得好是另一回事，这是两个截然不同的问题。今后我们在培养干部时，很可能就是要教他们怎样做转化工作；培养医师，就应该教他怎样施行穿颅术。在我们现在的条件下，可能将教教师怎样来做这样的"穿颅术"（也许比我做得更机巧些、更成功些），教他们怎样根据个人的品质、个人的爱好和个人的能力，引导人向他最需要的那个方向发展。

　　　　（节选自《马卡连柯教育文集》，马卡连柯著，吴式颖编，人民教育出版社2001年版）

7. 智力的形成和认知的发展

[瑞士] 皮亚杰

[阅读提示]

让·皮亚杰（1896～1980），当代瑞士儿童心理学家和教育家，心理学界日内瓦学派的创始人。主要著作有《教育科学与儿童心理学》、《结构主义》、《心理学与教育》等。关于教育，皮亚杰认为，教育应当成为一门科学，应当建立在心理学的基础之上，活动教育法是儿童教育的基本方法。

智力的基本功能在于理解与发明，换言之，通过构成现实的结构来构成内心的结构。

在赫钦斯（R. M. Hutchins）最近为《大英百科全书》所写的一篇文章里面肯定地说，教育的主要目的在于发展智力本身，在于教学生如何发展智力，"因为智力是可以进一步发展的"，这当然是说，这种发展可以远远超出学生离开学校的年龄。无论这些公开地或隐约地赋予教育的目的是把个人从属于现有的社会或是由个人去改进社会，无疑大家都会接受赫钦斯的这个公式。但是也很清楚，这个公式会是没有什么意义的，除非我们十分明确智力是怎样构成的，因为常识对于这个题目的理解虽不正确，却是一致的，而理论家对于这个题目的见解却是各不相同的，因而它们可以启发各种极不相同的教育学。所以不可避免地要考虑这些事实，以便找出智力是什么，而心理学的实验除了按照智力形成与发展的方式去说明智力之外，是别无他法来回答这个问题的。然而幸而正是在这个领域内，儿童心理学自从1935年以来已经替我们提供了最好的研究成果。

智力的基本功能在于理解与发明，换言之，通过构成现实的结构来构成内心的结构。事实上，日益表现出来：理解与发明这两个功能是不能分割的，因为要理解一个现象或一件事情,我们就要对于产生这个现象或事件的转变过程加以改组,又因为要重新改组这些转变,我们就要构成一种转变的结构,而要构成一种转变的结构就事先要有发明或再发现的因素。旧的智力理论(经验主义的联想论等)强调理解(甚至强调到这样一个地步,乃至按照原子论的模式把理解视为一个从复杂体还原到简单单位的还原过程,认为在理解中,感觉、印象与联想乃是本质的东西)而把发明视为已存现实的简单发现,另一方面,最近的理论则把理解从属于发明,把发明视为一个不断建设有结构的整体的过程,这一点已经日益为事实所证实。

因此,智力问题以及随之而来的教学论的问题便是随着认识论的根本问题而产生的。认识论的根本问题就是要确定认识是什么。认识是对现实的描摹,还是相反,把现实吸收到转变的结构中去。关于摹本说的认识论观点,人们始终没有放弃过,非但未曾放弃,它还不断地为许多教育方法提供了启示,尤其为那些直观法提供了启示,在这些方法中,形象和视听现象产生了十分强大的作用,以致有人认为这是教育进步的最后胜利。在儿童心理学中,许多作家继续认为智力的形成是服从于"学习"规律的,而这种所谓"学习"规律是以赫尔(Hull)的学习论的事例和盎格鲁撒克逊的学习理论为模式的,即有机体对外界刺激作出重复的反应,通过外在的强化,把这些重复过的反应巩固下来,构成一个联想的链条或"习惯的等级",对现实的那种有规则的顺序产生了"机能上的摹本",如是等等。

但是和这些联想论的经验主义的残余相矛盾的基本事实已经使我们对智力的概念产生了革命。根据这种基本事实,知识来源于行动而不是来源于简单的联想反应;知识,从深刻得多的意义上来讲,是把现实吸收到必然的和普遍的行动协调中去。认识一个对象就是对它采取行动,改变它,以便当那种转变的机制和转变活动本身联系起来发生作用的时候来掌握这种转变的机制。所以,认知就是把现实同化于转变的结构之中,而这些转变的结构就是作为行动的直接扩展的智力所构成的结构。

智力来源于行动这个事实,符合于法语国家近几十年心理学传统的解释,导致了这样一个根本的后果:智力,甚至在其较高的表现中,即当它只有运用思维的工具才能取得进展的时候，也是正在采取行动与协调行动，不过是以一种内在的与反省的形式进行的罢了。这些内化了的行动，因为它们只是一种转变，所以仍然是行动，是逻辑的或数理的运算，即判断或推理的行动。但是这种运算不仅仅是内化了的行动，而且还因为它们表达了行动最一般的协调而具有双重特性：它们是可逆行的（每一种运算包括着它们的颠倒过程，如加与减，或者包括着它的互反关系，等等），而且它们还可以协调成为较大的整体结构（归类、整数的顺序，等等）。这样的结果便是：智力在一切阶段上都是把材料同化于转变的结构，从初级的行动结构升华为高级的运算结构，而这些结构的构成乃是把现实在行动中或在思维中组织起来，而不仅是对现实的描摹。

心理运算的发展

从开始的感知运动的行动一直到最抽象的心理运算，这是一个继续不断的发展。这是近三十年来儿童心理学所企图描述的。在许多国家所获得的事实以及日趋一致的解释，今日已为那些想要运用它们的教育工作者们提供了一定数量的前后一致的参考资料。

因此，我们的理智运算的根源已经追溯到以感知运动的行动与智力为特征的最初阶段。这种纯实践性的智力是以知觉与运动为其惟一的工具，它既不能进行再现，也不能从事思维，然而它已经提供证据，证明在我们一生的头几年就在努力去领会各种情境。在实践中，它已构成了行动的图式，用以作为以后建立运算结构与概念结构的基础。例如，在这个阶段，我们能够观察到儿童已经构成了一种根本的守恒图式，即认识到坚固客体的持久性，即当我们把这种对象放在布幕后面，用布幕把它们从他们实际的知觉场隔开时，9至10个月以上的婴儿就会寻找这些对象（在这以前他们是不去寻找的）。与此相互关联的，我们也能观察到儿童已经形成了几乎可以逆行的一些结构，例如，在一个"集合"中便有变换地方与位置的组织，其特征就是有可能向前或向后移动或沿着一个圆圈运动（可以颠倒过来运动）。我们能够看到因果关系的形成，开头是与行动本身单独联系的，然后与对象、空间、时间的结构相联系，而逐渐地客观化了、空间化了。还有一件事实帮助我们证实，这种感知运动图式对于未来心理运算的形成是重要的。这就是我们从哈特威尔（Y. Hatwell）的研究中所得知的。在那些先天失明的儿童中由于这种初期图式不够健全，他们的发展要落后三四年，而在形成比较一般的运算方面就更加落后了，一直到青年时期，而那些后天失明的儿童就没有落后这么久。

从2岁左右开始一直到七八岁这个阶段是第二个阶段。符号的或语言的机能的形成便标志着这个阶段的开始。这就使我们能够通过符号或分化了的记号的媒介来引起当时感知不到的对象或事物，从而使它们再现出来。象征性的游戏是这个过程的一个例子，还有延宕的模仿、心理的影像、图画等，而尤其是语言本身。因此，符号的机能使得感知运动智力有可能借助于思维而扩展它自己，但是另一方面，却存在着两个情况推迟了心理运算本身的形成，因而在整个第二阶段，智力思维仍然是前运算性质的。

第一种情况是行动内化为思想需要一定的时间，因为用思维去再现一个行动的开展及其结果比只在物质世界中进行这个行动要困难得多。例如，单独在思想里旋转一个正方形，每转九十度就在内心再现颜色不同的各个边的位置，这和实际上旋转这个正方形而观察其结果是完全不同的。因此，在行动内化以前必须事先在一个新的水平上重新组织这些行动，而这样的重新组织也许要和这个行动本身过去的改组一样经过同样的几个阶段，但还要落后一大段时间。

第二种情况就是在这样重新组织之前必须事先经过一个继续非自我中心化的过程，这个过程的范围比感知运动阶段要宽广得多。在他发展的头两年期间（感知运动阶段），儿童已经不得不完成一次小小的哥白尼革命：当他开始把一切东西都要拿回到他自己身边来的时候，最后他便构成了一个有因果关系和空时关系的宇宙，这样，他自己的身体就不再被视为是许多对象中多加上一个对象，一切都存在于由许多关系所组成的一个巨大的网状组织之中，而这个网状组织是超出他的掌握之外的。在思想中的改组阶段上也是这样的，不过规模大得多，而且还附加了另外一种困难：儿童不仅要把他自己置于事物整体的关系之中，而且还要置于他周围人群整体的关系之中，而在这之前事先要有一个非自我中心化的过程，而这个非自我中心的过程既表示有了一种关系，又表示它具有了社会的性质，所以在把自己置于周围人群的整体中之前事先要从自我中心状态过渡到那种双重协调的形式（可以颠倒和可以互反），而这是运算上可逆行性的根源。

如果儿童没有心理运算，他就不能在这个第二阶段构成最基本的守恒概念，而这种概念是逻辑推演的先在条件。如果排列成为一行的十个小钱之间的空间增加了，他会想象，这些小钱的数目就增多了；一堆东西，如果把它们分成两堆，在数量上就比整个的一堆要多些了；一条直线，如果被分成两段，就比原来的一条线长些了；A 与 B 之间的距离和 B 与 A 之间的距离并不一定相等（特别是在一个斜坡上）；如果把 A 杯里面的液体倒到一个狭长的杯子里，那么在这个狭长杯子里的液体就增加了。

然而，在七八岁左右，开始了第三阶段，在这个阶段上，由于日益继续的内化、协调和非中心化过程，这些问题和其他的问题都很容易解决了，因为这种日益内化、协调与非中心化的结果便产生了一种由运算的可逆行性（颠倒与互反）所构成的一般的平衡形式。换言之，我们就看到心理运算的形成；类的结合与分开就是归类的根源；A<B<C……的联结就是序列的来源；对应就是复式表的根源等等；类的内包与系列秩序的综合便产生了数；空间的区分与序列的移置的综合便产生了测量等等。

但是，这许多萌芽的运算还只是一个受着双重限制的领域。一方面，这种运算仍然只能应用于具体对象，还不能应用于用语言文字以命题的形式所提出的假设（所以在小学班级里使用讲授的方法是无用的，而必须采用具体的教学方法）。而另一方面，这种运算只能从一个事物进入下一个事物，而不能变成后来的那种联合性质的与比例性质的运算，而后者则具有较大的灵活性。这两个限制具有一定的重要性，而且表明：这些我们称为"具体运算"的初步运算仍然接近于它们所由产生的那种行动，因为在物理行动形式中所进行的那种联合、序列、对应等等，事实上也具有这两种特征。

最后，大约在 11 到 12 岁的年龄便开始了第四个，也是最后的一个阶段，这个阶段的平衡高原恰好与青年时期相符。这个时期的特点，一般讲来，是掌握了一种新的推理方式，这种推理的方式已不再完全限制于处理具体对象或可以直接再现的现实，而是运用"假设"了，换言之，即运用命题了，这样便有可能推论出逻辑结论，而且在考察其涵义之前已无需确定其真伪。因此，我们便看到在早期具体运算阶段之上正在形成一些新的，所谓"命题的"运算：蕴涵（"如果……，那么……"）、选择（"或者……或者……"）、不相容性、舍取等等。而这种种运算也表现出两个根本的特点。首先，这种命题运算意味着有一个结合性质的过程，它不像前一阶段的类的"组合"和关系，而这个结合过程从一开始就既应用于观念与命题，也应用于具体对象或物理因素。其次，每一命题运算既应用于颠倒的关系，也应用于互反关系，因此，这两种可逆行的形式，在这以前一直是分开的（仅有类的颠倒，或仅有关系的互反），从现在起这两者则已结合成为一个包括四种转变的完整系统了。

（选自《教育科学与儿童心理学》，皮亚杰著，傅统先译，文化教育出版社1981年版）

8. 教育者的10条"箴言"

[格] 阿莫纳什维利

[阅读提示]

阿莫纳什维利（1930～ ），格鲁吉亚当代儿童心理学家，教育家，原苏联教育科学院院士。阿莫纳什维利是合作教育学派的主要代表人物之一。代表性教育著作有：《孩子们，你们好!》、《孩子们，你们生活得怎样?》、《孩子们，祝你们一路平安!》。在本文中，他提出，教师和儿童之间应该保持一种信任，应该尊重每一个儿童的个性，应该使儿童养成关心同学、亲人和一般人们的感情。关心儿童首先要理解儿童，要避免训斥、辱骂、伤害自尊心、讥笑、粗暴、恐吓、暴力等等。

在一个人道主义的社会里，教育只能是人道主义的。使儿童对教育过程产生好感，使他们成为我们教育他们中的自愿助手——这是人道主义教育的主要原则。

1. 在一个人道主义的社会里，教育只能是人道主义的。使儿童对教育过程产生好感，使他们成为我们在教育他们中的自愿助手——这是人道主义教育的主要原则。

2. 交往——是人们生活的主要之点，使儿童得到与我们交往的快乐，共同认识、共同劳动、游戏、休息的快乐——这是人道主义教育的主要方法。

3. 成人的日常生活和相互关系的性质——这是未来的人的个性赖以形成的环境。因此，极为重要的是，要使我们的日常生活、我们的相互交往，尽可能在更大程度上符合我们力求使儿童树立的那种理想。80年代的教育者应该是21世纪人的榜样。

4. 人对人们的信赖，人对自己的生活立场的信心——这是人与人之间富有人生乐趣的交往和使个性升华的本源。因此，我们必须爱护和发展儿童对我们——自己的教育、对自己的同学、对人们的信任感和对自己的信心。

5. 社会主义社会是一个平行的和互相关心着人们的社会。我们的教育过程应该贯穿对每一个儿童个性的尊重，应该使儿童养成关心同学、亲人和一般的人们的感情。

6. 只有在使人能感到自己是社会所需要的人，是自己人，只有在他既不人为地被抬高，也不人为地被贬低的社会里，人才能显示和发展自己的一切才能和天赋，并成为幸福的人。在对儿童的教育中，也应该使他们感到自己是所生活的社会中的这样的一员。

7. 儿童是感情容易冲动的人，他们很难理解我们。但我们教育者有义务去理解儿童，应该在考虑到儿童内心活动的情况下拟定我们的教育计划。

8. 教育是一个长期的潜移默化的过程，因此，我们在解决教育任务的一切具体场合，都应该表现出明智、有远见、合情合理和耐心。

9. 对儿童富有同情心、体贴入微、心地善良、爱、温和、直爽、乐于帮助、休戚与共，这一切应该是我们教育者的行动指南。同时，还应该把这一切与对自己和儿童的严格要求，对年轻一代的责任感和关心祖国未来结合起来。

10. 我们应该坚决扬弃与人道主义教育相对立的和抑制儿童个性发展的权力主义和强迫命令及其种种表现形式，如训斥、辱骂、伤害自尊心、讥笑、粗暴、恐吓、暴力，等等。

（选自《孩子们，你们好!》，阿莫纳什维利著，朱佩荣译，教育科学出版社2002年版）

9. 训蒙大意示教读刘伯颂等

王阳明

[阅读提示]

王阳明(1472~1529),中国著名哲学家和教育家。王阳明哲学思想主张"心学",注重个人心性的内省与自得,主张"知行合一",认为"知是行之始,行是知之成"。关于儿童教育,王阳明主张,应重视德行的培养,音乐的熏陶,体育的锻炼,保有儿童性情和个性自由,让其自由生长。王阳明提出,教育要充分运用艺术教育和美感教育,歌诗、习礼、讽读不仅可以激发学习情趣,寓教于乐,而且可以促进身心健康,收到事半功倍的效果。

其栽培涵养之方,则宜诱之歌诗,以发其志意;导之习礼,以肃其威仪;讽之读书,以开其知觉。

古之教者,教以人伦,后世记诵词章之习起,而先王之教亡。今教童子,惟当以孝弟忠信礼义廉耻为专务。其栽培涵养之方,则宜诱之歌诗,以发其志意;导之习礼,以肃其威仪;讽之读书,以开其知觉。今人往往以歌诗、习礼为不切时务,此皆末俗庸鄙之见,乌足以知古人立教之意哉!

大抵童子之情,乐嬉游而惮拘检,如草木之始萌芽,舒畅之则条达,摧挠之则衰萎。今教童子必使其趋向鼓舞,中心喜悦,则其进自不能已。譬之时雨春风,沾被卉木,莫不萌动发越,自然日长月化。若冰霜剥落,则生意萧索,日就枯槁矣!

故凡诱之歌诗者,非但发其志意而已,亦所以泄其跳号呼啸于咏歌,宣其幽抑结滞于音节也。导之习礼者,非但肃其威仪而已,亦所以周旋揖让,而动荡其血脉,拜起屈伸,而固束其筋骸也。讽之读书者,非但开其知觉而已,亦所以沈潜反复而存其心,抑扬讽诵以宣其志也。凡此皆所以顺导其志意，调理其性情，潜消其鄙吝，默化其粗顽，日使之渐于礼义而不苦其难，入于中和而不知其故，是盖先王立教之微意也。

若近世之训蒙稚者，日惟督以句读课仿，责其检束，而不知导之以礼；求其聪明，而不知养之以善；鞭挞绳缚，若待拘囚。彼视学舍如囹狱而不肯入，视师长如寇仇而不欲见，窥避掩覆以遂其嬉游，设诈饰诡以肆其顽鄙，偷薄庸劣，日趋下流。是盖驱之於恶，而求其为善也，何可得乎！

凡吾所以教，其意实在于此。恐时俗不察，视以为迂。且吾亦将去，故特叮咛以告。尔诸教读，其务体吾意，永以为训，毋辄因时俗之言，改废其绳墨，庶成蒙以养正之功矣。念之念之！

(选自《王文成公全书》卷二《传习录》，王守仁著，上海书店 1989 年影印)

附：

王阳明先生训蒙大意的解释

陈独秀

古之教者，教以人伦，后世记诵词章之习起，而先王之教亡。

先生这几句话的意思，是说古时候教人的道理，是要教人去实行那忠、孝、节、义，才算是尽了人伦，才算是一个人。后来教人的法子，是专门教人抱着几本古书，闭了眼睛乱念，并不知道讲究书里所说的道理，教学生照样去做，照这个样子，就是书念的极多，又记的极熟，到底有什么用处呢？或者专门教学生做文章，就是文章做的呱呱叫，还是不能够实实在在做忠、孝、节、义的事，这也算得是一个人么？先生深恨后世教育的主义，专重在熟读古书做好文章去应考，混那功名富贵，把古圣贤教人实行忠、孝、节、义的大道理，反丢在九霄云外。所以起首就提出这几句话，是说破后世教育的病根哩！

今教童子，惟当以孝、弟、忠、信、礼、义、廉、耻为专务。

这几句话,是先生教人的大主义,和后世专门教人念书做文章的,大不相同。孝是孝敬父母,弟是爱敬弟兄,忠是尽忠报国,信是心口如一不肯欺人,礼是遇事有礼不侵害他人,义是待人公道自守本分,廉是不取非义之财,耻是真心学好不做不如人的事。做童子的时候,便专门把这些道理教训他。根基培稳,长大成人,自然是有用的国民了。

其栽培涵养之方,则宜诱之歌诗,以发其志意;导之习礼,以肃其威仪;讽之读书,以开其知觉。今人往往以歌诗、习礼为不切时务,此皆末俗庸鄙之见,乌足以知古人立教之意哉?

这几句话,是先生教育的方法。歌诗是最容易感动人的,礼仪也是很可以训练人的,读书听诗也可以开发人的知识。所以先生用这三样法子,教育童子。俗人不以歌诗、习礼为重,便失了古人立教的本意。这也是先生痛恨当时的人,不知道培养童子的德性,开发童子的知觉,专门记书做文的弊病。现在各国小学堂的功课,都有音乐、体操两项,正合先生歌诗、习礼两项,用意相同。我中国学堂里的教习,都把音乐、体操当作无关紧要的学问,这才正是先生所骂的末俗庸鄙之见哩。

大抵童子之情,乐嬉游而惮拘检,如草木之始萌芽,舒畅之则条达,摧挠之则衰萎。今教童子,必使其趣向鼓舞,中心喜悦,则其进自不能已。譬之时而春风,沾被卉木,莫不萌动发越,自然日长月化。若冰霜剥落,则生意萧索,日就枯槁矣!

先生这几句话,是管理童子的法子。小孩子性情活泼,没受惯拘束,活像初生的草木一般。别要压制他,顺着他的性子,他自然会生长发达起来,若是压制拘束很了,他便不能够生长。所以教育小孩子,也要像栽培草木一样,不可压制拘苦了他,要叫他心中时常快乐,自己自然晓得学好。这便和草木得了春风时雨一般,自然生机日发;和那秋天迫害草木的霜雪,效验真是大不相同了。先生这样管理童子的方法，世上迂腐老先生，多半不以为然。不知天地间无论何事，都是能自由才能发达，勉强压制，才是有害无益。自由发达，才是他自己真发达。勉强压制，就是他能够照你的话去做，也合机器一般，不过是听人调动罢了。西洋大教育家，有一个名叫斐司塔尔基（今译裴斯泰洛齐——编者）的，他尝说道，"教育童子，总要顺着他的性情才好，设种种方法，惹起他的欢悦心，使他乐于受教。然后施以合宜之教育，才能够开发他固有的智能"。他这几句话，便合阳明先生的意见，正是一个鼻子孔出气。可见无论古今中外，道理总是一样。只是西洋、日本各国，都遵守斐司塔尔基的方法。幼稚园和小学堂里，都重在游戏教育法，设出种种的法子一面和他游戏，一面就是教他学问。叫小孩子个个欢天喜地，情愿受教，没有一个肯逃学的。所以他们国里教育大兴，人才日出。我中国几百年前，就有了阳明先生这等教育好法子，只是埋没了几百年，无人去理他的话。所以弄得教育童子的方法，就像冰霜剥落草木一般，一毫生意也没有。人才如何能发达呢？

故凡诱之歌诗者，非但发其志意而已，亦所以泄其跳号呼啸于咏歌，宣其幽抑结滞于音节也。

这几句话是说，教学生唱歌的道理。不但歌星的辞话，可以鼓动学生的志气，而且儿童的活泼性子，可以藉此善成。儿童忧闷呆滞的光景，也可以藉此解脱。先生这样的意思，正合西人引诱儿童快乐主义，是一鼻孔出气了。你看中国现在教书的先生，待学生如同阎王待小鬼一般，百方压制，百方威吓，终日拘在学屋里咿咿唔唔，不许丝毫活动，弄得那柔弱的儿童，便合八十岁的老寡妇一般，刚强的一出学堂门，便合野马一般。那里还有一点优美活泼的少年气象呢。

导之习礼者，非但肃其威仪而已，亦所以周旋揖让，而动荡其血脉，拜起屈伸，而固束其筋骸也。

这几句话，是说教儿童习礼的缘故。不但礼的仪节，可以令儿童整齐严肃，而且可以运动身体，调和血脉，坚强筋骨。照这样说起来，又合现在的体操正对了。你看那兵式体操的起坐进退，无论多少人，都是遵从一样的号令，节奏井然，丝毫不乱。那般整齐严肃，正合古人习礼的精神，一般一样。至于那柔软体操和器械体操，正是运动身体，调和血脉，坚强筋骨，更是不消说的了。现在西洋的教育，分德育、体育、智育三项。德国、日本的教育，格外看重在体操。我中国的教育，自古以来，专门讲德育，智育也还稍稍讲究，惟有体育一门，从来没人提倡（射御虽是体育，但也没人说明），以至全国人斯文委弱，奄奄无生气，这也是国促种弱的一个原因。阳明先生教育主义，却这样注重操练身体，真算是中国古代教育家的特色了。

讽之读书者，非但开其知觉而已，亦所以沉潜反复，而存其心，抑扬讽诵，以宣其志也。

这几句话，是说教儿童念书的道理。不但是要开他的智慧，并要培养他的心地，扶植他的志气。这也是先生生平重德行轻才智的宗旨。后世的人，往往有读书万卷，所行所为，还是天良丧尽。文词才华，可以取功名富贵，而气节品行，一毫也不讲究。甚至于天天读理学书，挂道学招牌，却是问起他的心地来，还是一个卑鄙龌龊的小人。这都是只知道读诗书开知觉，不知道存良心重志气的缘故哩。

凡此皆所以顺导其志意，调理其性情，潜消其鄙吝，默化其粗顽，日使之渐于礼义而不苦其难，入于中和而不知其故，是盖先王立教之微意也。

按志意性情，是教育儿童顶要紧的事。先生说顺导说调理，都是说要顺着儿童原来的性情志意，渐渐的培养他的长处，警戒他的短处。鄙吝粗顽，都是顶坏的性质。先生教育主义，却不是雷厉风行，责备儿童不许有这种性质,乃说潜消说默化。可见先生的教法,全用顺性开导的主义,合后世压制拘禁的手段不同。原来儿童的性质,也合水性一般。大禹治水的法子,只是顺着水性疏通下去。丹朱治水,乃是逆着水性,专门用那防遏禁压手段,所以洪水越发放滥不止。训练儿童的性情志意,也是如此。

若近世之训蒙稚者,日惟督以句读课仿,责其检束,而不知导之以礼;求其聪明,而不知养之以善;鞭挞绳缚,若待拘囚。彼视学舍如囹狱而不肯入,视师长如寇仇而不欲见,窥避掩覆以遂其嬉游,设诈饰诡以肆其顽鄙,偷薄庸劣,日趋下流。是盖驱之于恶,而求其为善也,何可得乎!

这几句话,是说只知道教儿童念书做文章,不训练他的品行,还有捆打辱骂种种野蛮的法子,以至儿童看学堂合监牢一般,看先生合仇人一般。象这样不但学生万不能得益,而且廉耻丧尽,养成一种诡诈庸劣的下流性质哩!

凡吾所以教,其意实在于此。恐时俗不察,视以为迂。且吾亦将去,故特叮咛以告。尔诸教读,其务体吾意,永以为训,毋辄因时俗之言,改废其绳墨,庶成蒙以养正之功矣。念之念之!

这几句话是先生劝人莫随俗见,要改良教育的意思。

(选自《陈独秀教育论著选》,戚谢美、邵祖德编,人民教育出版社1995版)

10. 童心说

李贽

[阅读提示]

李贽（1527~1602），字卓吾，我国明代思想家。他提倡"童心说"。所谓"童心"，就是人生来所具有、未被世俗以及各种思想、学说所熏染的"本心"、"真心"，也就是天生的那颗"自然之心"。李贽认为人的"童心"之失的根由，是"多读书识义理"，批判矛头指向代表儒家思想的程朱理学，推崇人性的天赋自然。

若失却童心，便失却真心；失却真心，便失却真人。人而非真，全不复有初矣。

龙洞山人叙《西厢》，末语云："知者勿谓我尚有童心可也。"夫童心者，真心也。若以童心为不可，是以真心为不可也。夫童心者，绝假纯真，最初一念之本心也。若失却童心，便失却真心；失却真心，便失却真人。人而非真，全不复有初矣。

童子者，人之初也；童心者，心之初也。夫心之初，曷可失也？然童心胡然而遽失也。盖方其始也，有闻见从耳目而入，而以为主于其内，而童心失。其长也，有道理从闻见而入，而以为主于其内，而童心失。其久也，道理闻见，日以益多，则所知所觉，日以益广，于是焉又知美名之可好也，而务欲以扬之，而童心失。知不美之名之可丑也，而务欲以掩之，而童心失。夫道理闻见，皆自多读书识义理而来也。古之圣人，曷尝不读书哉。然纵不读书，童心固自在也；纵多读书，亦以护此童心而使之勿失焉耳，非若学者反以多读书识理而反障之也。夫学者既以多读书识义理障其童心矣，圣人又何用多著书立言以障学人为耶？童心既障，于是发而为言语，则言语不由衷；

见而为政事，则政事无根柢；著而为文辞，则文辞不能达。非内含以章美也，非笃实生辉光也，欲求一句有德之言，卒不可得，所以者何？以童心既障，而以从外入者闻见道理为之心也。

夫既以闻见道理为心矣，则所言者，皆闻见道理之言，非童心自出之言也。言虽工，于我何与，岂非以假人言假言，而事假事、文假文乎！盖其人既假，则无所不假矣。由是而以假言与假人言，则假人喜；以假事与假人道，则假人喜；以假文与假人谈，则假人喜。无所不假则无所不喜，满场是假，矮人何辩也。虽有天下之至文，其湮灭于假人而不尽见于后世者，又岂少哉！何也？天下之至文，未有不出于童心焉者也。苟童心常存，则道理不行，闻见不立，无时不文，无人不文，无一样创制体格而非文者。诗何必古选，文何必先秦，降而为六朝，变而为近体，又变而为传奇，变而为院本，为杂剧，为《西厢曲》，为《水浒传》，为今之举子业，皆古今至文，不可得而时势先后论也。故吾因是而有感于童心者之自文也，更说什么六经，更说什么《语》、《孟》乎？

夫六经、《语》、《孟》，非其史官过为褒崇之词，则其臣子极为赞美之语，又不然则其迂腐门徒、懵懂弟子，记忆师说，有头无尾，得后遗前，随其所见，笔之于书，后学不察，便谓出自圣人之口也，决定目之为经矣，孰知其大半非圣人之言乎？纵出自圣人，要亦有为而发，不过因病发药，随时处方，以救此一等懵懂弟子、迂腐门徒云耳。药医假病，方难定执，是岂可遽以为万世之至论乎！然则六经、《语》、《孟》，乃道学之口实，假人之渊薮也，断断乎其不可以语于童心之言明矣。呜呼！吾又安得真正大圣人童心未曾失者，而与之一言文哉！

（选自《焚书　续焚书》，李贽著，中华书局1975年版）

【译文】

龙洞山人在为《西厢记》写的序文末尾说："聪明智慧的人，别讥刺我'还保留着一颗童心'，这就可以了。"童心，是真心。如果以为不可以有童心，是以为不可以有真心。所谓童心，就是完全没有虚假，纯粹的真，是最初根本的一念之心。如果失去童心，就失去真心。失去真心，就失去真人（的资格）。人不是真人，就完全不再有当初的本性了。

儿童，是人生的开始；童心，是心灵的本源。心灵的本源，怎么可以失去呢？那么，童心为什么会很快失去了呢？恐怕在人的启蒙时期，一些感官信息会通过耳朵和眼睛进入内心，占据孩子的心灵，童心慢慢失落。长大之后，又有很多道理在闻见的积累中逐步形成，这些道理会取代童心的位置，童心愈加失落。久而久之，道理、闻见日益增多，所能感知、觉察的范围也日益扩大，然后又明白美名是好的，就千方百计地去发扬光大；知道恶名是丑的，便挖空心思地遮盖掩饰，这样一来，童心也就不复存在了。人的道理、闻见，都是通过多读书识义理而获得的。古代的圣贤，又何尝不读书识理呢？但是，圣人们不读书时，童心本来就存在着，纵使多读书，他们也能守护童心，不使丢失。绝不像那些读书人，反而因为多读书识理而蒙蔽了自己的童心。如果读书人会因为多读书识理而蒙蔽了童心，那么圣人又何必多余著书立说来堵塞读者的心窍呢？童心一旦蒙蔽，表现在说话上，就是言不由衷；被任用参与政事，那么政事就没有根基；如果写文章，也就无法明白畅达。如果不是内怀美质而自然表现出美好来，如果不是真诚实在而闪耀出光辉，要想从他那里得到一句有道德修养的话也得不到。为什么呢？就是因为童心受到蒙蔽，而外来的闻见道理占据了他的心灵的缘故。

既然以闻见道理为本心，那所说的都是闻见道理的翻版，而不是从童心自然发出的。说的话虽然动听悦耳，和我又有什么关系呢？这难道不是以假人说假话，办假事，写假文章吗？因为这个人已经是假的，则一举一动无所不假了。因此对假人说假话，则假人必然爱听；对假人谈论假的事情，假人必定很高兴；拿假文章和假人谈，假人必定会赞赏。无处不假，则无所不喜。满天下都是假的，凡人怎么分辨得出真伪。即使是天下最好的文章，但湮灭在假人手里而完全不被后世所知晓的，难道还少么！为什么呢？天下最好的文章，无不是出自童心的。如果童心长存，则道理不盛行，闻见没有立脚之地，则任何时代、任何人、任何一种题材文体都可以写出好文章。诗歌何必非要推崇《昭明文选》，散文何必非要效仿先秦。到了六朝，古诗演变成近体诗。到唐朝，古文发展为传奇。后来有了金代院本，元人杂剧，《西厢记》、《水浒传》，还有当今应科举的八股文，都是古往今来的好文章。因此绝不能以时代先后作为评判文章好坏的标准。所以，我对那些发自童心的文章感触最深，实在用不着言必称六经，言必称《论语》、《孟子》。

六经、《论语》、《孟子》，不是史官过于褒奖推崇之词，就是臣子极为赞美之语，再不然的话，也是那些迂阔的门徒、懵懂的弟子们，追忆老师的言语，或有头无尾，或记得后忘了前，或是根据自己听到的只言片语，写下来成了书。后代书生，不明此理，就以为都是出自于圣人之口，而奉若经典，又哪里晓得，这其中大半根本不是圣人说的呢！即使真有圣人讲的，也是有的放矢，就像对症下药，根据不同的对象开药方，以点拨那些懵懂弟子、迂阔门徒罢了。正如对症下药，药方不能一成不变一样，这又怎么可以就当成万古不变的真理呢！六经、《论语》、《孟子》已经变成道学家的工具，伪君子的藏身之地了，显然绝对不能和发自童心的由衷之言同日而语。呜呼！我又到哪里去寻找童心未泯的真圣人，与他一起探讨文章呢？

敬 告

由于一些著作权人的地址不详,我们无法取得联系。敬请各著作权人与我们联系,以便支付稿酬。特致谢忱!

联系地址:福州市梦山路 27 号福建教育出版社教育理论室

邮政编码:350001

联系电话:0591－83726908

传真:0591－83726980

图书在版编目（CIP）数据

什么是真正的教育：50位大师论教育/杨斌编.
—福州：福建教育出版社，2009.11（2016.6重印）
ISBN 978-7-5334-5277-3

Ⅰ.①什… Ⅱ.①杨… Ⅲ.①教育学—文集 Ⅳ.
①G40—53

中国版本图书馆CIP数据核字（2009）第201743号

什么是真正的教育
——50位大师论教育
杨　斌　编

出版发行	海峡出版发行集团 福建教育出版社 （福州梦山路27号　邮编：350001　网址：www.fep.com.cn） 编辑部电话：0591—83726908 发行部电话：0591—83721876　87115073　010—62027445
出版人	黄　旭
印　刷	福州泰岳印刷广告有限公司 （福州市鼓楼区白龙路5号　邮编：350003）
开　本	720 mm×1000 mm　1/16
印　张	19.75
字　数	282千
版　次	2010年1月第1版　2016年6月第9次印刷
书　号	ISBN 978-7-5334-5277-3
定　价	36.00元

如发现本书印装质量问题，请向本社出版科（电话：0591—83726019）调换。